U0740519

新时代中小学校（园）长培训丛书

中小学校长课程领导力
探索与践行

刘菲菲　章　勇 / 主编

湖南师范大学出版社

新时代中小学校（园）长培训丛书
编委会

序

　　教育决定着人类的今天，也决定着人类的未来。习近平总书记指出，基础教育在国民教育体系中处于基础性、先导性地位。校（园）长作为一所学校发展的灵魂，其理念、行为在很大程度上影响着基础教育乃至教育大环境的生态和走向。校（园）长培训是校（园）长终身学习和职业发展的重要环节。对校（园）长开展不同类型、不同形式的培训，是关乎教育发展的一项奠基式事业。

　　30年来，中小学校（园）长培训从关注校长个体素养走向提升校长办学品位，从教育理论知识补充走向适应教育改革发展需求，从单一的专家讲授走向多向的教学互动，取得了长足进步和巨大成就。一大批师德高尚、专业素养较强、教育教学思想先进、创新能力突出、发展潜力大的中小学校（园）长经过培训，成为基础教育改革、发展的领航人物。

　　新时期以来，随着城乡免费义务教育全面实现，如何在保持教育公正的基础上提升教育质量，使更多的孩子享受优质教育，成为当今我国教育改革与发展的核心内容。教师教育是教育的工作母机，其发展水平直接决定着整个教育事业的发展水平。湖南师范大学致力于推进教师教育发展新形态，拓展教师教育发展新内涵，为湖南等地区中小学输送了大批合格管理干部、教学能手，建立起多层级、多维度的校（园）长培训机制，有力推动了地区基础教育优质、均衡发展。《新时期中小学校（园）长培训丛书》（以下称《丛书》）正是基于湖南省中小学校长培训30年的培训实践，总结经验，提炼成果，深化理论，转化成果。

　　《丛书》是开展中小学校（园）长培训的工具书。"工欲善其事，必先利其器。"《丛书》坚持"以需求为导向"，理论与实践紧密结合，以研究者的眼光反思中小学校长培训管理行为，科学界定校长培训中设计者、管理者、评估者的角色扮演与职责要求，系统梳理项目开发、组织实施、绩效评估的方法，实践性、操作性强，案例多、信息量大。细心研读，由此推开门、迈开步，我们做好校长培训工作就会更有底气、更有信心。

《丛书》是提升中小学校长核心领导力的助力书。领导力是把握组织使命、动员人们围绕这个使命奋斗的一种能力。中小学校长的领导力在于引领全校师生员工实现共同愿景、追求共同发展的能力，是学校发展软实力的集中体现。《丛书》应时代所需、校长所求，从课程领导力的提升这一核心入手，呈现出校长课程领导力提升过程中的感性认识与理性思考，从而使培训的指向性更加明确，极大地提高了校长学习的强度和深度，让校长能够真正按照教育发展的规律以及学生身心的发展规律办教育。

《丛书》是幼儿园园长专业发展的教科书。园长的专业化是幼儿园园本发展、提升管理效能的必然要求。目前来看，我国幼儿园办学存在规模不一、发展水平不均、园长素质参差不齐等问题，不少民办幼儿园园长都是非专业出身，对于幼儿园管理、园长的角色定位与职责都还有很大的知识与能力的"盲区"。《丛书》不仅着力夯实《专业能力标准》所提出的各项素质和能力要求，而且要突出对园长进行国家宏观战略和改革动向，以及教育发展的趋势与政策的解读，力求通过规范、系统的教育教学理论前沿知识的学习来弥补园长专业知识的结构性缺损，着力提高园长的专业素养和理性思考能力，深化其对教育规律的认识、理解和把握，并自觉转化为办学行为。

党的十九大报告深刻阐述了新时代教育事业的历史使命，确定了建设教育强国这一开启全面建设社会主义现代化国家新征程的重要目标，这对中小学校长的素质和能力提出了更高要求，需要从上到下、从内到外一起努力，需要工作方式、方法等方面的重大创新。我们将校长培训过程与校长培训工作研究紧密交织，期待将研究成果转化为良好的社会效应，在服务国家战略的最前沿彰显价值与追求，书写基础教育发展的"奋进之笔"，努力交出"得意之作"。

是为序。

蒋洪新

2018 年 8 月

前 言

随着基础教育改革的纵深推进，顶层设计更加完善，人工智能时代已经开启，人们的认知方式正发生根本性变革，这一切，都将给基础教育带来深层嬗变。当今学生的课程需求发生了巨大变化，学校和家长越来越关注学生的综合素养培养。在这场具有灵魂性变革的态势下，在学校课程建设的路径上，常常面临诸如提升学校原有课程体系的课程目标与学生核心素养培育的契合度、构建和完善指向学生核心素养的课程体系、课程设置的数量与质量、在有限的学校时间内平衡课程与学生之间的关系、科学把握课程建设中的轻重缓急等现实问题的困扰。作为校长，提升课程领导力、有效推进学校课程建设、策应时代之需成当务之急。这正是编写此书的初衷。

身处于这样一个追求课程品质的时代，校长要以满腔的热忱投入到课程改革中去，这种情怀便是以专业的精神、专业的能力、专业的眼光，去做专业的事情。开展适合的课程与教学，与教育规律合拍、与时代要求合拍、与学生所需合拍，通过课程的丰富性与适切性，帮助每个孩子发现自己、唤醒自己、成就自己。于是，一批有志于校长课程领导力实践探索与理论研究的一线校长与教师，以"课程"的名义奋笔疾书，以此呈现在提升校长课程领导力过程中的感性认识与理性思考，着眼于课程领域的改革，突破学校发展的瓶颈，创新学校课程，实现学校文化建设新的价值。

本书聚焦校长课程领导力研究领域，通过以下视角，采用理论与实践相结合的叙述方式，提供丰富的学习资源和实践案例：

——以课程领导意识诠释校长的角色认知、课程理解、立场及美好的课程理想；

——以课程规划设计明晰校长对课程建构的哲学思考，在正确的课程价值观下明确建设方向、优化实施路径；

——以课程资源开发展现在高远的课程眼光及大课程视野下呈现应有的开发质态；

——以课程组织实施促成教师创造课程的原动力，确保课程理念得以实现；

——以课堂教学领导引导并提升教师探寻课程内在的机理机制，将正确的课程价值观转化为学校现实的课程生产力，促使教师有价值的课程行为普遍化；

——以综合实践活动领导凸显综合实践活动在学校课程结构中的重点地位，促进学科课程的发展，发展学生能力；

——以课程评价体系明晰课程所要解决的实际问题以及伴随而来的新问题，以便根据课程实践的要求作出明智的决策，以评促行；

——以课程创新发展表明既坚守历史，又与时代接轨的实践态度，将前瞻思考与立足现实有机统一。

通过更新教育观念、改变教育方式、合理设置课程、建立评价体系等方面的思考和行动，实现四个转变，即由注重传承的教育向注重创新的教育转变、由注重选拔的教育向注重选择的教育转变、由注重文本的教育向注重实践的教育转变、由注重灌输的教育向注重启发的教育转变，让学生真正具有新时代发展所需要的核心素养和关键能力。

仅以此书，表达我们的喜悦与憧憬，表达我们心中的坚定与信念：

用课程办好每一所学校！

用课程砥砺每一位校长！

用课程成就每一个孩子！

编　者

2018 年 6 月

目 录

第一章 中小学校长课程领导意识

　　著名教育家苏霍姆林斯基曾经说过："一个好校长就是一所好学校。"校长是一所学校的灵魂人物，校长的办学思想、办学风格、管理模式、领导能力等决定着一所学校的办学品质。其中，校长的领导力提升对于推动学校的发展具有至关重要的意义。因此，校长对自己的岗位职责有一个清晰的认识，能帮助自己明确目标，做好规划，找准路径，以提高学校的核心竞争力，打造学校的教育特色，引领全校师生感受幸福的校园生活。根据教育部颁布的《义务教育学校校长专业标准》中规定的校长专业职责，将校长领导力概括为六个方面：规划领导力、文化领导力、课程领导力、教师成长领导力、行政管理领导力、外部协调领导力。这六个方面的领导力构成了校长办学思想落实的重要支撑力。校长课程领导力，是校长在国家和地方课程设置标准的指导下，从学校的实际出发，通过沟通、指导、影响、凝聚等方式，激发广大教师的激情与创造力，科学组织实施、开发和评价课程的能力。作为一校之长，对校长课程领导力有了明晰的认知，才能有效领导全体教师顺应课程改革大潮，稳步前行。

第一节 校长岗位认知

　　何谓校长领导力？就是校长从学校实际情况出发，引导、规范和融合学校组织成员的个体价值，有计划、有步骤地解决学校发展过程中存在的问题，推动学校向着预定目标发展的一种能力。校长就像北斗导航卫星，是学校方向与特色的决定因素。学校是育人之所，教学工作是学校工作的中心。因此，课程领导力构成了校长领导力的核心要素，是决定实施校长岗位责任的重要内涵。校长的课程领导力培养与提高应成为校长专业发展的重中之重。

一、校长是学习者，应不断更新课程发展理念

自 20 世纪以来，课程改革浪潮汹涌而至，经过几番辗转，课程的概念已经发生了质的飞跃。

几十年前，我们所接受的传统的课程系统链中，链条的末端结束于教科书。学生的学习任务就是将手中那几本教科书上的内容烂熟于胸即可。有的教师按书施教，甚至一本教案用几十年。这种教科书支配教师、学生的方式，使教学的内容相对有限，学生缺乏学习动力。

从 2001 年开始，教育部正式启动了新一轮课程改革，2010 年进入了第二轮。如今，课程改革从总体上已由实验阶段进入全面实施阶段，六项改革目标正在逐步实现：

——改变课程过于注重知识传授的倾向，强调形成积极主动的学习态度，使获得基础知识与基本技能的过程同时成为学会学习和形成正确价值观的过程。

——改变课程结构过于强调学科本位、科目过多和缺乏整合的现状，整体设置九年一贯的课程门类和课时比例，并设置综合课程，以适应不同地区和学生发展的需求，体现课程结构的均衡性、综合性和选择性。

——改变课程内容"难、繁、偏、旧"和过于注重书本知识的现状，加强课程内容与学生生活以及现代社会和科技发展的联系，关注学生的学习兴趣和经验，精选终身学习必备的基础知识和技能。

——改变课程实施过于强调接受学习、死记硬背、机械训练的现状，倡导学生主动参与、乐于探究、勤于动手，培养学生搜集和处理信息的能力、获取新知识的能力、分析和解决问题的能力以及交流与合作的能力。

——改变课程评价过分强调甄别与选拔的功能，发挥评价促进学生发展、教师提高和改进教学实践的功能。

——改变课程管理过于集中的状况，实行国家、地方、学校三级课程管理，增强课程对地方、学校及学生的适应性。

通过基础教育课程改革，构建了包括"国家课程""地方课程"和"学校课程"在内的"三级课程"体系，提出包括"学科课程""综合课程"和"综合实践活动课程"的课程结构，将课程的重心从课业的规范转

移到以课业为主体的现实实践活动，给予学校、教师和学生自主活动和发展的时空。

在这个过程中，校长必须全身心地投入到基础教育新课程改革的理论学习当中来，不断更新理念，才能紧紧跟上课改的步伐，有效指导学校课程发展，满足新时代学生成长的需求。苏霍姆林斯基有句名言："校长领导学校，首先是教育思想上的领导，其次才是行政上的领导。"校长对课程改革孜孜以求的学习精神，与时俱进的改革精神，也将成为全体老师的榜样，调动起全体教师在课程改革中不断探索的积极性，营造良好的校园学术氛围。

二、校长是引领者，应有效指导课程全面实施

我们一定见过各类阅兵活动，在整齐的队伍前面，必定行进着该支队伍的指挥员。他们飒爽的英姿、嘹亮的口号带动着整支队伍铿锵前行。在沙场上，将士们也是唯马首是瞻。可见，一个团队领袖的引领作用是何其重要。在课程改革中，校长是引领者，应该领着老师们一起奔跑在课程改革的前沿地带。校长要想让老师们都努力成为课改的践行者，就要千方百计将课改思想有效传递到老师们的头脑当中，让老师们与校长达成共识，步调一致。

首先，校长应为广大教师参与课程改革创造一个良好的环境，为教师思想的更新提供各类资讯及学习平台，鼓励老师们走出去看看外面广阔的天地，及时更新理念，借助"他山之石"解决自己在课程改革中遇到的问题。每期，学校应制订一个教师课程改革培训计划：什么时候、派哪些老师参加培训？参加何种类型的培训？培训回来后，如何向全校老师或同教研组的老师进行汇报、交流？如何在课程改革实践中进行新的尝试？这些都要有明确的导向，教师们才能找到自己努力的方向。

其次，校长应为广大教师搭建一个思想碰撞的平台。在教学一线的老师们心中，常常会有课程改革的火花闪现，但往往由于疲于完成繁琐的日常教学工作，这些火花只是一闪而过。如果校长能及时发现，并创造条件加以助燃，这星星之火是可以燎原的。所以，围绕课程改革，定期举行教学论坛、教学沙龙一类的活动，是非常有必要的。可能的话，校长自己带头开坛讲学，将自己对课程设置及目标的理解、课程实施的方法及途径等

向老师们进行宣讲，是一种非常好的指导方式。这样，针对性、即时性、指导性会更强。当然，学校还可以定期邀请一些课程改革的专家、学者来校对教师们进行专业指导，让老师们站在"巨人"的肩膀上，看到更远的风景。还有一种不容忽视的交流成长平台，那就是在一线教师中组织教学沙龙。教学沙龙立足于课程改革实践，着眼于经验的交流、问题的解决，形式自由、生动，能在有限的时间内解决众多的问题。最值得推崇的是，它能充分调动广大教师参与的热情，形成积极互动，在校内掀起课程改革的浪花。

再次，校长要深入课堂指导课程的实施。课堂，是校长的课程领导力的最佳着力点。一个不深入课堂、不了解课程实施实际情况的校长，不论理论水平多高，都不过是在搭建空中楼阁，称不上是优秀的校长。校级领导定点联系教研组，听教研课、推门课，这些常规的教研形式虽然传统，但必须传承与发扬。因为它能够让校长对课程的指导切实有效，使课程改革不浮于表面，能够深入下去，生根、开花、结果。

三、校长是创新者，应积极引导开发课程资源

在当今知识技术不断更新的时代，对创新型人才的呼唤一声高过一声。这对学校的课程开发也提出了新的要求：如何创造性地使用好教材，如何因地制宜，开发出有助于学生身心健康成长、有助于创新精神和实践能力培养的课程资源，是时代发展的需求，也是校长身上肩负的重任。这就要求校长必须要有良好的创新意识和创新能力。

课程资源不单单指教科书，也绝不仅仅限于学校内的各种资源。它涉及学生学习与生活环境中所有有利于课程实施、有利于达到课程目标和实现教育目的的教育资源，它弥散在学校内外的方方面面。另外，课程资源广泛多样性的特点不仅表现在其分布和形态上，也体现在其价值、开发与利用的方法途径等方面。

下面，是幼幼小学胡映校长 2017 年元旦在非常教师网上发表的《课堂，远远不仅仅是 40 分钟》，折射出了幼幼小学在课程资源开发中所走过的一段实践历程：

走过 2016，幼幼小学这所百年校园即将新增一圈年轮。

这年轮里记录着我们的脚印，串连着一颗颗如珍珠般闪耀的童年记忆。

2016，我们的课堂不仅仅有一本本教科书，还有许多经典儿童读物带我们走向广阔的世界。每周的课外阅读是我们的美妙时光，徜徉在如童话王国般的阅览室中，选一本心爱的读物，伴着悠扬的音乐细细品赏。

2016，我们的课堂不仅仅有习题、试卷，还有不少新奇、有趣的创意作业：社会实践调查，更多地去了解社会生活；创作活动海报，更浓地去渲染活动的氛围；模仿再现名画，更深地去体会作品的意蕴……

2016，我们的课堂不仅仅是 40 分钟，还有各类精彩的活动将我们的校园生活描绘得缤纷、浪漫：

绵绵的春雨里，我们闻着花香，迎着春风，搬来了一盆盆绿色小植物，摆放在窗台上、过道里，校园顿时添了许多色彩。

暖暖的夏风中，我们展开笑颜，秀出风采，每个人都找到属于自己的舞台，琴棋书画、吹拉弹唱、穿针引线、厨艺花道、运动技能、游戏高招……自信心在活动中渐渐放大。

绚丽的秋色里，我们齐聚绿茵场，宛如过节样。场上相互配合，积极拼抢；场下呐喊助威，歌舞飞扬。校园足球联赛令我们的心激情飞扬。

灿烂的冬阳下，我们精神抖擞，活力四射，大家一起走进"阳光冬运"。球操、跳绳、踢毽子、接力跑，我们的热情将冬天的寒意驱赶得一干二净；抽陀螺、滚铁环，家长们的参与让活动平添新意与乐趣。

在新一年的门槛前，我们憧憬来年的生长。

课程资源的开发需要有好点子和好载体，校长作为领导者不仅仅应该是好创意的提出者，更应该是一个创新系统的构思者和组织者。校长要创设各种条件让学校的中层干部、教职工参与到课程资源的开发过程中来，发挥他们的创造力，不断丰富学校课程的内容与形式，为创新型人才的培养搭建更多、更好的平台。

四、校长是管理者，应切实保障课程逐一落实

教育部推行三级课程已近 20 个年头，课程行政权力主体逐步下移，给

予了学校与教师以更大的自由度。但由于多年来，教师们都习惯了将课程设置看作是教育行政部门的事，习惯了被动地接受，加之部分教师受自身视野和学力的限制，在课程落实上可能会带有一些随意性，出现放任自流的现象。这就需要校长尽好管理之责，确保三级课程逐一落实。

说到课程的管理，应分为"管"与"理"两个层面。"管"意味着学校要制定三级课程管理制度，与教师的绩效考核紧密联系，规范教师的课程实施行为。"理"意味着学校应建立起以教研组或年级组为基础、教科中心为支柱、校长为核心的课程落实体系，依照课程管理制度定期检查、落实，促进教师课程行为的规范、有序。

三级课程的实施将课程设置的权力下放到学校，是一件有利于学生成长的好事。但如何将这件事办好，如何让老师们运用好这个权力，学校还需长期在管理上下好功夫。

五、校长是推动者，应积极评价促进课程开发

要想让课程改革在学校里持续有效地开展下去，校长是一个核心的推动力量，需要校长充分发挥好课程评价的发展性功能和激励性功能。课程评价的对象包括"课程的计划、实施、结果等"诸种课程要素。课程评价对象的范围很广，它既包括课程计划本身，也包括参与课程实施的教师、学生，还包括课程活动的结果，即学生和教师的发展。

校长要善于对课程实施的过程、方法和结果，以及影响因素进行客观合理的评价。评价的目的是为了促进，及时修正方向，保证学校课程改革始终沿着正确的路径走下去。评价要建立在多种信息、多维角度、多方参与的基础上，少一些主观臆断，多一些客观分析；少一些定性描述，多一些定量分析；少一些否定话语，多一些合理建议。

第二节　课程专业认知

课程分为狭义的课程和广义的课程。狭义的课程是指某一门学科。广义的课程是指学校为实现培养目标而选择的教育内容及进程的总和，它包括学校老师所教授的各门学科和有目的、有计划的教育活动。本文所研究

的课程指广义的课程。作为校长,应该领导学校所有课程的实施,不仅包含学生所学的课程,也包含促进学校教师发展的各类培训课程。

一、校长对课程要有清醒而深刻的认识

(一) 开好课程是落实党和国家教育方针的关键

党的十九大提出:要优先发展教育,加快教育现代化,办好人民满意的教育;要落实立德树人根本任务,发展素质教育,推进教育公平,培养德智体美全面发展的社会主义建设者和接班人;要推动城乡义务教育一体化发展,高度重视农村义务教育,办好学前教育、特殊教育和网络教育,普及高中阶段教育,努力让每个孩子都能享有公平而有质量的教育。各中小学只有高质量地开好了各类课程,才能将党和国家的好政策落到实处。

(二) 特色课程彰显学校特色

深入研究一下身边的特色学校,我们不难发现,特色学校其实"特"在课程。例如,湖南省长沙高新区雷锋小学是雷锋的母校,地处雷锋纪念馆和雷锋故居旁边。该校一直坚持让学生续写雷锋日记,每月分层次开设一次学雷锋主题教育活动课程,还开设了"学雷锋剪纸"校本课程;雷锋纪念馆和学校联通融为一体,纪念馆资源也成为课程……形成了鲜明的"以雷锋精神兴校育人"特色,成为长沙市首批区域特色学校。长沙市芙蓉区大同小学是全国文明校园,多年来坚持开发并实践"生涯规划课程",让学生在小学阶段就有明确的职业奋斗目标,深入社会中去亲身体验自己喜欢的职业。长沙市开福区北辰小学依托湖南省体育总局和社会各方力量,在校园内建起了击剑馆,开设击剑课程,成为了"湖南省青少年击剑训练基地",创造了该校独特的击剑文化特色。

(三) 课程是学校的核心竞争力

随着国家促进教育公平,实施优质教育、均衡教育等方针的实施,目前,各中小学之间的差距正在缩小。当然,不可避免,目前中小学还存在城乡差别、地域差别。身边还是存在一些名校、优质学校。试问名校为什么出名?一般认为名校有优秀的师资、优质的条件、培养出了更多的优秀学生。归根结底,名校最成功之处在于有优质的课程。

例如,北京十一学校全校课程因学生而开发,不同学科分层级编写必

修课，更多的是根据学生兴趣爱好设立的选修课。全校 4000 余人，通过不同的排列组合，形成了 317 个课程，1335 个教学班。清华大学附属小学从 2010 年开始，构建了"1 + X 课程"："1"是优化整合后的国家基础性课程，"X"是发展个性的特色校本化课程。这些课程设置的做法，都成为全国学习的样板之一。又如北京市东城区史家小学，经过多年的教育实践，形成了以"人与社会、人与人、人与知识、人与自身、人与自然的和谐"为基本框架的"和谐育人"课程体系，尤其是校本课程设置做得尤为好，现已辐射全区，实现了资源共享。从上面几所名校的实践可以看出，课程是学校的核心竞争力。中小学校长要立足学校实际，科学设置课程，以彰显学校的核心竞争力。

二、课程建设既要宏观把握又要重在落实

（一）课程建设要宏观把握

课程建设时校长要宏观把握什么？关键要把握课程目标。从 2001 年开始，我国全面启动第八次新课程改革，当时提出本轮课程改革的目标是：一切为了学生的发展。校长使命是一切为了每一位师生的卓越发展。2016 年 9 月，《中国学生核心素养总体框架》在北京师范大学发布。中国学生发展核心素养，以科学性、时代性和民族性为基本原则，以培养"全面发展的人"为核心，分为文化基础、自主发展、社会参与三个方面，综合表现为人文底蕴、科学精神、学会学习、健康生活、责任担当、实践创新六大素养，具体细化为国家认同等十八个基本要点。可以说，新时期的课程目标就是落实学生核心素养，培养全面发展的人。课程建设时，校长自身首先必须明确为什么要开某项课程、怎样达到课程目标。

（二）课程建设要重在落实

治大国如烹小鲜，做大事必落于细。每所学校都有自己的历史沿革、发展基础、地域特点、资源环境等客观条件，校长只有立足实际、因地制宜去开设课程，才能有效地落实课程目标。例如，长沙高新区真人桥小学是一所农村小学，该校根据学校地域特点和现有设施，近年来开发了科普教育、篮球、乒乓球、电子琴、古筝等课程，成为了一所小而优、小而美的乡村小学。

三、课程要有一套达到目标的有效路径

（一）加强课程管理，促进课程实施

"课程实施"是由英文 curriculum implementation 翻译而来。implementation 的意思是"贯彻""完成""履行"等。实施的对象显然是一项新的课程革新措施、课程方案等。因此，在国外，对课程实施的定义一般是将课程实施看作将革新思想转变为实践的过程。例如，加拿大教育改革专家富兰认为："课程实施是把某项改革付诸实践的过程。"课程实施在本质上是一个行动的过程，通过这一过程将观念形态的课程转化为学生所接受的课程从而实现课程内在的教育意义。本书将提供三种课程实施策略——国家课程校本化实施、地方课程特色化实施、校本课程个性化实施，后面章节将一一阐述。中小学校长要结合学校实际情况，因地制宜，加强课程管理，保障国家课程、地方课程、校本课程实施到位。

（二）加强课程评价，检验课程效果

课程实施过程离不开课程评价。在课程评价中，中小学校长应关注以下核心问题：国家课程实施是否达到课程标准要求，地方课程和校本课程是否是否彰显了学校特色，课程是否最大限度促进了师生良好发展。在日常工作中，校长首先要领会好国家教育方针政策，对照国家课程标准，审视学校课表，检查学校是否保障了国家课程、地方课程、校本课程等开课到位；更重要的是，在日常管理中加强督查，不能让某些课程停留在课表上成为摆设，不能让某些课程浪费了学生的宝贵时间；还要在课程评价中不断审视课程、开发课程、修订课程。

【案例】

办一所小而优、小而美的乡村小学

真人桥小学位于长沙高新区雷锋街道真人桥村，现有学生 141 人，六个年级，教师 14 人，是一所条件一般的乡村小规模学校。2016 年 7 月，张爱平校长从城区雷锋小学来到乡村真人桥小学任校长，和全体老师一起，立足实际，育人为本，校容校貌大有改变，教育质量稳步提升，群众评价越来越高。学校工作得到中央电视台新闻联播、焦点访谈、新闻直播

间等媒体关注，还接待了前来视察的教育部领导。乡村小规模学校如何优质发展？下面是该校的实践与思考。

一、让文化引领发展，发掘小学校的优势

文化是学校的灵魂，是学校课程体系建设的源头，是学校优质发展、特色发展的源头，是学校核心竞争力的源头。

（一）找准定位

来到真人桥小学后，张爱平校长首先和大家探讨两个最朴素的问题："我们要办什么样的学校？培养什么样的学生？"《人民教育》上一篇题为《建设小而优、小而美的农村小规模学校》的文章给了大家启发。经教师会讨论，该校提出要把真人桥小学建设成一所小而优、小而美的乡村小学，培养全面发展的学生。之后，学校的一切行动都以这个目标为出发点和落脚点，这就明确了学校的发展方向，为学校课程建设确立了总目标。

（二）提炼精神

文化是一个单位的灵魂和核心竞争力。为梳理构建好学校的文化体系，依据学校的校名、学校地处国家高新区和雷锋家乡等特有资源，提出将"致远致新、学做真人"作为学校的校训，从而明确了学校的核心精神。同时，将这个核心精神具体化，明确了学校的校风、教风、学风、课程等建设目标，研究、设计校徽等文化标志，学校文化体系初步形成。

（三）形成特色

全国各地有无数所乡村小学，但只有一所叫真人桥小学，而且坐落在长沙高新区。如何办出特色？学校的特色应当是内涵与形式的统一，在内涵层面，坚持"教人求真、学做真人"。外显层面，在队伍建设、课程改革等方面贯彻落实长沙高新区创新型园区建设的要求，把"科技创新"作为教育教学特色来建设，目前已初现成果。

二、用课改催生活力，成就小学校的优质

教育教学是学校的中心工作，校长集中精力抓教学、抓课改，着力完善课程体系、丰富教育活动。

（一）落实艺术体育课程

艺体课程难以落实，一直是乡村薄弱学校的短板。小规模学校普遍的困难是因学生人数少，教师配备结构不合理，严重缺乏音乐、体育、美术等学科老师。城区学校雷锋小学每期都有老师来走课支教6节音体美课程。

但是，每位支教老师只能任教一两个班，学校仍有四五个班没有专业的音乐、美术、体育老师。为了彻底解决这个瓶颈，2017年下学期，学校从校外培训机构引进了8位爱心志愿者来校支教，基本上让每班每周都有一节专业老师教的音乐课、美术课，以保障学生艺术素养不落后于城区学生。除了开足上好国家课程外，还因地制宜，依靠爱心志愿者，开设了电子琴、古筝、口风琴、绘画、乒乓球、篮球等社团课程。

（二）开发科普教育课程

"建科技创新特色学校"是学校工作目标，除了老师们在平时课堂上突出创新教育外，一年多来，学校成功举办了两次校园科技节，组织了两次"深入高新企业、探寻科技奥秘"研学活动。2016年下学期，在区首届科技节中，学校团体总分居全区小规模学校中的第一名，荣获区首届科技节优秀组织单位。2017年上学期，圆满承办高新区科学教师教学竞赛和"我与园区同奋进、发明创造我能行"师生科技创新能力提升培训。

（三）做精传统文化课程

学校把传承中华优秀传统文化教育融入了日常课程和活动中。2017年春季开学，举行了以"漫游诗词王国——诗词擂主大赛"为开学第一课，中央电视台多频道报道。2017年秋季开学，邀请著名书画大师、八十高龄"雷锋"王又元老师为孩子们主讲"堂堂正正做人、规规矩矩写字"开学第一课。目前，国学课已经成为了学校的校本课程。

三、把环境变为课程，展示小学校的优美

环境是学校的"脸"和名片，也是隐性课程。该校站在学校文化和课程建设的高度，用心改善学校环境。

（一）让走廊"说话"

为发挥环境育人的功能，结合当前社会发展和高新区企业有关的高科技，浓缩成10张照片，把楼梯间变成了科技长廊，把一楼走廊变成了安全教育长廊。还把对孩子们的期待写成了一首打油诗，逐句贴在楼梯间的台阶上，潜移默化影响学生，内容是这样的："富强高新区，美丽真人桥。学校像我家，感恩新面貌。人生多美好，平安最重要。课间不追跑，守规安全保。身体勤锻炼，健康第一条。吃喝讲卫生，营养睡眠好。微笑每一天，快乐生活妙。友爱身边人，矛盾不争吵。垃圾不乱扔，脏话要去掉。待人有礼貌，文明我做到。知识如海洋，奥妙真不少。勤奋乐探索，成功就来到。"各级领导对学校因地制宜的独特校园文化都赞不绝口。

（二）让空房子变成少年宫

因地制宜、因材施教，利用仅有的一个篮球场成立了篮球社团，利用五个乒乓球台成立了乒乓球社团，利用学校闲置的20台电子琴成立了电子琴社团，利用狭小的美术仪器室成立了素描社团，利用会议室成立了儿童画社团。利用闲置的杂物间成立了古筝社团。

（三）让每个角落成为学习课堂

为了充分利用好图书室的图书，丰富孩子们的课余生活，学校把图书室的书、老师家里自己孩子看过的书、社会捐赠的书全部放在室外，课间，小书童随处可以拿到自己喜欢的图书，尽情漫游书海。把篮球、乒乓球分发给学生，课间可以自由领取玩耍。为了培养孩子们的责任感，学校还成立了集"校长小助理、文明小标兵、安全小卫士"于一体的志愿服务队，白天主要由孩子们自己管理自己。

第三节　课程批判意识

学校课程的变革需要尊重基于学校课程生活的课程批判，中小学校长要具有相应的课程批判意识。分析课程批判意识的涵义与价值，研究如何运用课程批判意识引领学校课程变革，既是中小学校长审视变革时代教师与课程的关系、探索新课程改革有效推进路径的需要，也是让课程推动教师专业发展、促进学生全面发展的现实诉求。

一、课程批判意识的涵义

批判，即评论是非。在西方思想史上，不管意义如何变迁，批判一词始终维持其在希腊文中的字源义："合理的分辩与判断。"法兰克福学派强调"批判理性"，认为"批判理性"是实在固有的一个原则，是一种生活方式，是一种与生命和自然谋求和谐的方式，它强调对现实的批评和超越，以人的解放和自由为最高目标。

课程批判承接了法兰克福学派对"批判"的解读，以"批判理论"为哲学基础，通过对人的启蒙、唤醒，克服人的异化，使人自由全面发展，最终实现人的解放。校长的课程批判意识，主要表现为作为学校课程实践的领导者，对学校课程现象进行反思，依据自身的理论和实践经验对学校课程所蕴涵的课程价值观、课程哲学以及课程运作方式作出价值判断，并根据课程实践予以必要调整和改进。具有课程批判意识的校长，常常习惯于关注和发现学校的课程现象和课程问题，能对课程现象背后所蕴涵的理论支撑与课程哲学进行辨析，在此基础上依据实际的课程实施需要，对当下的课程做出必要的改造。需要指出的是，校长的课程批判意识，不仅仅是指校长对于课程现象、课程问题的感知与反省，还包括校长对课程批判意识的批判，即校长要能跳出既有思想的束缚，对自己先前所做的有关课程现象、课程问题的批判进行反省和批判，通过对自己在课程批判中所用思维本身的审视，寻求思维方式和思维能力的单新与提升。

二、课程批判意识的价值

如同保罗·弗莱雷指出："如果没有逐渐提升的批判意识，人将无法融入急剧变革与极多争议的转型社会。"中小学校长要想有效应对课程变革而不被变革潮流吞噬，需要不断提升课程批判意识。在课程实践中具有相应的课程批判意识，有助于我们审视课程生活与课程的关系，推进课程教学变革，进而使课程更好地促进教师专业发展和学生的发展。

（一）课程批判意识是变革时代课程与教师关系重建的重要条件

历史和现实已多次证明：面对课程改革的挑战，学校若只是依政策行事，或依赖专家学者的处方，甚或引借移植他人的作法，都无法达到改革更新的理想效果。变革时代的课程与教师亟须重建二者的关系，即校长要将教师从"忠实取向"的课程范式中解放出来，承认教师基于专业实践生活的课程理解对课程变革的关键性影响，将本应属于教师的课程归还教师。而这种关系重建的前提条件就是校长要具有课程批判意识，并能够引领学校教师在价值、态度、道德及信念上做出符合现实的改变和决断。

有效的课程变革关键在于重建课程与教师的关系，承认教师基于课程实践的课程理解对变革的重要意义和价值。通过尊重教师课程理解来推进课程改革的客观现实，校长需要运用自己的课程批判意识和能力去影响教师，同时也应该培育教师的课程批判意识。面对教育改革的客观现实，教师需要觉察到他们的潜力和作用，要有强烈的社会责任感和使命感。在改革过程中，教师要秉持批判反省立场，要敢于挑战传统的价值中立的课程假设，重新检视课程是否反映社会现实与文化多元性，教学是否能鼓舞学生参与、是否体现了教育应具有的品质。唯有教师的课程批判意识被唤醒之后，教师才会主动地重新思考，并积极地接纳新理念、负起责任，重构与课程的关系，积极寻求课程的改革和创新。简而言之，课程批判意识是我们应对变革时代课程改革、达成课程变革目标的要求。

（二）课程批判意识是有效促进教师自身专业发展的需要

科学主义课程研究范式认为构成课程内容的是价值中立的课程材料，课程由外部课程专家和学科专家开发，课程专家和学科专家以程式化的过程开发出课程产品，然后由教师根据详尽的课程指南将课程产品推向学生、实现课程目标。这种研究范式试图僭越教师的课程运作而将课程材料客观地呈现给学生。在这种研究范式下，教师处于"被告知应该做什么、怎么做"的地位，所提供的教师培训主要关注于对预定课程的"忠实"。这种"忠实取向"的培训往往导致教师对培训的麻木，甚至在部分人中产生了对培训的抵触，从而使教师的专业发展处于停滞甚至是倒退的危险之中。

而要促进教师的专业发展，需要使教师摆脱传统的"忠实取向"培训模式的控制，尊重教师的主体地位，承认教师在课程教学中有能力对课程现象和课程问题做出反省和判断，能够在此基础上获得专业成长。也即是说，校长要注重教师课程批判意识的培育和提升，使教师摆脱控制，树立主体地位，通过课程理解和基于教学实践的课程改造来实现自身发展的需要。

（三）课程批判意识是反思教学价值，促进学生全面发展的需要

传统的课程教学更多地追求"多教总比少教好"，更关注教学的技术问题，而缺乏对课程教学价值层面的探讨，只是把课程教学视为教师按照规定按部就班地执行的、无须反思批判的活动。这种让教学行为功能尽可能地最大化的做法，会不断加剧日常教学的密度和难度，致使教师和学生都不堪重负，而使教师难以对课程教学现象进行有效审视，进而使教学与帮助学生获得持续生长能力的价值追求渐行渐远。

而具有课程批判意识的校长，能引领教师对在课堂教学生活场域中所发生的课程现象以及对课程文本、课程价值观、课程哲学和课程运作方式进行判断，并作出必要的调整和改进，同时不断对自己先前对课程现象、课程问题的认识进行反省和批判。能够引领教师从课程的视角审查课程教学现象，引领教师不仅会关注教学怎么做的途径、方法和步骤等问题，更会习惯于反省为什么这么做以及怎样做才更好等问题。校长课程批判意识，有助于引领教师思考如何把教学行为功能的发挥融入学生的整个成长活动结构之中，思考自己的课程教学行为如何才能恰到好处地把学生现在的幸福生活和长远发展相结合。通过对课程教学生活的反思考察，不仅关注使学生获得知识技能，同时也关注培育学生对生活世界的探究欲。这些都为促进学生的全面发展和教学价值的有效实现奠定了有利条件。

三、课程批判意识的启示

课程批判意识为我们把握学校课程改革的方向，认识课程改革实践中面临的各种问题，以及寻求解决策略提供了新的视角。

（一）校长要秉持人文关怀的价值取向

1. 强调课程的生命关怀

教育作为一种培养人、发展人的社会活动，"人"应该既是教育的起点，也是教育的终点。但是由于物质主义与工具理性在教育领域的盛行，教育越来越不是目的，而是一种工具与手段。"知识改变命运"更多的是强调利用知识来实现阶级的流动性，获取经济效益而非对生命发展的终极关怀。对生命价值、人生意义的追求似乎已经被推到了学校教育的边缘。在这样一种物化的教育目的的指导下，课程越来越强调其经济性、政治性的外在功能而忽略其人文性的内在功能。但是，这样的课程容易导致人的"物化"。因此，课程应指向"完整的人"的教育，关注学生生命发展，引导学生期待美好的人生理想，追寻自己的人生意义。同时，关怀可以让学生把完整的自我带到学校，可以让学生互相倾听彼此的声音，体认彼此的存在，接受并肯定差异。"关怀"不仅是感情，也是亲近与信任的关系，最重要的是创造属于学校团体的归属感，这种归属感能让学生感受到认同与接受。

北京史家教育以"和谐"为起点，以培养"和谐的人"为目标，实施"种子计划"，把史家孩子视为种子，并在课程实践中为每一粒种子创生无限的成长可能。基于内部突破，致力于形成：

五大和谐支柱——人与知识、人与自身、人与人、人与社会、人与自然。

五大基本意识——创造、生命、责任、规则、尊重。

五大基础能力——表达、自主、交往、自律、实践。

史家教育的全部力量，正在于涵育每一粒种子萌芽、抽枝、吐绿、绽花、结果的生命力量。基于"种子计划"的丰富内涵，史家课程将促进孩子成长视为课程的最大价值，倡导成长的课程观，他们致力于让每个孩子都能够找到适于其张扬独特个性、绽放生命光彩的面，使每个孩子都能够真正实现全面和谐发展、健康快乐成长。

2. 倡导全人教育

课程批判意识秉持一种整体与全观的思维来探究学生及其学习，学生的全面发展离不开身体与心灵的和谐统一。全人教育秉持一种整体性的思维，是以促进人的整体发展为主要目标的教育，强调人的整体发展，强调个体的多样性，强调经验和个体之间的合作，重在育"人"而非制"器"。在1990年发表的"芝加哥宣言"集中反映了全人教育思潮的主要主张。一是为人类的发展而教，充分发展人的内在可能性。二是要将学习者视为独立的"个体"并重视其经验的关键作用。三是实现人的整体发展，不仅包括其智力与能力，还有其生理、道德、伦理、创造性等各方面的发展。四是为参与民主社会而教。我国虽然国情有所不同，但现阶段的教育方针也是需要培养德智体美全面发展的社会主义建设者和接班人。如此，就必须要建立一个真正民主的教育模式，培养国家的合格公民，我们应将学生视作一个完整的人，并尊重学生的经验与差异，关注学生的情感体验，让学生基于自己的生命场域来批判反思自己的经验与社会问题，从而认识到自己的主体地位，实现个体全面发展。

青岛二中提出"造就终身发展之生命主体"的全人教育目标，并围绕这一育人目标建设了课程体系，把满足学生的全面发展、个性发展和主动发展作为课程开发和建设的目标。提出学生素质发展目标，即："人文素养、科学素养、身心健康素养、人际交往能力、自我认知和生存能力"五项基础素质，"独特的智能品质、卓越的领袖气质、执著的创新精神、自主的研究能力、开阔的国际视野"五项特色素质，以此指导学校的课程开发与建设。在多年的课程探索中，青岛二中课程逐渐形成了"七大类别"

和"三个层次"的立体课程结构，根据学生的兴趣将课程划分为七个类别，分别是人文类课程、经济课程、语言类课程、数学类课程、自然科学类课程、工程技术类课程、艺术类课程。根据学生能力需要将课程划分为三个层次，分别是满足全体的通识课程，满足各类别的深度学习课程和满足个体的学术研究课程。通识课程达到知识学习和技能掌握能力水平；深度学习课程达到进行单学科知识的灵活应用，多学科知识深度融合，项目设计及实施能力水平；学术研究课程达到进行课题研究、论文发表、学科竞赛和学科前沿学习能力水平。

（二）校长要注重提升教师与学生的批判意识

面对课程与教学活动所发生的转型，教师也需要提升其课程批判意识，积极参与课程与教学的革新。教师课程批判意识的提升，涉及教师的个人观念、成长经历、知识学习和学科特点等诸多因素的影响。我们应立足于教师生活实践，从教师自身出发去思考其所能采取的策略。在现实中，由于缺乏变革的勇气和信心，面对教育变革，一些教师往往会消极抗拒，否认或淡化自己遇到的矛盾和困境，放弃自己的专业判断、教学信念与教育理想，从而规避变革。这样，教师的课程批判意识和批判行为在变革面前会逐渐消失，最终使自己的教学成为程序性的被动执行。因此，提升教师课程批判意识，首先要从提升教师直面教育变革的勇气并使其积极参与课程变革的行动入手。一方面，要使教师认识到自身是课程教学的主体，要运用自己已有经验对课程教学现象发表看法并做出适当调整，另一方面，要使教师敢于把自己定位于课程教学变革参与者和推进者的角色，要相信自身的理智思维，认识到通过自己对课程教学现象的解读和判断，以及所采取的适当措施，可以推动变革的有效实施，进而有效地促进学生成长。

其次，要培养教师他者意识，使教师学会转换角度来审视自己的课程与教学。所谓教师的他者意识，就是使教师跳出日常生活的角色，从陌生人的视角来反观自己的生活世界，如同陌生人一样，以探究、惊奇的眼光来看待自己的课程教学生活。具有他者意识的教师，可以拓展对课程教学的认识，从而使自己的理解日趋理性这样，教师就能够正视自己的角色，从而愿意也能够从新的视角，运用新的思维，来检视自己以前认为是理所当然的课程行为。通过这种反思和检视，凭借建基于对个人经验的有意识的再现和梳理，教师可超越既有假设与信念的限制，进而使课程变革产生个人意义，促进变革中问题的解决。

另外也需要训练教师的哲学思维。教师通过自己的哲学思维训练，可以去感知、分析复杂课程与教学生活中的种种因素，能够辨析、厘清课程与教学的意图，进而清楚了解各种社会团体对学校所提要求背后的价值偏好。在这种分析中，教师可根据自己的理智，使自己合理地认识复杂的变革现象和教育的本质，从而正视与避开束缚和不合理的要求。这样，在实践行动中，教师能够有效地体认到自己的主体意识，展开对复杂变革的辨析和判断。从而，教师可以使自己从各种方法技巧的模仿中解救出来，并凭借个人的思考、判断，对课程与教学进行价值层面的澄清和选择。同时，我们还应该鼓励教师在课程生活中与他人展开对话、分享个人经验，在这一过程中，教师会进一步审视课程与教学处境，对自己的认识与理解进行修正，形成更多的体会与顿悟。

我们所培养的公民应该是具有批判性精神，同时又具有强烈社会责任感和使命感的人。只有具有批判性思维、批判性意识和批判性能力的人，才能摆脱权力的控制，把自己从他人的操纵中解脱出来。我国基础教育课程改革的三维目标：知识与技能、过程与方法、情感态度与价值观，既体现了对学生主体意识的培养，也强调了学生自主性、合作探究能力和创新能力的培养，但对学生批判意识和能力的培养仍然关注不够。当今时代是一个呼唤有主体意识和批判反思能力人才的时代。没有批判性意识的培养与发展，学生的创新精神也无从谈起。没有批判意识，学生就不能深刻认识所学的知识及其背后所隐含的社会意义，很难去认识所学的知识与自身的成长和发展有什么必然的联系，更不能激发学生的积极性、主动性、紧迫感和使命感。因此，我们也需要重视提升学生的批判意识。

（三）校长要重视课程的公平

教育公平与否，事关每个孩子的成长和幸福，没有教育公平，就没有起点平等和机会平等。教育公平的内容也延展到课程内容课程实施、师生关系、学校管理等多个方面。事实上，课程公平是教育公平的微观化、具体化，教育的不公平一定程度上源自课程的不公平。比如，课程内容是否体现了文化多元；课程实施是否有利于学生民主意识的培养，是否有利于学生参与社会活动能力的提高；师生关系是否解除了传统的权力模式而走向民主型师生关系等。

中小学校长应该更加注重课程在促进教育公平中所承担的角色。课程需要整体性的变革，要构建一种没有偏见与歧视的课程体系，包括课程内容、课程实施、教师行为、教师培训等一系列的变革内容。首先，在课程内容的选择上，要倡导全纳的课程，即能容纳所有学生，反对歧视排斥，促进积极参与，注重集体合作，满足不同需求。课程要承认每位学生的独特性，尊重其文化背景与已有经验。学校应该提供多样化的课程以满足不同学生的学习需求。当前我国学校教育的课程标准和课程内容都是以社会主流文化为核心，在实施过程中也更强调一致性和标准化，而对学生基于性别、民族、宗教、地域而客观存在的文化差异重视、尊重不够。因此，课程不仅要纳入主流文化，也要反映出非主流文化、少数民族、残疾人等群体的文化、经验与历史传统。具体来说在课程主题与内容选择、语言表达、教材插图等方面都要最大化避免有关种族民族、性别、社会阶层、地域上的偏见与歧视，促进不同文化间的尊重与认同。其二，课程实施中教师应促进师生之间、学生之间的交流与对话，创造一个平等和谐的教师环境，给学生提供多维的认知方式，引导学生认识并理解文化的多元性，接受、欣赏教室内的差异。同时，教师自身的教学态度与行为方面，要避免带有偏见的教学行为与语言表达。

总之，课程批判意识蕴涵丰富的课程思想，中小学校长应该更加注重课程的人文价值，强调课程的生命关怀，倡导全人教育；关注教师与学生批判意识的培养；重视课程公平在教育公平的角色与作用。课程批判意识并没有告诉我们该如何做，也不是我们解决教育问题的灵丹妙药，但是它为人们思考课程改革走向深入提供了独特视角，促使我们全方位地去审视学校课程问题。

第四节　课程资源意识

课程资源是指实现课程目标的各种有利因素，可按多种形式分类。按空间分布和支配权限可分为校内课程资源、校外课程资源、网络课程资源；按课程资源的功能特点，也可分为素材性课程资源与条件性课程资源。

一、课程资源及其开发

　　课程资源的开发利用是新课程改革的重要内容之一，也是实现新课改的必要条件。《基础教育课程改革纲要（试行）》明确指出："积极开发并合理利用校内外各种课程资源，学校应充分发挥图书馆、实验室、专门教室及各类教学设施和实践基地的作用；广泛利用校外的图书馆、博物馆、展览馆、科技馆、工厂、农村、部队和科研院所等各种社会资源以及丰富的自然资源；积极利用并开发信息化课程资源。"课程资源与传统教科书相比，更具有丰富性、开放性、多元性的特点，是教科书的有益补充。新课标冲破旧的教学模式，强调突出学生学习的主体地位，发挥教师的主导作用，开发出适合学生并受到他们欢迎的课程资源，将更有利于知识与技能、过程与方法、情感态度及价值观等教学目标的实现，优秀的课程资源有利于学生培养"小组合作、自主探究"的学习方式，改变被动接受学习的状态，对提高学生核心素养，实现素质教育有很大的促进作用。

　　长期以来，很多学校、教师习惯于被动地执行上级教育行政部门的指令，依照上级领导制定的课程方案和实施办法处理、解决课程实施中出现的问题，在新旧教育理念、教学观念的碰撞矛盾中迷失自我，"书本中心""课堂中心""照本宣科"等传统教育观念仍然根深蒂固。受其影响，认为只要严格按照教材内容实施教学，将知识点传授给学生即可，即使身边存在大量的课程资源，教师也会视而不见、听而不闻，缺少课程资源开发意识，阻碍了学生的发展。

　　世界的发展、科技的进步对人的发展提出了新的要求，培养和提高学生核心素养是马克思全面发展理念的具体落实。因此，开发更广阔的课程资源就成为了应对现实困境、面向未来发展及破解为人的全面发展提供资源相对不足的有效良策。学校、学科教师、尤其是学校管理团队都应该树立课程资源意识，提高对课程资源感知的敏锐性，具备课程资源开发和利用的能力。

二、课程资源开发的原则和步骤

（一）课程资源开发的原则
1. 开放性原则
课程资源分布广泛，涉及自然、社会、人文等诸多领域，但不管什么类型、什么形式、无论是在校内还是在校外、不管是显性还是隐性的课程资源，一切有利于教育教学活动、有利于提高教育教学质量和效率、有利于促进学生成长的课程资源都可以开发与利用，要以开放的心态对待人类创造的一切文明成果。

2. 科学性原则

面对形式多样的资源，需要加以选择和甄别，坚持科学性原则，遵循教育规律，坚持效率优先，去除低质、甚至干扰正常教学的负面资源，选择有利于实现课程目标的最佳资源，组合形成教育合力，保障课程资源开发的针对性和高效性，发挥课程资源的最大效益。

3. 系统性原则

课程资源开发要面对多元的主体、丰富的内容、多维的目标，是一件复杂的系统工程。坚持系统性原则，按照计划循序渐进，遵循一定的程序和步骤，探索多种途径和方式，站在教育发展、学生发展的高度对各种有效资源进行科学融合，协调配合使用，从而实现课程资源的最优化。

4. 适应性原则

课程资源的开发与利用应强调适应性原则，立足实际，因地制宜，发挥地域优势，强化学校特色，量体裁衣，注重课程资源开发的实用性，合适的才是最好的。

5. 经济性原则

要注重课程资源的效能，强调经济性原则，学校要根据自身的经济情况、人力资源、资源需求等情况去开发课程资源，反对不切实际超前消费导致的资源闲置等铺张浪费行为。倡导校际或区域间互惠合作、资源共享，尽可能用最少的开支和精力获得最大的效益，达到最理想的效果。

（二）课程资源开发的步骤

课程资源无处不在，无时不有，教师是否具有课程资源意识和对课程资源感知的敏锐性直接影响到课程资源的开发。教师要确立生活中处处有课程资源的观念、养成留心观察思考的习惯，树立用课程资源教学的思想，创造性地开发与利用课程资源，发挥课程资源的作用，使各种资源和学校课程融为一体，服务于日常教学工作之中，提高教学效率。

俗话说"凡事预则立，不预则废"，课程资源的开发也一样，需要明白我要做什么？为什么要做？有哪些途径和方法？如何有计划地去实施？

实施过程中会碰到什么困难？怎样克服困难达到目标？等等。课程资源开发的一般步骤为：首先，研读学科课标要求或课程教学目标，分析教科书的不足和学情，确定课程资源补充方案；然后根据方案及目前现实条件寻找课程资源线索，多途径开发相关课程资源，并创造性地多方式利用课程资源，实现课程资源与教学内容的融合；最后，引导学生利用课程资源开展合作探究学习，去实现教学目标。

三、课程资源开发的基本途径

课程资源具有多元性，它可以由课内延伸到课外，由学校延伸到家庭、社区及所在的地区，学生所处的社会环境和自然环境都成为了重要的课程资源。课程资源开发不等于编写教材，丰富的课程资源使其开发的途径也多种多样，一般从课程资源的各种分类角度去挖掘和利用：如素材与条件、校内与校外、自然与社会等。

1. 教材资源二次开发

教材是教与学的重要平台，为教学提供了基本的教学内容和目标要求，也是课程实施的重要载体，任何课程资源的开发，都不能舍本逐末，放弃教材本身这样重要的资源。要尊重教材的重要地位，纵向深层次研究教材，提高课堂教学效益。同时，教材具有通用性，故它有时代、地域、民族等方面的局限性，教师要学会创造性地活用教材而不是死教教材，不能拘泥于教材本身，从班级学情和学生兴趣出发，以学生经验和社会现实条件为基础，对教材进行选择、拓展、补充和增删，把与教材内容相关历史文化知识、生活民俗常识、社会经济规律等相联系，在课程实施中对教材进行"再创造"，生成丰富多彩的课程资源。

2. 人力课程资源开发

人力资源是社会发展的生力军，既是课程资源开发的主体，也是课程资源的受益者。人力课程资源包括可调动的教师、学生、家长、校友、社会团体及广大公益人士，这是一个庞大的团队资源，也是一种重要的可再生资源。

改变传统的教学观念，树立正确的学生观，突出学生的学习主体地位和教师的主导作用，是课程资源开发的重要原则之一。学生的生活及其个人知识、直接经验甚至是课堂表现、喜好、情绪、需求等都将成为课程开发的基础和依据。

"一个好老师将影响孩子一生"，教师本身就是课程实施的基本条件资源和重要的教学资源，教师的人格、视野、能力都直接影响孩子的成长。家长及校友作为一种隐性的课程资源，他们分布于社会各阶层，知识面涉及社会各领域，具有丰富性和可再生性。他们和学校有千丝万缕的联系，对学校有深厚的感情，是一种宝贵的课程资源，越来越受到大家重视。张家界市崇实小学利用家长资源开发的家校共育系统课程、长沙市仰天湖小学的校友课程颇具影响力。

学校周边的社会团体及广大公益人士也是学校可以争取的课程资源，他们更具有专业性，可作为校内课程资源的有益补充。如香港梁伟民先生领衔的"阅读·梦飞翔"助学公益组织常年在内地乡村学校捐建图书馆，开设公益课，推广全民阅读，仅在湖南就已经对口援建了100多家校园图书馆；长沙市雨花区教育局原局长钟克佩先生退休后创建拟人书法，义务在雨花区、长沙市乃至湖南省内几十所学校推广，落地生根。

3. 物力课程资源开发

不容置疑，学校的教学设施等硬件条件是一种重要的课程资源，是各种课程顺利实施的基础，是学校实力的象征之一。如青园中信小学的校内湿地生态公园及车模赛道、明德天心中学的击剑馆、桂花坪小学的游泳馆、西湖小学的玻璃阳光种植大棚等，学校都据此开设了相应的校本课程，发挥了重要的作用。

学校每一条走廊都是学习园地，每一面墙壁都会说话，学校校园文化、环境等也是一种隐性的课程资源，无时无刻不在对学生进行熏陶和影响。广州市执信学校是一所全国知名的民办学校，学校非常注重校园文化建设，校园内不仅有世界之窗微缩景观、植物园、动物园，还把钢琴、电脑、图书、科技实验器材、体育运动器材等等搬到各个走廊、角落设计成开放式的场馆，形成主题文化长廊，全天候供学生自由使用。除此之外，各种文化雕塑、各种宣传阵地、各种作品展览遍布校园的各个角落，内容丰富、规划有序，孩子们每天沐浴在各种课程资源之中，接受潜移默化的教育。

学校周边的高等院校、科研院所、企事业单位及各种公共设施和公共场馆、德育基地等是学校的先天优势，这些资源不仅仅有专业的人力资源，其场地、设施等硬件是区域内的顶尖存在，是学校条件所无法比拟的，尤其是现在很多场馆免费对外开放，周边学校近水楼台，是一种难得的课程资源。学校可以通过企校联姻、馆校共建、院校联盟等形式大力开展合作，利用社会硬件资源促进学校的课程资源建设。如足球明星黄博文的母校仰天湖小学、世界体操冠军李小鹏母校黄兴小学就是借助贺龙体育馆、长沙市体操学校的资源大力发展体育项目，形成了自己学校课程特色。

4. 自然课程资源开发

自然是人类赖以生存的基础资源，人类文明就是人们在不断利用自然、改造自然过程中长期积淀下来的，从这个角度来说，自然课程资源开发意义重大。自然课程资源，就是来自大自然的一切的事物，与生活息息相关，任何学校、任何人周围都有大量的自然课程资源。不一定每个地方都有世界自然文化遗产，但学校可充分发挥本地的自然资源优势，如山川河流、草原沙漠、高山洼地、地矿地产等地形、地貌、地势和矿产等是可贵的地理课程资源；而本地独有的如大熊猫、娃娃鱼、银杉等动植物、微生物、食物链、生物圈则是重要的生物课程资源；就算气候特点、季节特征、二十四节气等都可以作为科学课程资源。

北京市门头沟大峪中学位于北京市郊区，曹彦彦校长带领教师团队，借由大峪中学的"峪"字以及学校的地域优势，探索"山谷相生、自然天成"的办学理念，带领大峪中学师生研究门头沟区永定河谷的山、水、人、城等课题，开发了一系列的山谷课程：例如北京中医研究所指导学生完成的"黄芩研究"微课程、"富集植物修复治理门头沟区煤矸石污染机理新探"，门头沟区清水河流域的"泥石流年代研究""沿河城的变迁""利用田间秸秆开发可降解塑料""科学探案""玫瑰谷地域文化研究"等。学生在这些课程中，探究学习，发挥想象，发展天赋才华，真正成为了课堂的主人。"山谷书院"成为师生探索自然奥秘的乐园。

5. 民族和区域历史文化课程资源开发

民族和区域历史文化资源是中小学课程资源的重要组成部分，它在一个特定地域内发端流行并长期积淀发酵，其物质文明和精神文明以及生态文明等带有浓厚的地方和民族色彩，是一种独特的课程资源，并且很多资源本身就是历史文化遗产或非物质文化遗产。开发民族和区域历史文化课程资源，将其融合到学校课程之中，学生获得一种感同身受的理解，备感亲切，在不断的参与和适应乡土生活中，真正地认识、肯定、认同、关怀、尊重和欣赏自己的民族和乡土。此类资源范围非常广泛，如民俗民风、地域特色、风土人情、特色饮食、名优特产、节日习俗、宗教信仰、诗文碑刻、建筑古迹、文化遗址、服饰特点、地名沿革、语言文字、文学艺术、民间传说、历史文化名人等等，都将是语文、社会、美术、音乐、历史、综合实践活动等课程资源的重要来源。如湖南的湘绣、湘菜、花鼓戏、永州江永女书、长沙马王堆汉墓、走马楼汉简、宁乡商铜器、望城铜官窑、欧阳询纪念馆、火宫殿、开福寺、爱晚亭、杜甫江阁、白沙古井、天心阁、岳阳汨罗江、岳阳楼、湘西凤凰南长城、苗族扎染蜡染、郴州蔡伦故居等，都是很好的地方课程资源。

6. 信息技术课程资源开发

科学技术日新月异的发展促进了教育技术的革命，从挂图时代、幻灯片时代、多媒体课件时代到翻转课堂、云课堂，仅仅用了不到50年时间；从一张嘴巴、一支粉笔的传统教学模式到电化教育再到互联网教育，是时代发展的必然。"大数据""互联网+""云时代""共享时代"等成为了家喻户晓的热门关键词，信息技术、网络课程资源的开发与利用将再一次引领课程资源开发的新革命。我们只有紧跟时代步伐，不断更新教育观念，不断学习充实自己，树立新的课程资源意识，才不至于被社会淘汰。

第二章　中小学校长课程规划设计

　　学校课程建构顶层设计，是指植根于学校的办学理念，立足于发展现状，通过对课程的整体规划，实现学生、教师、学校三位一体共同成长的办学目标的总体把握。校长作为促进学校达成课程目标的领导者，应把握学校课程顶层规划设计的领导策略，带动课程研究学术共同体，将学校视同课程发展的基地，透过现状分析、愿景建构、问题诊断、价值取向、方案设计、体系建构、执行实施与评价反馈等具体行动策略，提升学校课程发展能力。

第一节　学校课程建构顶层设计

　　当前，各校在课程体系建设过程中，由于拘泥于局部的零敲碎打或修修补补，而出现课程开发不落地、目标不清晰、体系不完善、评价不健全、结构不紧凑等诸多问题。上述问题的解决唯有"入乎其内、出乎其外"地进行顶层设计，方能予以系统性的解决。顶层设计可以从办学理念及现状分析、课程阶段及问题诊断、课程哲学及价值取向、课程目标及达成愿景、课程体系及整合规划、保障条件及相关资源等六大要素予以呈现，分述如下。

一、办学理念及现状分析

　　办学理念是学校一切工作的出发点，它包括学校的办学宗旨、办学目标、办学策略，具体体现在校训、校风、校规、校歌、育人取向、培养目标等方面。先进的办学理念对内是凝聚力，对外是核心竞争力和品牌，是落实各项工作的逻辑起点。办学理念可以通过对学校历史与现状做充分分析后确立。此环节的目的是立足原点，对学校的教育现状进行全面摸底，在此基础上再进行学校课程目标的厘定和课程体系的制定。现状分析可采用"SWOT"分析法，即从优势、劣势、机会、威胁四个方面对学校进行全面分析，梳理包括学校的历史传统、地理位置、硬件条件、课程基础、师资队伍、学生来源、发展愿景与面临挑战等。其中，找出学校育人目标的清晰定位与发展现状之间的差距是分析的关键。对学校分析越透彻，问题解决的思路越清晰，课程建设定位就越准确。当然，学校的现状分析不仅是工作的起点，更是贯穿整个办学历程的主线。唯如此，方能实现对办学理念的深刻把握和升华，进而统领课程建设的变与不变。

二、课程阶段及问题诊断

课程阶段及问题诊断是对学校现在课程发展的类别、结构、整合度的清晰界定。此环节的目的是精准发现问题，为解决问题提供方向。诊断内容包括学校整体课程的分类是否科学、课程设置是否合理、结构是否完整、课程形式是否多样、整合是否协调。一般而言，学校课程发展有三个阶段。1.0阶段是以课程门类的增减为标志，这是"点状"水平的课程改进。2.0阶段的学校会围绕办学特色或优势项目特色，开发相应的特色课程群，进行课程开发的原始积累，这是"线性"课程设计与开发水平。3.0阶段的课程开发呈"巢"状，以多维联动、有逻辑的课程体系为标志，将课程、教学、评价、管理以及师生发展融为一体，这是文化建构与创生层次的课程变革。看清自己处在哪一阶段，才能知道顶层设计该从哪里出发。

三、课程哲学及价值取向

课程哲学是课程认识与理解的高度概括。目的是确定教育的价值取向，决定课程是以知识本位还是以儿童本位，提炼课程发展的精神力量。儿童本位的课程哲学决定了课程的选择、组织和实施、评价均应遵循儿童的成长规律，并以儿童已有的经验为基础，以儿童获得经验的方式为依据。张江高科实验小学以"让学生快乐成长"作为学校的课程哲学，具体理念是"多元开放统整"，基于此开发了"万花筒拓展课程"。传统上，往往老师有什么特长和资源，就开出什么社团。但要真正关注学生需求，就必须从老师视角向学生视角转变，开办个性化、定制化社团，让孩子真正开心起来。每个老师都要写好课程方案，通过家长、学生、专家和老师一起参加的课程审议后，才能进入选课系统。如果选课人数没达标，该社团可能就开不成了。学期结束，所有社团都要参与课程评价，精品课程会得到扶持发展，获得更多资金支持。而不受欢迎的课程下期可能就被淘汰取消。孩子们最喜欢动手操作的课程，中草药探究课程和高科创智云机器人课程每次都不到三秒就被一抢而空。中草药探究课程创新发展工作室被上海市教委评出"为人为师为学"十佳先进典型之一。

四、课程目标及达成愿景

课程目标及达成愿景是顶层设计的核心部分，是学校办学理念与培养目标在实践中的具体体现。此环节目的在于为课程建设明确目的地。可以采取问题导向的方式进行梳理。学校的育人目标是什么？学校当前课程建设的情况如何？学校希望培养什么特质的学生？这种特质需要提供什么样的课程？课程目标与办学目标是否一致？等等。例如重庆谢家湾小学以"六年影响一生"作为办学理念。为了真正实现"以孩子为中心"的课程目标，在保障国家课程目标不降低、内容不减少的前提下，学校将现有十几门课程整合精简为语文漫道、数学乐园、英语交流、科学探秘、体育运动、艺术生活6门小梅花课程。学校如此安排就是希望孩子们按照各自的智力优势去发展，让每一个孩子都能像"朵朵红梅"一样绽放独特的光彩。

五、课程体系及整合规划

课程体系及整合规划是顶层设计的中心内容，包括校本课程的开发落实，国家课程的校本化实施、地方课程的因校制宜、学校课程的因人（学生）制宜。此环节的目的是梳理各类课程的位置与关系。要将各个学科领域、课程之间进行有机地衔接，包括国家课程与地方、校本课程的整合，学科课程与活动课程的整合，必修课与选修课的整合。整合不是组合，是根据课程发展愿景进行有机协调，通过课程的不同维度（知识的内在逻辑性、儿童成长的阶梯性、生活经验的多样性）来进行增、删、改、优，从而构建科学、合理的课程体系。上海卢湾二中心小学，依据加德纳的多元智能理论进行分类与架构，起初学校开设了很多与八大智能相对应的小课程，但在后来的仔细实践研究中发现，这诸多课程中有不少是重叠与类似的，不仅造成了资源浪费，还使整体缺乏内在逻辑关系、科学性、规范性和严谨性。于是，在二次规划时，对所有课程重新进行厘定，删除了类似和冲突的课程，课程数量从 83 门删减到 55 门，从而保证了课程品质。

六、保障条件及相关资源

保障条件及相关资源是课程建设的支持系统，决定了课程建设的成败。此环节目的是为课程建设汲取多方力量，充分体现顶层设计的整体性、全局观、协调性等思想。课程建设是一项系统工程，需要调动各方面资源组建课程建设共同体。既要有直接进行课程实施与管理的校内力量，也要有校外力量，包括专家力量、政府力量及相关社会力量。学校作为一个开放的办学组织，职责就是协调与整合好多方力量，统揽全局，为学校课程的顶层设计做好服务。上海市中小学特别重视与高校和教科研院所的合作。一线教师在师范大学和上海市教科院等各级专家的指导下，用科学的研究方式实施课程建设，避免了走弯路和陷入瓶颈，在课程建设的每一个阶段都能走得稳健踏实。同时，学校还要争取行政力量的资金支持和政策保障，把家长、社区也尽量纳入课程建设的同盟军中。上海市卢湾二中心小学与上海科技馆建立馆校等合作项目，设计"淘淘丫丫绿色旅行"场馆活动课程，发挥社会实践基地资源为学校课程建设服务的作用。学校争取到学术指导、实践执行、资源提供及政策支持等各方力量，才能满足课程建设多方面的需求，让顶层设计高屋建瓴。

课程改革的最终指向是构建具有学校特色的、满足学校师生需要的课程体系。结合学校办学理念、课程资源、师生需求等多方要素的顶层设计，对于很多学校现阶段或者未来阶段的课程建设都具有重要意义。

【案例】

七彩课程向阳生长

先锋小学始建于 1950 年，2014 年选址新建，规模为 24 个教学班，学校办学理念是"以阳光的教育，培养阳光的人"，校训为"绽放最好的自己"。学校办学历史悠久，几经周折而弦歌不辍，形成了艰苦奋斗、踏实进取的办学传统。学校新建后办学硬件优良，环境优美，各项配套设施齐全，是长沙市标准化学校。教师队伍风气淳朴、团结向上，形成了"办阳光教育，绽放最好的自己"的思想导向。与之相配套的"七彩娃娃好习惯养成"德育主线与国学校本课程基本成型。

教师队伍缺编严重。有近50%的自聘教师，流动性大，教师规范化培训压力大，制约学校教育教学质量的提升。因缺编导致教师课时任务重，教师教研氛围不浓，教学质量有较大提升空间。对于社区及家长资源的开发度还不够。与省市区各级教科院合作较少，缺少专业的引领与指导。周边学校林立，方圆三公里之内就有四所新建的区属小学，竞争激烈，加上家长对优质教育的期待向往，学校面临着提升办学质量的巨大压力。

课程发展诊断

2014年之前，学校历经了10年拆迁过渡，课程仅限于国家课程。2014—2017年，学校进入快速发展阶段。开发实施了一门全校必修的校本课程——国学课程。同时开发设置了各类社团课程。课程发展诊断如下：从课程分类上看，国家、地方、校本三类课程均有设置；从课程种类来看，加德纳多元智能分类中的语言、逻辑、音乐、空间、运动、自然五大类有涉及，缺乏内省、人际两个类别的课程；从课程形式来看，学科课程比重较大，活动课程相对匮乏；从整合情况来看，课程仅有叠加而无删减和优化，一至四年级的课程选择门类较多，五、六年级选择范围较少；从课程品质来看，国家课程的校本化实施受教师专业化水平的影响，处于照本宣科的初级阶段。德育活动课程化有良好的基础，但是没有形成序列。像节庆活动、环保活动、志愿者参观体验活动没有课程化；从师生参与面来看，师生参与率比较低。除音乐、体育、美术教师开发了社团课程之外，语文、数学、英语教师均没有承担课程开发的任务。学生参与社团课程只占总人数的22%，原因是社团课程开设时间全部在放学后，占用了学生课余时间；从内容上看，三类课程没有衔接，依赖社会力量开设的社团占据了90%以上，教师的课程观念有待更新。汇总得出课程发展现状与学校的育人目标之间存在的矛盾是：课程形式单一，缺乏体验和活动类课程。课程设置与阳光教育的办学理念缺乏关联，课程壁垒森严，缺乏衔接与互动。课程局限于校园，未能开发利用社区及场馆资源，扩大学生体验社会生活的视野。

课程哲学的选择

结合学校办学理念，选择杜威提出的实用主义课程哲学以及罗杰斯提出的人本主义课程哲学。前者提出"教育即生活"的经验课程观和"从做中学"的活动课程观。后者提出课程实施要以学生为中心，强调学生的体验和经验的作用。在这两者的基础上，提出"为儿童生活及生长服务"的课程哲学。其内涵是：课程内容应注意学生的需要，要根据学习者愿望和生活经验确定。课程实施过程中教师是为学生服务的，他的主要任务是创设学习材料丰富、学习设备齐全、能刺激学生主动探究的环境以及充满尊重、理解、信任、温暖和愉快的气氛，教学过程重视启发、讨论、思考、探索、发现表达等活动方式，借助于想象、文学、图片、表演、编制游戏、猜谜语、讲故事、文艺创作、手工制作、专题辩论等创作活动。因此，教师的作用在于为学生的学习提供或创造良好的教育环境。师生在课程实施中要共同构建良好的学习气氛和人际关系。课程评价应该是发展的、动态的、多维的。课程哲学指导我们为学生提供适切的课程，呈现温暖、多元、互动的教育生态。

学校课程发展目标及愿景

学校育人目标为"阳光成长六个一"，即：一流好人格，一身好体魄，一生好习惯，一种好思维、一个好兴趣，一门好才艺。从中提炼出我校学生特质是健康、乐学、聪慧。这种特质需要学校提供促进学生身心健康、满足学生多方兴趣、促进学生成长需求的课程。因此，学校的课程发展目标确定为：建立务本、多彩、自主的课程体系。务本即夯实学科课程基础，努力让师生教学精、实、活；以一课一得、转识成智的理念引领国家课程的校本化实施；教师深入钻研教材教法，实行有效教学，让学生轻负担、高效率地学习。多彩即根据学生的需求，开设多种多样的课程。鉴于社团课程仍偏重于学科课程的不足，应当进行学生课程需求问卷调查，多开设受孩子们欢迎的与生活相关的课程。例如开设动手操作的魔方、发卡、棋牌、编织、种植、烘焙等兴趣课程，生活实践的财商、各国文化、旅游、口才等课程；开设学生人际交往技能与自我认识的心灵成长课程，帮助孩子培养健康的心理素质。增强课程的趣味性和实践性，将各类课程纳入课表，在不占用学生课外时间的情况下保证开设，以减轻负担和满足兴趣。同时将课程触角伸出校门，走向社会。充分挖掘校外资源，开发一些体验、参观、实践的活动课程，结合学校的《七彩娃娃好习惯养成手册》，争取把社会实践好习惯进行明确细化，制定出《七彩娃娃必做二十四件事》。让家长参与到孩子实践素质培养过程中来，丰富儿童的实践体验，让课程具身化。自主包括师生两个方面。首先，课程应该成为教师自主成长的平台，采用绩效奖励等评价制度调动教师参与课程开发的积极性，将教师的兴趣特长充分挖掘。其次，儿童的课程学习自主性也需要得到充分尊重；让学生参与到课程审议、选择、评价环节，真正成为课程的主人，使课程满足儿童成长的需要。

<h3 style="text-align:center">课程体系整合规划</h3>

根据加德纳的多元智能分类，可以将人类智能分为八类。分别是：言语–语言智能、音乐–节奏智能、逻辑–数理智能、视觉–空间智能、身体–动觉智能、自知–自省智能、交流–交往智能、自然观察智能。我们把其中的音乐–节奏智能与视觉–空间智能合并为艺术智能，将全部课程整合为七类，定为"七彩"课程。寓意是阳光教育通过赤橙黄绿青蓝紫七种课程实施，满足学生多种兴趣爱好的发展。"七彩"对应的是7门国家课程与1门校本课程，以及21门拓展探究型课程，课程内容可以采取长短板块课的形式进行整合。如表2–1。

表2–1　"七彩"课程体系

智能分类	国家课程	拓展及探究课程
言语–语言智能	语文　英语	国学（校本）金话筒小主播　漫画英国
逻辑–数理智能	数学	棋牌　魔方　财商
艺术智能	音乐　美术	七彩娃娃合唱　金画笔　墨韵书法
身体–动觉智能	体育	弟子规武术　奥星足球　啦啦操　田径
自知自省智能	道德与生活 道德与法治	德育活动　七彩娃娃必做二十四件事
交流–交往智能	少先队活动	志愿者服务　节庆活动
自然观察智能	科学	七彩田园种植课　疯狂博士课程　小小科学家课程　烘焙课程

课程建设保障条件

学校高度重视课程建设，下足力气推进此项工作，组建了以校长为核心的课程建设领导团队。学校占地29亩，各类功能室、体育场所俱全，硬件条件优越，为课程开设提供了雄厚基础。学校积极取得与家长委员会、长沙理工大学大学生志愿者团队、湖南师范大学、湖南第一师范学院的支持，争取湖南省教科院、长沙市教科院、天心区教师进修学校及艺体中心的指导，并努力与书香文萃文化公司、冰雪奇园俱乐部、奥特莱斯购物中心、中海环宇城、湖南省科技馆、湖南省青少年活动中心、湖南省地质博物馆取得合作，为课程建设提供丰富资源。

课程建设几乎涵盖了学校教育教学改革的方方面面，因此它需要牵涉到学校各类主体，使他们一起参与到课程审议、实施及评价的三大环节中来。根据学校现有的组织架构，将成立一个包含教科室、专家学者、教导处、教研组、德育部和家长委员会在内的课程建设共同体，以保障课程建设顺利推进及课程品质的提升。对应每个环节，各主体分工如图2-1。

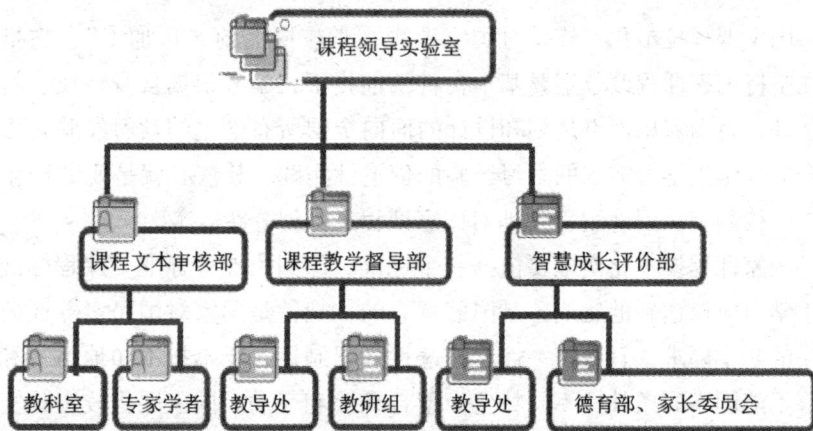

图2-1　学校课程建设分工

课程门类众多，课程领域之间既有交叉又有融合。为确保每类课程都有主管负责，根据现有组织架构，实行项目负责制，每个部门具体负责几类课程开发的组织工作。课程开发将被作为近两年各部门的工作重点，纳入考核体系。各类课程开发分工如图2-2。

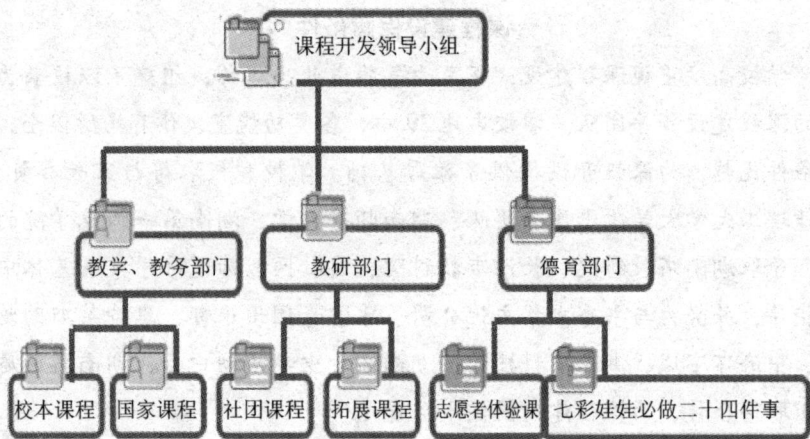

图 2 – 2　各类课程开发分工

第二节　国家课程校本化实施

国家课程校本化实施是对国家课程在学校层面的"再加工"。它指的是在坚持国家课程改革纲要基本精神的前提下，学校根据自身性质、特点和条件，将国家层面上规划和设计的面向全国所有学生的学习经验转变为适合本校学生学习需求的学习经验的创造性实践。其核心就是要"因生制宜、因校制宜、因地制宜"地对国家课程进行创造性落实。

国家课程校本化实施要依据一个标准，即国家课程标准。课程标准是学生学习应该达到的底线，是国家意志的体现，是国家对国民素养或公民素质的基本要求，具有统一性、普遍性和强制性，要不折不扣地执行和落实，不能因不同条件、不同特色而擅自篡改和变动。国家课程校本化实施中要遵循的原则、把握的事项及基本模式分述如下。

一、坚持两个原则

坚持基础性原则。即国家课程的校本化实施要保障面向全体学生，使全体学生都能接受和掌握。

坚持适切性原则。即要符合本校学生实际，在学校允许的人力、财力、物力的基础上适当进行。因此在实施国家课程的过程中要充分依据当地情况，充分结合学生实际，突出学校特色，对国家课程不断调整、补充、拓展和整合。

二、做实三个"把握"

（一）把握课程目标

要校本化地实施国家课程首先是要对课程目标有较深的认识与了解。国家课程是规定性动作，课程目标被设计成一个公共的整体性的目标，如"知识与能力，过程与方法、情感态度和价值观"三个维度。这种目标比较笼统而缺乏针对性，对于具体而生动的学生来说，每门学科和每节课的教学目标都需要广大教师在教育教学中根据具体情况来确定。

例如上海黄浦区卢湾二中心小学，根据学校的办学特色和整体课程发展目标，各教研组结合学科特色，挖掘学科内容新的"生长点"，分学科、按年段设计课程分目标。以语文学科为例，语文是一门以掌握母语交际能力为主要目标的课程，该校语文教研组深入研究小学阶段的所有语文课程，以"听说"为主线，根据不同年级学生的年龄特点和语文各年段的要求，制定了课程分目标。

一年级第一学期课程目标是：能够运用已经掌握的识字方法，认识生活中接触到的汉字；能够正确认读、识记汉字；有兴趣、有方法地识字。

一年级二期的课程目标是：能在父母、师长的帮助下，收集自己喜欢的故事；能正确大声地朗读故事，且对故事中不认识的字和不理解的地方，通过查字典等方法加以解决；能把自己阅读的故事与其他小伙伴交流分享，通过阅读，激发学生对美好情景的向往，关心自然和生命。

……

（二）把握课程内容

国家课程是实现教育目标的基本途径，更是发展学生的起点。对国家课程的内容进行校本化创新，是解决国家课程在使用过程中"水土不服"的良策，也是课程管理创新的重要内容。在"解读课标、通览教材、梳理脉络"的过程中，以教材为起点，基于教材、高于教材，设计满足不同层次的学生需求的课程内容。我们可以通过增、删、改、优等方式进行重组及优化。

1. 满足学生的需求

增加课程的广度与深度，让课程更加丰富和立体。例如在沪版科学教材第五册中，有"热的传导"的内容。教材内容是用温度计来测量加热带来的温度变化。在实际操作中，观察被酒精灯加热的木条不同位置的温度变化是很困难的，于是在老师的启发下，学生增加了滴蜡烛油和放冰块的内容，通过观察两者的溶解来体会温度的上升；后来老师上网查找并购买了变色涂料，这种涂料遇热就会改变颜色，类似于婴儿用的防烫杯。学生只要观察到木条上不同位置颜色的变化，就可以知道热量的传导。由此可见：增加新的教学内容，能促进学生学力的发展，开拓学生的眼界，丰富学生的实践。

2. 删除不合理的课程内容

教材中的不合理性体现在：课程内容陈旧，跟不上时代发展；课程内容繁难、低效。在语文教材中，有部分内容经科学考证是不真实的。如下例："一位宇航员神采飞扬地说：'我在宇宙飞船上，从天外观察我们的星球，用肉眼辨认出两个工程：一个是荷兰的围海大堤，另一个是中国的万里长城！'"这段文字，出现在某小学教科书第七册《语文》中的《长城砖》一文中。然而我国宇航员杨利伟的回答推翻了这个让国人颇感自豪的"事实"："看地球景色非常美丽，但是我没有看到我们的长城。"美国宇航员奥尔德林也曾坦率地说过："在月球上是看不到万里长城的。"有专家指出，航天器的飞行高度是 300 至 400 公里，地面物体只有长宽都达到 500 米才能在人眼中表现为一个点，10 米宽的长城，显然不够标准。借助精密的遥感技术或借助高端摄像机、摄录机，宇航员在太空上可以清晰地看见长城或进行细致的拍摄，但这是"借助"而非"肉眼"。从中可以领悟得出：教师要以批判的眼光来看待教材，用独立思考和科学结论来开展教学，类似这种不合逻辑、不科学的内容是可以删除的。

3. 修改课程内容

综合生活世界和学生的学习基础来考虑课程内容的改进。例如：人教版六年级数学教材上册不管是分数乘法还是分数除法解决问题，都是以一步例题出现，也没出现连乘连除或乘除混合的题型。学生在学例题时大都能正确地掌握，但当真正落实到习题时，却时常出现差错，原因是练习题中特别是配套练习往往超出例题范围，经常出现分数混合多步应用题。

因此，我们不能仅限于一两步的简单题型的教学，在教许多例题的同时，老师往往也要将练习中的某些题型当作例题来讲解，或适当地补充一些自编例题。这种修改是基于对教学效果的准确把握，基于对学情的正确判断，为学生掌握知识搭建脚手架。

4. **优化课程重叠、交叉的部分**

山东济南市三至六年级的科学、品德与社会等国家课程与环境教育、安全教育、传统文化等地方课程部分内容交叉重复。例如科学课里有一个单元名为水循环，包含"蒸发""沸腾""凝结""水的三态变化"和"小水滴的旅行"五方面的内容。而在四年级环境教育课里也有两个有关水的内容，分别为"随着水滴去旅行"和"天上的雨水干净吗"。历城区实验小学在 2013 年尝试进行课改，把五门课程中的所有内容全部"打碎"，重新"糅合"。先整合教学目标，再整合内容，找出课程中交叉、重复的部分，通过删减、融合、增补、重组，最终经过一个暑假的努力，整合成了一门主题综合课程，分别是以科学课为主线的主题课程 A 和以品德与社会为主线的主题课程 B。整合前的目标多而杂，很凌乱，而整合后的目标简洁、明确。该课程获得山东省首届特色课程一等奖。由此可见，课程优化需要发挥教师团队的力量，集中集体的智慧进行高屋建瓴地建设。

（二）把握实际情况

国家课程的落地生根要注意三个制宜：

1. **因生制宜**

国家课程的实施本身就是以生为本的创新实践。教师要充分了解学生的学情，包括学生的认知基础、学习能力、生活经验等，然后依据课程标准，选择适合学生成长的课程内容和教学方法，让不同类型的学生都能"学会""学好"，让他们有兴趣、有经历、有发现，让学生在原有基础上得到最大发展，这是国家课程得以校本化的关键。例如针对农村学生，教材中观察绿豆发芽的作文主题可以改为观察家中小菜园、观察蘑菇生长；针对城市学生，综合实践活动可以把主题设定为地铁交通文明行为的调查或者是博物馆探秘。

2. **因校制宜**

要让教师创造性地实施国家课程，先要把握教师的专业化水平与学校的人文环境。首先是有课程改革氛围和校长、教师的现代教育理念的积累。没有浓厚的教改氛围，没有现代教育理念的武装和支撑，国家课程的校本化实施是无从谈起的。例如江苏常州清英外国语学校就把国家课程落实得非常好。该校作为一所民办私立学校，有着深厚的文化底蕴和教研氛围。在现任校长奚亚英的引领下，学校拥有一支实力雄厚的教师队伍。学校用项目化管理来引领课程，国家课程校本化实施做到了用80%的时间达到100%的效果。学校从三个维度进行课程实施——师本化实施（有个别专家型教师可以在一个月内完成国家课程的教学），校本化实施（每位老师至少有3本教材进行整合），生本化实施（人人都是领导者，每位老师领导一门课程和一个学生团队）。在这样的专业化的教师团队中，课程实施的创造性发挥到极致。

3. 因地制宜

要把握当地特色及现实条件，包括设施设备等物质条件及社区、家长资源。因为国家课程校本化实施是一项综合性很强的工作，需要各方面的条件支撑，特别是人力条件的支撑。卢湾二中心小学根据学校地处繁华的上海黄浦区的地利，以及学校周边场馆林立、资源丰富的优势，开设了每学期两次的课程"访学"，以了解社会和国情、提高全面素质为宗旨。除此之外，设置了具有地域特色的"社区课程地图""卢湾二中心学生成长三十事"，这是孩子们在读小学期间必须修完的实践课程，它囊括了有关艺术、人文、交际、动手制作、调查采访等多方面的内容，让学生亲自参与，通过考察、实验、探究、调查、访问、制作、服务、反思等一系列的活动，获得感悟，得到体验，发展创新和实践能力。

三、构建四种校本化实施的基本模式

国家课程校本化实施的核心就是对国家课程进行校本化的改造与重组。对课程本身的处置方式有四种。

（一）调适课程

就是对国家审定的教材根据学校和学生的实际进行校本化的处理，使教材对教师和学生更具适切性，以提高教学的针对性和有效性，提高教学质量。具体来说可有四个方面的调适。

1. 调适教学目标

将课程标准和教学目标具体化、项目化、梯度化，并根据学校和学生的实际适当调高或调低教学目标要求，以适应学生的可能需求，提高教学的针对性。

2. 调适教学内容

采用增、删、改、优等方法让教学内容更适应不同层次学生需求。

3. 调适教学方法和手段

教师用形象生动直观的方法吸引学生的注意力，降低学习的难度，关注到每一个学生，给学生创设更多的实践机会，创造一个自主学习的环境。

4. 调适教学评价

评价内容更多地转向学习兴趣和动机，关注学习态度与过程、学习方法与策略。进行学业质量的监控，明确能力目标，认真梳理教材，将课程标准的要求与学生学科学习能力要求有机结合，从知识点、训练点、拓展点等方面理清教材的知识、能力要求，明确训练的重点，逐步形成学科学习能力的培养序列。

（二）整合课程

整合包括跨学科整合和学科内部整合，例如体育教育、心理教育、健康教育整合成为运动与健康课程，语文与品德课程整合为阅读与生活课程。同一学科的整合是将分散在不同领域的相关联乃至相同的知识点整合起来，以强化教学的内容，提高教学的效率。例如"统计"这个知识点分散在人教版小学教材的 12 册里，教师完全可以根据学生接受水平进行整合。

（三）创新课程

创新课程是在国家课程的总框架下根据学校特色、学生实际创造性地处理国家课程，当然也包括根据实际创造性地开发全新的课程或是课程单元。创新课程可以有三种途径：

一是在教学过程中对教材进行局部的改造，根据学生实际，在教学内容的呈现方式、顺序结构、详略、实证实例等方面进行适当改造，使之更适合于课堂实际，从而收到更好的教学效果。

二是创造性地使用和处理教材。实际上就要把教材本身个性化，以适应不同的教师和学生。在具体的教学过程中，根据不同学生的实际，对所使用的教材作出相应的创造、拓展和外延，从而使教学更具针对性和个性化。例如教师把不同版本的教材琢磨透,从中进行整合优化。

三是根据国家课程的总体要求和课程管理制度,从学校特色和学生实际需求出发,开发全新的辅助性的课程和课程单元,作为校本课程进入学校课程系列。

(四)借鉴课程

引进、借鉴适合我国国情、学校实际的国外课程,有的通过改造引进国(境)外核心课程或教材,特别是英语、自然科学方面的课程;有的引进网络课程,例如"可汗学院""沪江网校"等课程。当然,借鉴课程是十分严肃的事情,不但要考虑学校的特色和实际需要,更要符合国家有关教育和课程管理的法律法规,尤其要根据我们的教育方针和课程标准对外来课程和教材进行必要的改造和改编,以适应我们的国情和实际需要。

国家课程的校本化实施,能增强教师的课程意识,提升课程教学的有效性,满足不同层次学生的发展需求,落实国家课程的具体实施,不论对于学校的发展、课程的建设,还是师生的成长,都大有裨益。

第三节　地方课程特色化实施

地方课程是地方各级教育主管部门根据国家课程政策开发、设计、实施的,目标是通过对学生进行人文精神、科学创造精神、社会实践能力的培养,以增进学生对地方经济、自然、历史、文化的认识、理解和热爱的情感。地方课程的内容一般包括时事政治、国防、法制、环保、民族、安全、人口、禁毒和预防艾滋病、心理健康、体育与健康、公民道德等方面。

一、地方课程特色化实施,能促进地域文化特质形成

从区域整体推进角度来看,地方课程特色化实施,能促使区域内各学校持续围绕同一课题,切磋共进,有针对性地破解地方教育难题,从而牵一发而动全身,形成百花齐放的地域课程文化特色。

(一)聚焦广州市天河区经典教育

2012 年,广州市天河区教育局正式在全区实施"中国传统文化经典教

育工程"，出台了《天河区中华文化经典教育工程实施意见》，在全国第一个将经典诵读上升为经典教育，第一个以行政力量推动传统文化经典教育全覆盖，第一个将经典教育纳入课程管理，第一个实现校长、语文教师经典教育全员培训，第一个建立经典教育专项经费保障机制。为了加强中华优秀传统文化教育的落地实施，教育局联合中华书局对全区小学语文教师进行经典教育全员培训，以提升小学语文教师的人文素养与国学底蕴，提高经典教育课堂教学能力与教学组织能力。

天河经典教育百花齐放：五山小学《创建"三环五步"教学模式，促进少儿国学经典诵读课程建设的研究与实践》的经典教育研究成果，荣获广州市教学成果一等奖，自主编撰的国学校本教材荣获广东省一等奖。以林美娟老师为代表的岑村小学经典教育团队享誉全国。昌乐小学"君子三幕剧"课型，华成小学李淑筠老师的"晨读对韵"，纷纷揭开了经典看似生涩的面纱，使经典充满了意趣和魅力。

天河区经典教育如同助产士，从显性的效果来看，催生发展出了各具学校特色的传统文化教育项目，大大激发了学校活力；从隐性的效果来看，让天河教育回归到精神活动的本真，孕育了终身学习的教育思想、自由讨论的教育模式、全面发展的课程结构、积善成德的实践方式、道德双修的发展路径。经典教育以浓厚的人文精神涵养了天河师生，形成了天河教育独特的竞争力。

（二）聚焦湖北省随县的阅读课程

为破解农村教育发展瓶颈，实现教育品质提升，湖北省随县以"阅读"为校园文化建设植根、为精神成长立魂，组建阅读"共同体"，将阅读与课程、校园文化、师生成长深度融合起来；把学校建在图书馆中，成为随县教育的一种自觉，随县的中小学校园里，图书触手可及；营造"阅读、悦读、越读"的"软环境"，运行"共性＋个性"的书香校园建设机制。全县组织了"点亮心灯"主题阅读沙龙活动，使一批又一批教师在阅读中摆脱职业倦怠，实现专业成长；以"儿童阶梯阅读""晨诵童诗汇"等形式开启悦读，以"师生共读""亲子共读"等形式进行互动交流，实现阅读的互相激励与共同提升。如今，随县中小学校"书香"底色更加凸显，地域文化特质更加鲜明，"书香校园、阳光校园、智慧校园、生态校园"正在悄然成形。

二、地方课程的特色化实施，往往伴随着学校精品课程的形成

从学校内部的发展来看，地方课程的特色化实施，往往伴随着学校精品课程的诞生。有的表现为学科课程吸纳地方课程后创生出精品课程，有的表现为地方课程活动化后衍生出精品课程，前者如潍坊市广文中学，后者如香港培侨小学。

（一）聚焦潍坊市广文中学

地方课程与语文课程整合。从 2008 年开始，学校进行"主题学习，单元推进"语文学科教学改革，为此，学校在每周 5 节语文课，一节"传统文化"地方课上进行改革，采用"1＋1"课堂教学模式，即一个单元的课本学习跟进同一主题的多篇文章的学习，实施"双百阅读"（百部名著阅读和百篇美文阅读）。还研发了《广文背诵 400 篇》，其中有 200 首古诗词、100 篇文言文、100 篇现代文，人手一份的"背诵档案"陪伴学生走过三年。三项评价改革也并行推进，即考试命题改革、学生评价改革、教师考评改革。考试命题不再只是围绕教材，考试方式不再只是纸笔测试，考试结果也不再只是作为语文成绩的表达，还纳入综合素质评价，教师的考核也关注阅读指导、写作指导、学生的背诵等多个维度。

地方课程与思品课程整合。针对思品课程和地方课程中，心理健康、道德教育、人生规划、安全教育、心理健康等内容的交叉重叠现象，广文中学走上了整合思品教学内容、重建主题课程的道路。学校以学生成长为主线，将学生的成长需求和成长中遇到的问题转化为核心话题，按照学生的成长和认知规律，进行主题内容的系统编排，综合利用心理、道德、法律、国情等多领域知识以及多种教育资源，解决他们成长中遇到的问题。主题的确定，坚持从学生调研中来、从家长的困惑中来、从教师的反馈中来、从多年的教学经验中来的原则，基于课程标准要求，以思品教材为基础，整合地方课程、学校活动课程和特色课程中的相关内容，筛选出最新热点以及传递社会正能量的资源，还把具有学校特点的校本资源纳入其中，构建起贴近学生、贴近生活、贴近社会、育人为本的思品课程体系。另外，与学校学生发展部、其他教研组等合作举办实践活动，开启"大德育"实践模式，也成为主题课程的重要内涵。

（二）聚焦香港培侨小学

针对学科教学，香港培侨小学积累了非常丰富的延伸性专题活动经验，诸如中文科的"朗诵马拉松"与"元宵节猜灯谜"，英文科的"Talent Show"，数学的"数学游踪"，中文、英文、视艺跨科活动"花灯设计"与"复活蛋设计"，常识、英文科的"做实验学英文"等活动，都深受学生欢迎，而小四级"综艺课程成果汇演晚会"更成为一年一度的盛事。

这种经验也自然而然地运用于公民教育、国情教育等课程的设计中。学校每周举行一次午间广播节目"放耳天下"，持续进行公民教育，加强学生关注时事的意识；围绕譬如汶川大地震、北京奥运会、海地地震、高锟获诺贝尔奖、对付高空掷物有"大眼"等远近大事，主持的师生以对话形式讲述，以吸引学生关注。学校提供了专门的"留言板"供同学们分享感受和见解；常识科考试，会以广播内容为基础拟出一些时事题，以考核学生对新闻的专注程度，及锻炼思考力与批判力。

为了加强国情与国民教育，培侨小学大胆设计了境外山区交流与体验活动，组织师生团远赴"清远培侨小学"游学。活动程序经过严密精心的设计，先是教师团实地考察并制订方案；严格面试选拔学生团员；在活动体验的四天期间，每个晚上老师都组织学生进行总结，汇报情况与讨论，以疏导学生情绪；返港后，再开展全校分享会。

（三）聚焦澳洲罗乐托学校

澳洲的学校如何开展生活教育呢？定期来到学校的"房车"，为共享区域性课程资源，提供了生动活泼、效果优良的思路。

房车的车厢外面涂满了彩色的图案，门口写着大大的"生活教育"，里面很舒服。一年级的孩子们进来后，按领到的不同颜色的卡片分组就座。活动一：老师给各组分发一张大卡片，组内说说有哪些是奶制品、蔬菜、水果、饮料、肉类、鱼类。说完后就把它贴在各组背后的"车墙"上。活动二：大屏幕上出现一个和蔼的卡通人，领着一群小朋友去旅行，她让小朋友们系好安全带，到了一个绿色的城堡前，从天上飞下一个医生天使，讲人的大脑、心脏、肺和胃等器官是如何活动的。这些器官还变成动画与小朋友对话。老师将大脑、心脏、肺和胃的卡片分发各组，先交流它们的功能，再贴到人体轮廓图上；还拿出一个禁烟标志，问学生为什么不能吸烟。活动三：屏幕上出现了一个旅行包，里面有水、水果、球、布绒动物、游戏卡、药等。让学生按"一定要带、可带可不带、不要带的"分类。活动四：旅行到了海边，看到沙滩上打碎的瓶子、针筒等一些杂物。老师出示四张情境图片，让学生判断是否安全。活动五……

这辆房车载着自一年级到七年级的生活教育专题，在约定时间来到区域内各个学校，极富情景化的教育形式，深受学生欢迎。澳洲很重视为中小学校教师提供完备的课程资源，减少了教师摸着石头过河的过程，减轻了教师负担，提高了教学效果，避免了地方课程实施的敷衍和形式化。共创共享优质地方课程资源，澳洲的做法是不是值得借鉴呢？我国普遍推广的"中小学校安全教育平台"，凭借多媒体信息技术手段，实施教育资源共享，也能极大提高地方课程中安全教育质效，为学校安全教育提供极大便利。

三、地方课程的特色化实施，将推动学校课程体系的整体完善

课程是学校最重要的产品，有优质的课程，才有优质的教育。因此，随着学校课程意识的觉醒，综合性、跨学科，具有学校鲜明办学特色课程体系的整体构建，正在成为学校课程建设的自觉追求。地方课程的特色化过程，往往就是一所优质学校课程体系不断完善的过程。

2013年以来，岳阳市岳阳楼区岳城小学深入践行"培养终身受益的德行、终身受益的习惯"办学理念，以"儒雅岳城、健美岳城、科研岳城"作为学校发展目标，秋季开始纳入伏羲教育课程框架，并逐年根据校情、学情完善这一体系。

伏羲教育的基本理念是"教人伦，顺人性，终身受益"，致力培养学生的综合素质，使学生明礼义廉耻，守孝悌谨信，有强健的体魄、高雅的修养、远大的志向和良好的行动能力。它的本质不是"国学教育"，不是"传统文化"教育，不是"特长教育"，而是以人为本的素质教育。

岳城小学伏羲教育课程体系，连接传统与现代，突破了三级课程界限，沟通校内与校外，发展了健康的身心、感恩精神、自理能力与协作精神。课程内容涵盖如下：一是语文开展海量阅读，教材学习占时二分之一，经典诵读与儿童阅读、演讲课程占二分之一，以大语文课程涵养学生底蕴，发展人文素养，培育高尚情操；二是重视身体素质的锻炼，除雨天外，每天晨练，每周3节武术课，培养吃苦耐劳的精神；三是每月一次户

外游学或徒步活动、锻炼体能、习惯与自理能力；四是重视艺术素质培养，书法、乐器是必修课；五是重视习劳课程，培养劳动观念、感恩之心、自主生活能力。

伴随这一课程框架的构建，学校原有的人才观、课程观、质量观得以修正，统一到"让学生终身受益，适应社会发展的需要"这一理念上来。五年来，伏羲教育课程体系重塑了学校气质，首先是教师队伍在成长，由第一年的 1 名教师担任伏羲班的班主任，增加到了现在的 6 人，伏羲教育理念，已经由开始的少数人的实验，变成了全体教师的共识。教师终身学习的风气日益浓厚，为了面向全校开设软笔书法课，目前已经有70%的教师加入了日日习字群，有的还参加伏羲云书院学习，每周 到每周五自觉提交作业，有80%的教师加入由岳城小学组建的岳阳传统文化教师培训群，每天提交诵读经典的语音；其次是学生在成长，近两年来，学生在国家、省、市、区各级各类赛事中获奖。再次是家长队伍在成长。学校坚持开办家庭教育公益培训班，家长对家庭教育日益重视，对学校的支持度也在不断上升。很多班级是家长坚持担任义工，参与到学校晨练、食育、游学、种植、运动会等课程中来。伏羲教育课程体系的构建，促进了岳城小学办学品位的提升。

第四节 校本课程个性化实施

校本课程的开发，反映了学校在教育改革中要求有更为积极和直接的自治与参与，也反映出人们的关注焦点开始从专家转向学校和教师。从总体上看，校本课程是一种控制权下移的行为，它隐含着"基层"的决策。目前，人们一般把校本课程开发界定为一个以学校为基地，以教师和学生为参与主体，有课程专家、家长、社区人士等共同参与的对课程进行选择、改编、整合、补充、拓展和新编的过程。

一、课程目标的个性化定位

美好的愿望、周密的规划，如果没有行动，那仅仅是"挂在墙上的甜蜜空想"。学校只有将实施校本课程作为课程建设的重中之重，建立科学规范的校本课程管理机制，才能让美好的愿望变成现实，让周密的规划得以落实。

（一）找准定位，进行科学调研

校本课程是立足于学校发展实际和学生需求的现实而开展的，因此，做好相关的调研工作非常必要。学校首先要对校本课程进行资源分析，开展调查研究，获取第一手资料。

1. 学情分析要细致

学生是校本课程实施的对象，背景资源的调查、课程的开发和实施都离不开学生的积极参与。因此，在校本课程开发建设和实施过程中，我们要充分尊重学生的主体地位，结合学校自身实际情况和学生实际进行充分的调研，尤其是对于学生的需求的调研，要做到细致科学，了解学生真正的需求，最好能与学生进行面对面的交流和沟通，这样针对性才会更强，实施效果才会更为明显。

2. 定位要切合实际

经过充分、详细的调研之后，我们对校本课程要做出切合实际的定位，那就是作为国家、地方课程的补充，应着力于培养学生多元的兴趣和爱好，培养学生欣赏美、表现美的情趣和想象力、创造力。准确的定位会激发学生参加的热情，并能在活动中陶冶情操、提高素养，初步形成健全的人格，形成具有团结协作精神与合作能力、人际交往和社会活动能力及独立生活的能力；同时也能促进教师专业发展，提高教育教学水平。

（二）勇于实践，扎根日常教学

在认真贯彻落实国家、地方两级课程管理的基础上，依据校情，结合学生特点，我们可以把校本课程建设的目标定位在"以学生发展为本，以教师的专业发展为本，以学校的可持续发展为本"，在日常管理中做到"四有、两保证、一体现"，即有教师、有教材、有教案、有课表安排，保证课堂教学的时间，保证课堂教学质量，体现校本课程教学成果阶段性展示。

英国著名的课程专家小威廉姆·E.多尔在《后现代课程观》一书中说："课程不再称作是固定的跑道，而是达成个人转变的通道，课程与其说是'跑道'，不如说是领着学生'在跑道上跑'的过程。""在跑道上跑"就是课程实施。北京十一中学校长李希贵说："课表没有变化就意味着课改没有什么变化!"因此,课程改革要从改变课表开始,要从开发校本课程入手。

天心区青园小学将校本课程统一纳入课表,每周2节,组织学生学习。选修校本课程实行走班制,规定每周五下午第二节课为统一授课时间。选修校本课程实行指导老师总负责,具体落实本课程的组织实施、调整完善、考核评价;实行组长辅助制,组长对本组成员负责,负责本组成员的出勤、学习展示、参与态度等情况的翔实记录,以作为期末考核依据。每学期学校除了举办座谈会、演讲会、还广泛向教师、学生、家长、社会征求意见,为校本课程的开发和建设广开言路。由于教材定位准确、目标明确、管理到位,教师的工作热情高,学生的学习兴趣浓,涌现出校园内人人参与校本课程,家长大力支持校本课程,社会各界也积极关注校本课程的良好局面。

二、课程教学的个性化落实

(一)改变教学方式,增强实践体验

很多时候,学校因为安全的考虑,不敢把学生带出校园,丧失了很多引领孩子参加实践的机会。教师可以通过寻求与家长的配合,想方设法把主题实践活动迁移到家庭中,让家长带领孩子们开展体验、参观等活动。这样在家长的配合下,既让孩子完成了实践体验任务,又密切了家校联系。

天心区仰天湖金峰小学德育校本课程主要使用戏剧表演和讲述式的方式对孝德故事进行体验,采取戏剧表演这种更为形象生动的内化方式和体验方式,通过承担不同的角色让小学生可以站在他人的角度去思考问题。在德育校本课程中,利用角色扮演可以让小学生产生情感共鸣,鲜明的人物性格可以给学生带来情绪感染,引发学生产生同理心。从某种程度上说,这种戏剧表演的教学方式不仅可以改变小学生先前存在的不正确孝德思想,还能激发学生自身正确孝德情感的觉醒与萌发,从而受到濡染。除此之外,教师在实际教学过程中还设置了"做一做"环节,通过与家长的

互动以及课后实践进一步加强孝德，达到"在做中学"的目的。道德知识不是通过道德推理去获取的，而是利用人们道德生活体验获得的，换言之，通过心灵感性和亲切的情感来生成和传递的。在戏剧表演的环境中，如果学生产生的间接道德体验缺少父母情感的反馈以及与家长的互动，这种体验就难以从戏剧故事中有效迁移到实际生活当中，也就无法转化成学生的道德行为。因此，在德育校本课程开发过程中，针对教学方式的设置，一定要从模拟体验转化为实践体验。

（二）聚焦小班化课堂，为学生量身定制

对国家课程和地方课程校本化、个性化的改造和实施，使之更符合学生、学校特点和需要，也是校本课程建设的一项主要内容。课堂是落实小班教育理念、促进学生全面而个性发展的主阵地。"为每一个学生设计教学"是小班化教学的理念和追求。因此学校应追求以学生为主体的"自主、探究、创新"的个性化课堂教学，力求使学校的教学更贴近每一个学生的实际，更符合每一个学生的个性发展需要，更好地促进每一个学生的全面、生动、个性化发展。

1. 坚持主体引领，优化教法和学法，推进小班化课堂教学实践

分阶段研究一个个主题，使学校的校本教研和校本培训都能集中于小班化教育，在突破主题的基础上，引领小班化课堂教学实践进一步深化，是学校推进小班化教学所采取的主要策略和取得成功的主要经验。

天心区青园小学开展的"构建自主学习的新课堂""课堂生成性资源的收集和利用""小组合作学习实效性的研究"等专题研究，使广大教师自觉关注当前学科教学改革发展前沿的知识，主动关注小班化课堂，不断转变教育观念和教学行为，该校成为长沙市课改样板校，其小班化教学最新研究成果的展示也得到了教育专家、同行们的好评。

2. 深化课例研究，推动小班化课堂创新

在开发和深度推进校本课程的实施中，我们可以深化课例研究，以反思性教学为方法，以研究教师的实际问题为目的，不断寻求创新小班化课堂，更好的深入实施小班化教育，发挥学生的学习主动性，培养学生的

个性。

天心区青园小学提出"构建自主学习的新课堂",首先各教研组分别推出一堂研究课,将本组教师对此问题的研究和认识融入到课中,再集中各学科教师的智慧反复打磨,再向学校推出一堂汇报课。在整个过程中突出学生的主体地位,强调学生自我评价,及时反馈,自觉反思学习活动等。就这样,通过一个个课例研究、总结,推动了小班化课堂的不断创新。

(三)国家课程校本化,注重课堂教学的优化

小学基础课程的开设是为了确保每一个学生学习的权利,让他们在小学六年教育中拥有良好的习惯与素养,成为全面发展的未来型人才。因此,学校的基础课程建设与课堂教学改革要齐头并进,重在课堂教学的优化创新。

天心区青园小学语文课强化大量读写,在落实语文教材基础上,配套有《小古文》《新国文》《弟子规》《日有所诵》等阅读教材,各年级分阶段设置了共读书目,将课外阅读挤进课内教学中。数学课重在促思启智,每一节数学课有确定的思维训练目标及训练时间与互动,注重思维训练的拓展。

英语课扩充英文阅读量,运用原版分级英文绘本,让学生体验原汁原味英文故事,引导学生在英文启蒙阶段形成学习兴趣,建立学习自信。美术课堂小班化,从一年级起试点小班化、课时连排改革。原有五六十个孩子的班级上美术课时,分成 A、B 两个小班同时进行教学。音乐课堂生活化,鼓励大小班结合,开展年级、班级音乐会,将生活经验音乐化,音乐素养生活化;把课堂延伸到课外,每天下午"小小艺术家"表演、不定期地开展各种主题音乐活动。体育课堂模块化,打破以往教师跟随班级走的模式,安排教师跟着专业走,充分利用教师所学体育专业的优势,将体育课分成球类课、田径课、形体课三大技能模块来进行教学。

科学课堂开放化,带领学生走上天台、甘露亭,走进大自然,走进科技馆,打开学生发现的新视界。信息课堂趣味化,巧妙利用孩子们爱玩游

戏的特征，设置 Scratch 图形化编程活动，让课堂变得有趣而丰富。品德课堂活动化，品德课程标准指出学生要在生活中锻造，在活动中内化，基于此，学校将"中国传统节日"、"青园劳动日"和各种节庆日变成课程内容，糅合进课表之中，组织学生参与实践活动。

（四）充分利用现有资源，推出多样创新课程

在促进基础课程均衡发展的同时，学校可利用现有的优质资源，开设能体现学校特色的创新课程作为有效补充。

天心区青园小学在三至六年级开设了以智能机器人训练为核心的科技创新课程（如机器人课），培养孩子动手动脑、创新实践能力；在一至六年级全面开设了以阅读为核心的语言创新课程（如英文绘本课和图书馆课），系统地培养孩子良好的中英文阅读习惯；在五六年级开设以数学思维训练为核心的思维创新课程（如青葵智多星），培养孩子良好的逻辑思维能力；在五六年级开设了以情感品质培养为核心的德育创新课程（如心理操练课），将"心理操练"和"青青语吧"心理咨询活动相结合，培养学生健康心理、健全人格；在一至六年级开设了以材料创作体验为核心的艺术创新课程（如创意美劳课），培养孩子欣赏美、创造美的能力，提升孩子的艺术研究素养。六门创新课程有明确的目标，普遍开设进入常规课表，让每一个孩子都能得到最切身的体验。同时，学校建立了开放的课程文化空间，通过主题融合、动态发展、主题参与、多方互动的策略，让课程与环境融为一体，走到校园的每一个角落，都能感受到创新课程的气息和每一位师生的成长。

另外，学校还成立了六个课程研究小组，定期开展研讨，边实践、边摸索、边积累、边提炼。从"以学定教"的角度，以学生的学习规律为线索，创新开发了创意美劳、机器人、图书馆、青葵智多星等课程学本，生动有趣、贴近孩子生活的学本让创新课程有了持续发展的生命力。

三、课程评价的个性化激励

校本课程评价是校本课程开发的重要组成部分，学校对校本课程的评

价更多看重"成果"。编写了一套校本教材、编排了一个精彩的节目或是学生制作了一些作品，这些都会被认为校本课程实施效果明显，而一些短期内没有显著效果或是不能呈现效果的校本课程往往会被认为实施不理想，这种注重浮于表面的成果评价也在一定程度上挫伤了教师的积极性。校本课程没有国家课程相对完善的评价体系，且许多学校对校本课程重展示轻评价的导向导致校本课程的评价制度建设不健全、不完善，操作起来存在一定的困难和偏差。

（一）教师评价

学校可要求所有开课教师必须有计划、有教案、有作业、有反馈、有考勤、有评价记录。学校教科室、教研组、年级组通过听课、查阅教师记录、学生评教等形式对教师进行考核，记入校本业务档案。

（二）学生评价

教师根据每一个学生参加学习的态度进行评价，分为"优秀""良好""合格""待合格"，作为"优秀学生"评比条件。学生成果通过时间创作、作品鉴定、竞赛、评比、汇报演出等形式展示，成绩优异者将成果记入学生成长档案。

天心区青园小学经过研究和实践，改进了个性社团选修课程的评价方式，充分利用网络选课平台，采用师生互评、学生自主申报活动收获奖章、行政领导随机抽查相结合的评价体系，改变了校本课程评价量化测评的形式，注重对学生完善的人格及创新思维的培养。评价方式呈现多样化，努力让教师和学生成为课程真正的评价者。那些学生不喜欢、负担重且追求"噱头"的课程被淘汰，逐步形成了以教师、学生为主体的评价体系。

四、课程提升的个性化保障

校本课程是以学校为课程开发的基地，以学校教师为课程开发的主体而开发的课程。教师是课程开发建设的主体，实施校本课程的开发，首要任务就是对教师进行专业培训，从而使教师们能以新的教育思想与理念投入到校本课程的开发和实施过程中。

（一）加强领导，提供机制保障

实行校长负责制，成立校本课程研发小组，配备专职教师，制定相应的管理、考核和评价制度，形成学校决策把关、课程教师组织实施、家长委员会监督的管理机制。

1. 招募、充实校本课程指导老师

校本教材的编写是当然的校本课程指导老师，但这些还远远不能满足校本课程的开设的需要。学校应充分挖掘价值、社区、社会资源，面向社会"招邀结合"，充实校本课程"师资队伍"。不断提高教师开发和实施校本课程的能力。

2. 制订《校本课程实施管理方法》

管理办法规定，校本课程的实施定时、定点、定教学人员、定教学内容，每个校本课程指导老师包括学生指导教师必须制订学期教学计划，经教导部门审核后予以实施。规定每个学生每学年至少学习不少于两门校本课程，期末考核必须合格。规定校本课程实行淘汰制，淘汰学生不感兴趣、教学效果不明显的校本课程。

（二）加强课程培训，提供研训保障

校本课程所蕴涵的新理念、新方法以及实施中所遇到的各种各样的新问题，都是过去的经验和理论难以解释和应付的。教师不能被动地等着别人把研究成果送上门来，便不假思索地把这些成果运用到教学中去。这就要求教师要以研究者的眼光来审视和分析教学实践中的各种问题。确定校本课程开设时间还要坚持有效性原则。对校本课程开课的现场，也要进行深入的课堂观察，关注师生互动的效果，关注课程价值与意义，关注学生的体验和收获，确保校本课程真正的为学生发展服务，而不是走过场、做样子。

学校将校本课程的开发和教学纳入校本培训和校本教研的内容。可采取讲座、研讨、交流、个案评析、现场学习等形式，提高教师实施校本课程的能力。积极倡导教科研人员深入学校、深入班级和课堂，同教师一道解决实施过程中遇到的问题，加强校本课程开发和实施的指导，鼓励和支持学校之间在校本课程内容、形式、运行机制及开发等方面进行合作研究与交流，增强校本课程的实施效果。学校应把校本课程的开发与实施作为重要课题进行研究。

第三章　中小学校长课程资源开发

　　"课程资源"是指形成课程的要素来源和必要而直接的实施条件。课程能否顺利实施，在很大程度上取决于课程资源的开发利用水平。新课程改革的反馈信息表明，课程资源缺乏是新课程实施过程中遇到的最大障碍，也是新课程标准实施和新教材使用中教师感到最为困难的问题。长期以来，我国几乎把教科书和学校内部资源视为唯一的课程资源，这种狭隘的课程资源观导致教师、学生、家长和社会以本为本，强调死记硬背教科书，强调题海战术，这既不利于学生学习兴趣的养成，也妨碍了学生创造力的养成，还使教师的依赖性较强，不愿进行深层次的课程资源的开发与利用。而新课程改革将教科书作为教育资源之一，强调学校、教师应该大量运用教科书之外的课程资源，给予学生更多的信息刺激，促进课程资源的优化和丰富，并使之贴近学生、贴近生活、贴近社会，使学生能够在轻松愉快的学习活动中掌握知识、形成技能技巧，激发学生的学习兴趣，培养创新能力。

第一节　社区资源开发利用

　　社区资源是指社区内一切文化、人力和物力资源。学校和学生作为社区中的组织和个体，自然受到社区内的文化、人员与物质环境潜移默化的影响；而社区资源经过学校的有效组织，会成为学校教育教学的内容、师资和场地设备的重要补充和学校管理的支持力量，有利于学校的各项教育教学工作的开展。当社区的某些资源被纳入课程范畴，被学校或者课程开发者加以开发或利用，就成为社区课程资源。社区课程资源开发，就是在社区里探寻一切有可能进入课程、能够与教育教学活动联系起来的资源；社区课程资源的利用，就是充分挖掘被开发出来的社区课程资源的教育教学价值。如何从社区实际出发，挖掘、整合社区的各类教育资源，积极开发社区资源的广阔空间是一个期待解决的问题。本节从社区资源的形式分类、开发原则、开发策略以及评价体系四个方面，对开发社区资源、丰富课程资源进行阐述。

一、社区资源存在形式的分类

从教育的视角来说，社区资源的存在形式是多样的，可分为文化资源、人力资源和物质环境资源三种类型。这三类资源有其各自的构成状况，又互相融合、互相渗透，共同构成了社区范围内丰富的教育资源。

（一）社区文化资源

社区文化资源是指人们在社区这个特定的地域性社会生活共同体中长期从事物质与精神活动而形成的历史传统、风俗习惯和地方语言等无形资源。这种无形资源，可以成为学校课程的素材和来源。长沙市天心区小古道巷小学和所在古道巷社区均以区地名为名，是一所有着 90 年历史、"礼"文化底蕴深厚的学校，古道巷社区则一直重视孝文化的传播。于是，学校和社区资源在此对接与整合，社区设计的"新二十四孝"图文墙绘制在学校外墙，成为学校"古道课程"靓丽的风景线；学生在"大大小小"志愿服务课程中多次深入社区慰问孤寡老人，陪伴智障儿童，学校和社区共同承担传播善礼、传承孝文化、培育有用之才的责任。

（二）社区人力资源

社区人力资源是指社区内在知识、技能等方面有专长的人才及具有一定社会影响的组织，包括社区工作人员、企业界人士、专家学者、学生家长和各种社区组织。它以个体人或者有某种共同目标的群众为载体，不仅课程成为课程的来源和载体，还可以影响着课程的实施范围和水平。长沙市天心区沙湖桥小学邀请少管所家长开展法律课程教育，与社区内大专院校、中学合作，邀请专家教授指导开发创造教育课程等就是人力资源利用的例子。

（三）社区物质资源

社区物质环境资源主要包括自然的山川河流、动植物，人为的为了保存和展示人类文明成果的公共设施，如图书馆、科学馆、历史博物馆、名胜古迹以及福利院、商场和工厂等。在学校教学过程中，无论是哪个领域的教学活动，所涉及的内容都离不开生活的真实场景。当学校现有的物质环境条件不足或设施不能满足教学要求时，可以带学生走进社区，利用社区中的各种设施来开展正规或非正规的教育活动。

二、社区资源开发利用的原则

随着经济社会快速发展，大教育格局正在逐步呈现，学校教育应打破围墙，开发缤纷多彩的社区资源，把课堂搬进社会，培养学生的综合素质。社区资源开发利用必须遵循以下原则：

（一）生本性原则

课程的核心价值是以学生发展为本，发展中国学生核心素养，国家课程提供的是"基本养分"，社区课程资源提供的则是丰富多彩的营养。中国学生发展核心素养，分为文化基础、自主发展、社会参与三个方面，综合表现为人文底蕴、科学精神、学会学习、健康生活、责任担当、实践创新六大素养。学校开发与利用社区课程资源过程，必须将着眼点放在学生的核心素养的培养与全面和谐发展上，密切联系学生的兴趣和经验，利用社区资源的文化底蕴和社会属性，引导学生自主体验、积极参与，培养学生的社区归属感和社会责任感，让学生在学会知识与技能的同时形成健康的个性和正确的人生观、价值观，为学生的终身发展创造条件。

（二）特色性原则

所谓特色，就是差异，就是与别人的不同，也就是自身的优势。我们在开发利用社区课程资源过程中，也要立足于当地社区的特色。具有浓郁的生活气息和地方特点的社区资源，不仅实用易用，而且为学生们所喜闻乐见。湖南被誉为"革命摇篮，伟人故里"，红色旅游资源极为丰富，不仅拥有以毛泽东、刘少奇、任弼时等为代表的中国共产党领导人和革命先烈的故居与纪念设施，还拥有文家市镇秋收起义会师、平江起义等革命活动和重大历史事件遗址。它们分布在湖南省的不同地区，各学校可以就近选择学校周围的资源进行开发利用，构建具有地方特色和学校特色的社区资源课程。

（三）实用性原则

社区课程资源开发要讲究实效，要立足学校，服务学生，注重切实可用。比如邀请社区相关专家到校做报告或设讲座，主要是社区内的相关单位出于工作的需要而进行组织和动员，学校只需配合实施。这种做法缺乏主动性、忽视实效性。学校如何发挥主观能动性，有针对性地、注重实效地发掘和开发社区资源？长沙市天心区黄鹤小学就"借力"专业资源提升课程品质给我们做出了很好的示例。这所农村学校地处天心区南端，学校周边有较多苗圃基地。基于此，学校开发了培养学生审美情趣的盆景制作校本实践课程。为了确保课程的专业性，学校主动向外借力，寻求更多社区人力资源：社区园艺基地技术人员被请到学校进行盆景制作教学，湖南苗多多生态有限公司志愿者受邀来校进行盆景知识教学，中南林业科技大学教授及专家多次受聘来给孩子们上园艺插花课。这些专业人士和团队的指导，使学校盆景课程的品质得到极大提升。

（四）互促性原则

共同发展、互相促进是市场经济的一项基本原则，也是学校开发与利用社区课程资源过程中必须遵循的原则之一。开发社区课程资源必须使学校、社区以及社区人士在相互提供便利条件的基础上共同获益。首先学校要主动与社区沟通交流，向他们宣传学校的教育理念和办学目标，增强他们的教育意识，以获得他们的理解和支持，让他们主动帮助学校解决实际困难，为学校提供适当的教育资源和良好的育人环境。同时学校也要考虑自己能为社区的发展做点什么，关注所在社区及其居民的发展，积极参与社区的公益活动，组织学生定期或不定期地开展优化社区环境的社会实践活动，如排队礼让、文明出行宣传活动，关爱老人、奉献爱心志愿活动，美化环境、宣传环保活动等。只有这样才能为社区课程资源的开发与利用提供内在动力，使其得以持续有效地进行。

三、社区资源开发利用的策略

（一）提高教师的资源开发的意识与能力

观念是行动的先导，教师是学校课程的实际执行者，也是社区课程资源开发与利用的主力军，没有教师的观念转变与专业发展，社区课程资源的开发与利用以及学校课程的发展便无从实现。提高教师资源开发意识与能力的培训势在必行。培训内容应包括两个大方面：一是增强教师社区课程资源的开发意识。通过培训，让老师认识到自己不仅是课程的执行者和实施者，更是课程的研究者和开发者，帮助他们从课程的外围走向课程的中心，使他们能够积极主动地投入到学校课程开发中来。二是提高教师的课程开发能力。社区课程资源的开发涉及有关课程的方方面面，既有宏观的课程规划，又有微观的课程组织、课程编制等，为此教师必须具备相应的课程开发能力，它包括对课程资源的鉴别筛选能力、将原生态的资源转变成课程的整合变通能力、与社区的沟通协调能力等。教师只有掌握了这些技能，才能在一定理论知识的支持下，科学地进行社区课程资源开发与利用的实践活动。

（二）加强学校与社区的有效沟通

传统的封闭意识导致学校与社区的长期隔离，这种状况与教育发展趋势是背道而驰的。学校是社区的文化中心，离了学校，社区无法真正实现可持续发展的目标；而社区是学校的所在地，是学校教育发展的背景和基础，离了社区，学校也无法单独完成教育的目标。因此，加强学校与社区的沟通与交流，这是学校有效开发社区课程资源的前提和保证。一方面，学校领导和教师要主动架设与社区联系的桥梁，正确认识社区相关人士所具备的知识与技能，广泛听取他们对发展学校教育的建议，争取社区的理解和支持。同时学校还要增强社区服务意识，关注社区及其居民的发展，热心于解决社区的实际问题，利用自身的文化优势为社区的经济建设和其他建设服务。另一方面，社区也要从可持续发展的战略高度出发，增强教育意识，为学校提供充足的教育教学资源和良好的育人环境，主动了解学校工作的具体进展和存在的问题与困难，让学生能够在与社区的接触中获得发展。另外，社区与学校交往的组织建设和制度建设，是社区与学校有效交往的组织保障和制度保障。

（三）探索社区课程资源的实施方式

学校和教师首先要对社区资源进行全方位的分析，并据此筛选出能为学校课程所用的资源，建立社区课程资源信息库，以便学校便捷高效地开发利用。在此基础上，学校教师不要把社区资源课程仅停留在按部就班的操作教学，而是把它纳入动态管理中，关注开发的过程，丰富教学形式，探索社区课程资源的实施方式。

1. 推动场馆学习与学校课程的深度合作

社区的场馆不仅包括科技馆、天文馆、自然博物馆等室内封闭场所，也包括动物园、植物园等室外半封闭场所。场馆作为一种文化传承的社会性机构，肩负着面向社会公众尤其是青少年群体普及科学文化知识的责任。推动场馆学习与学校课程的深度合作，可以借鉴长沙市天心区长坡社区的青少年"发明创新工作室——创新智趣园"和沙湖桥小学的合作经验。社区的创新工作室是社区的科普阵地，结合社区绿色网吧和图书室，帮助相关信息采集。沙湖桥小学毗邻长坡社区，是以科技创新为特色的品牌学校，有着以长沙市科技创新名师工作室首席名师肖宗文老师为代表的一批专注培养学生创新思维的教师，数十年来无数创新人才从这里启航。沙湖桥小学和长坡社区发明创新工作室紧密联动，多形式、多渠道地开展科学技术培训和科技制作活动，使他们感到科学就在身边，在寓教于乐的操作中快乐地制作。学校和社区创新工作室主要采取三种合作形式：第一，共同建设场馆课程，社区工作人员和学校教师形成课程开发共同体，共同设计了集学校和社区创新智趣园优势为一体的特色课程；第二，"先馆后校"，教师先组织学生进入社区创新智趣园，在学生得到丰富的体验与经历后，带着自己的疑问与独特的感受回到学校，学习相关知识和原理；第三，"先校后馆"，学生在学校学习相关知识后进入社区创新智趣园，以实物为载体进行亲身参与和互动体验，在运用与实践中深化拓展所学原理。在推动场馆学习与学校课程的深度合作，打造创新型人才思路的培养下，一大批学生脱颖而出，例如张荣景同学因多项创造小发明成为2017年长沙市科技创新人才奖获得者，他不但具有创造性思维，而且演讲能力强，合作意识超棒，艺术想象也不赖，专家答辩、媒体采访都应对自如，出彩频频。

2. 促进服务学习与反思经验的动态生成

服务学习，即教师与其他组织者针对社区实际需要，组织学生进行某种服务活动的设计、实施、评价与修正的过程。服务学习必须是与课程相结合，配合课程的安排。学生将在课程上所学的知识和技能，运用到服务实践中，反思是服务学习另外一个重要组成部分。教师在服务前、服务中及服务后安排反思活动，帮助学生整合其课程学习与服务经验，达到学习效果。沙湖桥小学每年寒暑假都会开展"志愿服务我先行"快乐体验社会实践活动。实行假期社区报到制度，社区服务平台为广大青少年服务，将提供更多岗位让学生参与体验。放假（一周内）学生到居住地所属社区报到，并认真填写社区活动登记表，每位学生至少要参加一次环保志愿活动，提倡家长与学生一同参与假期实践体验活动和撰写活动体验分享。2018 年寒假开展了"争做文明小市民·排队礼让我先行"社会实践活动，中高年级学生与父母一起，参加社区 1、2、11、12 号开展的"排队日""礼让日"志愿服务引导活动，并撰写《致全体家庭成员的一封信》，倡导排队礼让，争做文明市民。

3. 探索社会实践与学校教育的有机结合

社会实践是课程实施的一种重要方式，学生从实践主题的提出，到围绕主题的扩展研究，在团队的协作下从头到尾地解决一个问题，在团队中各司其职，互相配合。这种社会实践恰如一座桥梁，引导学生去认识和接触社会，有助于帮助学生完成由校园走向社会、由书桌走向舞台的转换，真正地把教育与社会有机结合起来。在组织学生社会实践工作上，上海市安亭高级中学已先行探索出一些长效机制，积累了不少有益经验。自 2011年 11 月以来，他们充分整合社区优质资源，先后建立 12 家校外志愿服务基地，因地制宜地开发形成"七彩课堂"校外志愿服务课程。每到周三下午，由学校教师组织学生前往各校外基地，走进社区、法庭、医院、墓园、派出所、地铁站等，开展形式多样的七彩课堂志愿服务活动。安亭高中在课程化实施学生社会实践过程中，不仅定点、定时、定人，还为每个基地的活动准备了教案，让学生通过前期自主报名进行分组，前往不同基地开展不同活动，由于是根据自身喜好选择基地，学生参与实践的主观能动性得到了充分发挥。为保障学生安全和育人效果，学校为每个校外基地配备了一名校内带队教师和一名校外基地指导老师，由他们给学生打分，并通过小组评选产生活动积极分子。

四、建立科学合理的社区课程资源开发评价体系

社区课程资源开发需要通过评价来获得反馈信息，从而发现其中的问题，并及时加以改进，因而建立一套与其相适应的评价体系，是发展与完善课程资源开发的必然要求和重要保障。但由于每个社区都有各自的具体情况和特点，因而国家和地方教育部门不可能也没有办法采用统一的标准化考试等手段来评价课程资源开发的实际效果。这就要求各学校必须建立科学合理的内部评价机制，灵活、动态地从多角度、多维度对社区课程资源开发进行评价。首先，由于社区课程资源具有多样性的特点，因而在评价时标准不能单一，要用发展的眼光来审视，要充分考虑学校、教师和学生的实际，关注社区的经济、文化和社会发展，注重所发课程的事宜性；其次，要实现评价主体的多元化，对社区课程资源开发的评价应该是一个开放的系统，课程专家、学者有系统理论，教师、学生有切身体会，把他们作为评价的主体，使他们处于评价的积极主动状态，一定会对课程资源的开发乃至整个学校课程的发展大有裨益。同时校外的家长和社区人士还可以从非教育人士的视角出发，提出一些意见和建议，给课程资源的开发以意想不到的收获。

学校与社区的密切联系与互动，积极开发和利用社区资源，学校的课程多样性将极大地丰富，社区的生命活力将获得积极的发展。学生的学习与生活实践紧密结合，学校生活与社会生活相互交融，学校和社区的经营发展将会取得双赢。丰富而有特色的社区资源经由发掘开发进入学校课程，自然使得课程无论内容还是学习形式都具有了特色。学校多元而充实的课程内涵与风貌将使学生对成长的生命历程有深刻的体验。

第二节　学校自身资源开发

学校自身资源主要包括投入到学校中的人力资源、物力资源和财力资源等。开发、盘活学校资源被认为是教育资源建设和运用、加强学校内部管理的主要举措。本节主要从以下四个方面进行论述。

一、充分开发教师资源

教师资源是学校最宝贵、最具优势的资源。教育工作者要清楚地意识到在学校资源建设开发中，关键是人或人力资源的利用。校长一方面要培养教师具有教育资源开发能力，同时要培养教师教育实践和教育创新能力。

教师是教学的主导性人物，无疑也是学校最重要课程资源。教师的能力素养、对课程的理解、课程设计能力等直接影响到教育的优劣状态，教师的知识结构、教师所感兴趣的东西也直接影响到孩子。因此校长要引导教师注重自身资源的开发。

校长要引导教师加深教育观念和对学科的理解。资源的开发与利用只是课程改革有效开展一种手段，教师要提高教学水平，包括课堂资源的开发利用能力，应不断地更新教育观念，加强自身的理论修养，加深对所教学科的认识和理解。教师在课堂上不是十八般武艺都要用到，只是起一个指导、引领的作用，关键还是在学生。教学只是给学生打开一扇窗或是一扇门，最后要让学生自己走出去。比如我们可以给学生布置预习任务，学生会上网查阅大量资料，然后打印出来粘贴在预习本上，预习本就是他们搜集资源的最好展示。有很多东西教师都没搜集到，学生就搜到了，教师上课前看这些预习资料后能获得更多的信息。

比如在利用资源开展体育教学时，我们要问自己小学阶段的体育到底要教什么，这不是困惑，大家都能回答：发展学生的体育基本运动能力，增强学生体质。这是小学阶段体育的总体任务和目标，但是要问的就是三维目标中到底哪些是在我们小学体育课功能开发中能够承载下来的。我们首先要弄明白到底要教什么，只有这个弄清楚了，教师才可能去选择资源。可是有些资源对于人的锻炼价值是很小的，把它们也搬进来合不合适，值得商讨。

二、用心开发学生资源

学生资源一般是指在课内外表现出的可被教师利用的、有利于教学的学生已有的知识、经验等，表现形式包括学生的语言、行为和情绪以及有一定课程意义的氛围、环境、信息和机会。

（一）开发利用学生的生活资源

学生的生活体验是个性而又鲜活的，饱含着他们对生活的观察和理解。每一位学生的生活体验就像一面镜子，向其他人展现了生活的不同景象。教师如果能灵活地利用学生的生活体验，就会极大地丰富教学内容，更重要的是开阔学生的眼界，增强他们对生活的理解和感悟。

有位英语老师这样开发学生资源：暑假的时候学生要去美国玩，老师觉得这是个难得的机会和资源，于是对学生说："老师要交给你个任务，拍一些美国的照片，写两篇在美国的见闻日记，开学的第一节课你来给大家讲讲你的美国之行。"结果这个孩子觉得这是件很荣幸的事，非常认真地准备了很多资料，还请他的父母帮他拍了 VCR，制作了一个精美的 PPT。开学的时候，他为大家讲美国之行，在他讲完后，老师又趁机为同学们补充了一些美国文化方面的知识。通过小朋友的视角、语言输出，给学生最直接和生动的触动。

（二）开发学生感兴趣的资源

兴趣是学习的动力。每位学生都有自己感兴趣的东西，即使对同一样东西也会有不同的关注点。教师要想办法将学生的兴趣与教学结合起来，寓教于乐，激励学生自主探究。天心区实验小学李靓老师的语文课深受孩子们喜欢，她开发学生感兴趣的资源。比如关于北京，就让孩子们搜集关于北京的知识，学生反馈资料相当丰富。有的孩子搜集到了有关长城的知识，有的孩子关心北京的文化历史景点，有的孩子写的是北京的美食小吃，还有的孩子介绍北京 2008 奥运会的相关情况。每个孩子都收集了自己比较感兴趣的东西，是从他们自己的角度来收集的，这就比教师的要丰富多了，也更适合小孩子的口味，同时学生们获得的信息量也很大。人力资源就像矿产资源一样，它们往往埋得很深，需要教育的力量挖掘它。

三、充分开发学校物力资源

现代学校资源中的物力资源指的是学校土地、建筑物、仪器设备等。《基础教育课程改革纲要（试行）》中明确指出："要积极开发并合理利用校内外各种课程资源。学校应充分发挥图书馆、实验室、专用教室及各类教学设施和实践基地的作用；广泛利用校内外的图书馆、博物馆、展览馆、科技馆等各种社会资源及丰富的自然资源"。

图书馆是学校的一种基础性资源，是校内其他课程资源再生和扩展的基础。新课程改革，意味着图书馆的存在方式、地位及作用将发生重大转变。如果没有图书馆的参与和提供条件的保障，课程体系是残缺不全的，因此，学校可以利用图书馆的课程资源功能。

厦门海沧附属学校充分利用图书馆，开设图书馆校本活动课程。在小学开设了阅读课，在中学开设了选修课，进行"让阅读走进孩子们的生活""利用图书馆资源建设书香校园的策略研究"等研究。

通过开设课程，一方面让学生了解和掌握有关文献、图书馆以及阅读的一些基本知识和技能，培养学生良好的阅读习惯和读书品质，树立图书馆意识；另一方面，使学校图书馆活动能顺应时代特点，满足新的教育要求，符合青少年学生的年龄特征，具有主动性、开放性、课程性，并由此开辟出一条积极主动的、新颖的学校图书馆课程之路，充分发挥中小学图书馆的课程教育功能。

北京亦庄实验小学有一条"沙道"——拉了几车沙子放在学校的一条道上。玩沙子，成了学生最喜欢的课程。长沙市天心区青园中信利用学校湿地生态公园开发了湿地生态课程。学校生态公园由湿地、鸟巢展示馆、特色学习墙、种植体验区等组成，总面积为 420 平方米。湿地社团的学生们开展"寻找湿地的春天"活动；老师和学生们开展"寻找校园里的绿色"亲子主题探究体验活动；学生学习鸟类知识、水生植物知识，在活动体验过程中，了解更多的生态环保理念，感受并爱护身边的大自然。这种学校利用自身资源开发出来的课程深受学生喜爱。

瑞典有一所高中，据说是最好的高中之一。校长办公室既是一个接待室，也是学校图书馆工具书的藏书室。老师、学生要借工具书得上校长办公室。校长说："这增加了我和老师、学生接触的机会。"其实，起因是校舍紧张，把校长办公室赋予了更多的功能，却收到了意想不到的效果。

表 3 - 1　小学图书馆活动课程形式、内容、资源一览表

形式	内容		资源
走进图书馆（必修课）	图书知识	1. 书是怎么发展来的。 2. 有关书的小常识、小故事。 3. 一本书在图书馆的经历。	1. 有关内容的馆藏，包括书籍、图片、报刊等参考文献。 2. 熟悉本内容的师资。 3. 对本内容感兴趣的学生。 4. 活动过程中所需的各种资源，如教材、设备、场地。
	图书馆知识	1. 图书馆是怎样发展来的。 2. 我该怎么来借书。 3. 怎么读书收获最大。 4. 简要介绍数字图书馆知识及网络查询、网络道德知识。	1. 有关内容的馆藏，包括各类专业性参考文献。 2. 熟悉本内容的校内师资。 3. 有一定知识储备的学生。 4. 活动过程所需的其他过程保障性资源。
	读书艺术	1. 读书态度和读书计划。 2. 读书方法和读书时间。 3. 读书卫生和读书道德。	1. 有关内容的馆藏，包括一些名人的读书趣事。 2. 校内外师资。 3. 对内容感兴趣的学生。 4. 其他过程保障性资源。
课外活动（选修课）	内容具有不确定性，可根据课程活动的内容和目标设置不同的课外活动内容，如"童谣"、"讲故事　赏笔记"等。		随具体的活动形式和内容而变化。包括各种人力资源、物力资源、时间资源等。
专题教育活动（选修课）	内容具有不确定性，可根据课程活动的内容和目标及学校教育教学的中心工作而设定不同的教学活动内容。可分为小学低年级和小学中、高年级进行。如"介绍我读的好书朋友"系列活动。		

表 3 - 2 **中学图书馆活动课程形式、内容、资源一览表**

形式	内容		资源
走进图书馆（必修课）	图书知识	1. 书的起源、演变、现状、未来。 2. 书的构成、种类。 3. 书的作用。	1. 有关内容的馆藏，包括书籍、图片、报刊等参考文献。 2. 熟悉本内容的师资。 3. 对本内容感兴趣的学生。 4. 活动过程中所需的各种资源，如教材、设备、场地。
	图书馆知识	1. 图书馆的产生、发展、结构、作用。 2. 图书馆分类知识及图书馆传统资料的利用简介。 3. 数字图书馆的知识及网络查寻、网络道德知识。	1. 有关内容的馆藏，包括各类普及性读物和专业性参考文献。 2. 可供参观的各级各类图书馆。 3. 熟悉本内容的校内师资。 4. 有一定知识储备的学生。 5. 活动过程所需的其他过程保障性资源。
	读书艺术	1. 读书态度和读书计划。 2. 读书方法和读书时间。 3. 读书卫生和读书道德。	1. 有关内容的馆藏，包括专门介绍读书的文献和一些名人读书趣事等。 2. 熟悉本内容的校内师资。 3. 有一定知识储备的学生。 4. 活动过程所需的其他过程保障性资源。
课外活动（选修课）	内容具有不确定性，可根据课程活动的内容和目标及学校教育教学的中心而设定不同的教学活动内容。如"逛书市"、"名著知识竞赛"等。		随具体的活动形式和内容而变化。包括各种人力资源、物力资源、时间资源等。
专题教育活动（选修课）	内容具有不确定性，可根据课程活动的内容和目标及学校教育教学的中心工作而设定不同的教学活动内容。如"雷锋精神在我心中"系列活动。		

四、潜心开发学校数字信息资源

现在学生的学习场所已不是封闭的学校，而是没有围墙的、开放自由的信息社会。面对这样的变化，我们教育工作者应该为孩子提供、开发什么样的数字信息资源？

首先我们要明确优质教育数字信息资源的界定标准。一是要有科学性，即信息资源的内容准确无误。二是要有教育性，即教育信息资源在为学生传授相关知识与能力的同时体现教育思想内容。三是要有系统性。四是要有交互性，即体现网络智能的特点，学生可以参与其中。五是要有开放性，资源可以由使用者二次创新与开发。

对于优质教育数字信息资源，不同类别的学校与人群有不同的需求。对基础教育中的学生而言，应包括珍视教育资源的共建共享。一是以科学知识为主要内容的以文、图、音、像等为呈现方式的静态资源，二是以答疑解惑为主要内容的在线优秀教师资源，三是以探究体验为主要内容的智能交互式教育信息资源，四是以问题解决为主要内容的寓教于乐的信息资源，五是在教育和学习实践中师生自主生成的多种形式的教育资源。

长沙市天心区实验小学充分开发现代数字信息资源，发挥数字资源的作用点有："我手写我口，我口说我心"，锻炼学生的写作能力课程；网上"问题银行，创新超市"，鼓励学生大胆提出问题，让更多的学生参与解决问题。每年一次的网络科技文化节上，学生可以利用数字信息大显身手：低年级开展电脑创作画大赛，学生展开想象的翅膀，创意无限。中年级开展电子小报公益广告设计课程，学生用自己的镜头记录下文明的表现与不文明的行为，经过电脑设计后张贴于校园，警示学生。高年级用 Flash 创作新版"乌鸦喝水"，展示乌鸦用吸管轻松解决问题；用现代手持设备描述"井底之蛙"，让人感受"小窗口大视野"的现代网络带给人的便利；"网上模拟创业网站"课程则让学生体验当一名经理的管理之道。以网络为载体，学生妙手绘未来，这样的体验课程，为学生将来步入互联网 + 社会奠定了基础。

值得注意的是，学校自身资源开发必有个着眼点，那就是看资源与学生的联系。如果有一架天平，天平的一头是学生的需要，学校校长和教师在开发资源时就要挖地三尺、全力以赴，以促使天平的平衡。

第三节　家长资源开发利用

家长作为一种隐性的、来自教材以外的课程资源具有丰富性和可再生性，既包括家长自身的资源，还包括家长的社会课程资源等。通过家长课程资源档案库的建设，家长资源在课程建设中的利用、开发、实施、评价等路径，能有效实现资源优势互补，是创造性实施课程建设强有力的保障。

一、家长资源开发的现状

伴随着我国基础教育课程改革的深入推进，家长资源的开发与利用，开始受到越来越多的研究者和实践者的重视，但也存在以下几种现象。

（一）家长资源开发的经验不足

尽管家长资源的开发已成为我国课程建设中的热点，但国内关于家长资源在课程建设中的相关研究还处于初始阶段。家长资源开发的理论研究较少，从事家长资源开发的研究者与实践者因自身教育理论水平研究环境限制、意识的缺乏，在开发研究中很难形成新思想、新模式。

（二）家庭资源开发的意识薄弱

长期以来，我国学校课程处于国家课程的"大一统"局面，学校和教师执行统一的教学内容和教学标准，加之考试的压力，使得教师缺乏资源开发的动力，更谈不上让教师走进家庭开发课程资源。我们的家长也认为课程建设是上级主管部门、专家、学校的事情，与自己无关，甚至将学校相关课程资源开发当作"任务"忽悠一下。

（三）学校、家庭协作不足

由于传统的课程观念，教师认为"国家课程才是课程"，这种封闭意识导致学生脱离了现实家庭的生活世界，教师受思维方式、开发能力所限，对走出"规定的课程"有一种陌生感和恐惧感，也导致家庭资源很难开发利用，往往处于闲置状态。另一方面，家长教育意识淡薄，普遍将精力、财力主要集中于孩子智力的开发、升学考试和多种兴趣特长的培养上，而轻视"课程"的多元开发，对于学校开发社会资源的做法很难做出积极支持与配合，其结果是学校、家庭资源开发利用缺少相互协作的共生状态。

二、家长资源的内涵

家庭作为一种教育资源与形式，与学校教育、社会教育一起，构成了人类所接受的全部教育。

（一）分类

当前家长教育资源大致可分为以下三类。

1. 成员资源

从狭义上讲是指学生的父母和兄弟姐妹自身的特长等，从广义上讲还包括他们以及亲戚、邻居等人的职业等。

2. 媒体资源

每个家庭都不同程度地拥有多种媒体资源，如收录机、电视机、电脑和报纸杂志等。

3. 活动资源

包括家庭远足、趣味游戏、家风、家教等活动。

（二）家长资源的鲜明特点和意义

一是开放性。学生是在生活中学习、在生活中不断积累知识和经验的，家庭生活中的一切资源都可被我们利用为课程服务。二是丰富性。家庭作为社会最基本的组成单位，蕴藏着十分丰富的资源，包括家庭成员与学生之间的沟通和交流，家长对学生的具体指导、教养方法及家用设备等家庭中一切可为生活、运动、学习和游戏活动所利用的课程资源。三是隐性资源的可贵性。隐性资源主要指的是：家庭成员的生活背景、文化程度、习惯爱好以及每个成员的个性品质、道德修养等。四是整合性。因为家庭教育资源的功能不是单一的，而是多样的，所以我们可从不同的角度去挖掘，充分利用它的各种功能。

三、家长资源的开发实施

学校要把家庭资源充分利用起来，拓宽课程建设的空间和内容，为学生全面发展奠定基础。教师要提升开发和利用家庭教育资源的意识和能力，充分挖掘家庭教育资源，使家长作为人力资源进入到学校的课程建设中，从而形成一种开放、互动、全方位的课程网。

（一）建设家长特色资源库，丰富课程信息

家长资源虽然看起来很丰富，却是游离的、零散的。为此，学校应根据教育教学目标和课程目标，拟定家长资源开发实施方案，对家长资源的类型、开发动态、服务方向、场地要求等进行分析、归类，建立系统性的家长资源库（如表3-3），以丰富学校课程资源储备，满足教育教学所需。

从某种意义上说，家长资源是可再生资源，学校每年都会迎来一批新生、新家长，家长资源取之不尽，用之不竭。因此，学校应根据开发实施方案，每年对家长资源进行评估，及时更新与调整家长资源库，把参与活动热情高、责任心强、具有较高素质的家长置于优先位置。

表3-3 天心区实验小学家长资源库课程服务分类计划

类型				服务类型与方向	家长对象
显性课程	必修课程	国家课程	道德法制	消防、交通、法制、保健、卫生、厨艺、礼仪、传统文化、国防等	消防、交警、公安、医生、军人或具有相关特长的家长
			语文	诗词吟唱、汉字听写大赛、阅读等	具有这方面兴趣专长的家长
			数学	保险、理财、金融等	从事保险、金融等行业的家长
			英语	国际交流	具有这方面兴趣专长的家长
			科学	模型、机器人、种植等	具有这方面兴趣专长的家长
			艺术	剪纸、手工、音乐欣赏、湘绣、木工等	具有这方面兴趣专长的家长
			体育	田径、武术、棋类、游泳等	具有这方面兴趣专长的家长
			综合	实践、志愿者活动	各班家长委员会
		校本课程	仪式课程	六个年级礼、八大常规礼、四大节日礼	各班家长
			STEAM	科学科技、艺术、语言等	实施课程的班级家长
			活动性学科节	九大学科节（生活、阅读、科学、艺术、体育、英语等）	各班志愿者家长

（续表）

类型	服务类型与方向				家长对象
显性课程	选修课程	奇妙课程	体育类	球类、健美操、田径、跆拳道等	具有这方面兴趣专长的家长
			艺术类	舞蹈、器乐、绘画、书法、摄影等	具有这方面兴趣专长的家长
			语言类	讲故事、主持、朗诵、话剧等	具有这方面兴趣专长的家长
			文学类	国学大讲堂、儿童电影、英语剧	具有这方面兴趣专长的家长
			实践类	手工、编织、社会实践	具有这方面兴趣专长的家长
			科技类	种植、模型、机器人、科学体验	具有这方面兴趣专长的家长
			健康类	卫生保健、心理辅导	具有这方面兴趣专长的家长
		奇奇爸妙妙妈生活课程		涉及生活的领域	各班家长
		研学课程		国内国外的假期行走课程	参与研学的家长
		好习惯体验课程		学生常规岗位体验	各班护学家长志愿者
隐性课程	场馆课	美术、科学、心理、图书等场馆			具有这方面兴趣专长的家长
	校园文化课程	走廊、校园展板等校园环境			具有这方面兴趣专长的家长
	家风课程	家教以及家庭活动等			各家庭

（二）优化家庭活动资源，推进课程建设

家长作为一种特殊的社会资源，对于优化课程建设必不可少。家长具有专业性强、类型多样的特点，他们的积极参与，有助于构建学校内部与外部交错相连的课程资源开发网络，凸显课程资源开发的整体效应和优势。学生家长以助教、家长辅导员、活动指导者、信息提供者等多角色介入学校教育，共同推进学校的课程建设。

1. 家校融合基础课程，走向综合延伸

家长是课程资源的生命载体之一，在各学科日常教学中，学校应致力于构建以教师为主，家长助教为辅的学科课程体系，实现课内学习与课外

信息的有效交融，促进学科课程综合化，并向学校外部延伸。如科学课学习《声音》过程中，教师在完成教学任务后，请家长和孩子一起寻找了多种生活材料如玻璃杯、锅碗瓢盆等，合作制作一些乐器，演奏一段简单的乐曲，发布在"班级微信圈"。学生和家长们讨论、交流，寻找合适的"生活材料"，有的选择"玻璃杯"，装上容量不同的水，合奏了"杯子曲"；有的选择"锅碗瓢盆"，排演了一曲打击乐……整个科学学习，因有了音乐、科技素养的家长加入，学生的创意、视野被打开，不仅仅是一门科学课程的学习，更是多门学科相互渗透、相互融合。

2. 家校合作校本课程，走向特色彰显

家长是建设校本课程的一支极其重要力量，家长自身的知识结构、一言一行对课程实施发挥着重要的作用。在课程改革中，家长不仅具有知情权，更具有参与权。学校校本课程不仅要将学生、教师、家长融入其中，更应让他们以"合作者"身份进入此课程的实施，引领家长领悟校本课程的精神实质，方能彰显其"特色"。如长沙市天心区铜铺街小学实施的"环保"校本课程，启动了家校合作的"'童晓'绿色狂欢节"活动课程（如表3-4）。活动课程设计层次科学，师生家长们在形象设计、游戏设计、舞台表演中感悟学校环保文化、参与环保课程建设。在课程研究上，则形成了清晰、具体而呈体系的《"童晓"绿色狂欢节序列活动课》《环保型家庭的创建体系》等，让老师、家长、社区、学生有了更加明确的方向，形成"环保"教育共同体，提升了学校校本课程建设的品质。

表3-4　铜铺街小学"环保"校本课程——"'童晓'绿色狂欢节"活动课程表

时间	内容	家长参与情况
第一届	低碳环保展示课	部分家长指导，全体家长观摩
第二届	环保亲子游戏课	师生设计，全体家长参与
第三届	绿色仿真社区模拟课	家长设计与参与
第四届	绿色理财课	家庭参与记录《我的家庭绿色账本》
第五届	男孩女孩环保卡通人物设计创意课	全体家长参与设计、评比
第六届	绿色微法庭	邀请家长参与环保调查和懂环保、法律的家长指导
第七届	国际生态项目——水资源	全体家长参与宣传、研究
……	……	……

3. 家长开发生活职业课程，助推学生未来发展

学校在科学评估的基础上，有效利用家长的职业特点，开设以家长为主体、教师为辅助的生活课程——"生活技能类""百科知识类""社会生活类"，让家长以教师的身份进入学校的选修课程，参与班级生活课程表的审定，发挥每个家长的"特长"，真正实现课程为学生未来的发展助力。如天心区实验小学"奇奇爸妙妙妈"生活课（表3-5），每周每班一课，各家长轮流"上课"，既解决了专业教师的短缺问题，又避免了家长在课程开发中的责任缺位，还兼顾了学生的多样化需求，关注了学生可持续发展，彰显学校课程的多元。

表3-5　天心区实验小学"奇奇爸妙妙妈"生活课堂安排表

——班级

周次	内容	周次	内容
1	我会做家务劳动	9	恐龙
2	制作三明治	10	绘本故事
3	认识电脑	11	博物馆之夜
4	小小理财	12	电影赏析
5	消防知识大作战	13	车的奥秘
6	扫地技巧	14	湘绣
7	男孩女孩	15	有了烦恼怎么办
8	四季	16	节电小妙招

4. 努力开发社会实践课程，开阔学生视野

学校课程实施最终落地应在"社会实践"，因此，我们尽可能充分利用家长资源，建设相应的课程实践基地，有针对性地引导学生参与社会实践、参与"社会"大课堂的学习。学校可联合家长、社区推荐申报基地，学校审核，共同规划，并对其分类（见表3-6），制订出实践课程学习方案，并邀请家长担任实践基地辅导员，与教师一起负责课程的组织与协调工作。

表 3 - 6 天心区实验小学实践课程计划表

类别	内容
语言	简牍博物馆、湖南省图书馆、天心区图书馆
数学思维	交通银行、兴业银行等
艺术	湖南省博物馆、湖南音乐厅、文化馆等
科信	橘子洲、岳麓山、湖南省科技馆、湖南省地质博物馆等
体健	天心区艺体中心、李丽心灵中心等
综合	烈士公园、贾谊故居、太平街、奥特莱斯、家润多等

在上述基地开展实践课程，可由学校教师统一安排引导，也可以"假日小队""研学旅行"的形式，在家委会组织下进行。学生家长以课程组织者、指导者、合作者、场地介绍者等多种角色介入学生实践课程实施中。由于家校携手，课程实施更具实效。

5. 开办家长培训课程，实现家风文化浸润

家长培训为学校与家长、学生之间提供了一个相互沟通的环境，实现家校共育课程。现如今，学校在总结家长会的基础上，将家长学校向前推进了一大步，建构了家长培训课程体系，我们将之称为家校共育的 3.0 版家长课程。如天心区实验小学孩子一入校，家长即入学，家长、教师互为资源。"奇奇爸妙妙妈"呵护营，家长开始必修"第一课"，孩子通过好习惯训练营完成"入学"的注册，教师完成对学生和家长的"十个知晓"。家长成长则开启六年修习 12 次必修家长课程。还有一些学校将"家长培训课程"改为"家长学院"，开设必修课（通识课）、选修课和自主拓展课，让家长在课程学习中提升自己，参与育人主题活动。正因为有了这些家长课程，家长们对教育的理解不一样了，孩子重新认识和发现了"不一样"的家长，深刻领悟家长的关爱；"以学育学，学中共成长"，在师生言传身教中浸润，更好促进了学生课程的学习。

三、利用家校资讯平台，创新课程评价

课程的实施最终归属到效果和评价，而家校资讯平台在课程评价的应用日益广泛，它已成为一种不可或缺的评价方式。

（一）基础课程且晒且赞

学校可利用网页、校报等平台，传递基础课程信息——学生"作品""成果"，教师及时"晒"，家长及时"赞"，给学生带来了学习的乐趣和自信，以及课程学习的评价。

（二）校本课程且选且评

学校将多元的选修课程统一放置于网络平台，让学生根据自己的兴趣、课程的内容，去选择不同的课程。学校利用互联网与大数据技术，及时分析，了解到学生的需求和"某课程的优劣"，进一步调整下阶段课程的实施方案。这样的"选"即"评"的方式，推动了课程的质量。

（三）拓展课程且点且学

为真正实现"因人施教"，学校可开发"家庭线上课程"，每周不定时在线讨论、展示、学习，实现家校间的"多元互动"系统型课程。学生可根据自己的学业水平或兴趣点击完成学习、课后练习、家庭作业，师生、家长点击及时了解学习动态或学习他人的成果；通过连续的课程学习，达到自主学习课程的目的。

（四）活动课程且跟且改

如德育课程的评价，我们可使用学生"优加卡"，一块是在家的表现，包括家务劳动、孝敬长辈、生活自理、按时作息、作业情况等；一块是在校的表现，包括上课听讲、团结同学、热爱劳动、遵守校规等。"优加卡"可每天反馈，家长扫码即可发现学生的"闪光点"，还可以及时发现他们的"瑕疵"，让评价更有指向性。

第四节　校友资源开发利用

学校的发展与校友的积极支持密不可分，这是众所周知的事实。如何获得校友的支持？这是一个值得开掘的、浩大有意义的工程。狭义的校友指在同一学校已毕业及未毕业的学生；广义的校友，就是学校的朋友，即包括所有在校学习、培训或工作过的人士，以及那些为学校发展做出贡献的人士。国内外各大高校的成功经验表明：学校重视校友工作、校友会机制健全、关心校友、工作细致、人员齐备、校友工作与活动丰富多彩，有助于实现校友与母校的共赢。中小学是否也能借鉴高校的成功经验，很好地开发校友资源呢？长沙市天心区仰天湖小学正开启这条有价值的探索之旅。

一、充分认识校友资源的重要性

（一）校友是重要的教育资源

校友中总有一批在各个领域、各条战线、各个行业的杰出人才。他们是母校取之不尽、用之不竭的智力源泉。他们是不在编的教师，是学校课程开发的有效载体，其成就及品格具有导向力和影响力，可以启迪在校学生的求学、成长、成才，促使学生不断进步和自我完善。

（二）校友是可贵的传统文化资源

校友对母校有一种天然"学缘"联系，有特别强烈的认同感。事实上，对一个人一生影响最大的应该就是母校，学校对每一个人的德、智、体、美的全面发展具有深远的影响。校友在学校生活和成长的历程一般都会使校友对母校产生深厚的感情。基于这种关系，校友自然会产生一种关心和支持母校发展的意识。这种母校意识的存在、传承和不断积累，是学校发展的宝贵财富。

（三）校友是促进学校良性发展的力量和社会保障

学校的发展需要各种社会力量的支持，活跃在各领域中的校友是学校培育的成果，是衡量学校水平的标尺，是展现学校风貌的旗帜，更是促进学校良性发展的力量和社会保障。校友是汇集财力、物力、信息、社会影响力的资源集合。源于母校情结，校友们会在自身条件允许的情况下，以提供物力、信息和社会关系的形式回报曾经培养自己的学校。

二、切实有效开展校友工作

（一）校友是学校宣传的天然窗口

校友对扩大学校的知名度、提升社会影响力、培养学校社会基础等方面具有重要作用。校友是学校社会宣传的重要媒介，通过校友的帮助，将有利于学校更广泛地宣传其建设和发展成就，扩大学校的社会影响力，提高学校的社会声誉。随广州恒大夺得五次中超冠军的足球明星黄博文，小学生涯在长沙市天心区仰天湖小学度过。2017 年 3 月 22 日，腾讯体育发布了一条专访，"如果不是这位小学校长，国足也许进不了十二强赛"，记录了黄博文和黄泽成校长的师生情谊。20 世纪七八十年代，仰天湖小学曾经是长沙市著名的足球特色学校。这一次回长沙比赛，仰天湖小学王倩老师一家和黄博文见面，谈及学校足球运动开展的情况，黄博文非常支持母校足球项目，并提笔写下寄语："祝愿天心区仰天湖小学足球队重振雄风。"仰天湖小学也因为拥有黄博文这样的校友而自豪。可见，杰出的校友在其岗位和社会上所做的贡献，不仅体现了学校的教学水平、教育理念，更是学校的一张名片，具有一定的"品牌效应"。

（二）校友是学校重要的育人资源

校友协同育人并不是指学校在育人工作主体地位的偏离，而是确立了校友作为学校育人工作中的助推器地位。这一定位实质上涵盖了学校与校友之间的服务与被服务、管理与被管理、指导与被指导的多重关系。

1. 加强与校友的互动交流

依托校内的平台和载体，搭建有利于促进校友走近学生的互动交流平台，定期邀请校友加入班级活动和各类校园文化活动中，使校友成为学生活动中的"常客"而非"过客"，消除学生对校友的距离感。仰天湖小学的"故事爸妈"、主题班队会、新生共同体、校园文化节、亲子运动会……学校都会邀请关心孩子们成长的"关工委"、社区义工、家长朋友们共同参与。通过校友们和孩子们一起布置校园，一起出黑板报、宣传刊，一起排练队会节目，渐渐地融洽了彼此之间的关系，建立了相互信任、相互帮助的合作伙伴关系。校友与教师、在校学生之间有意见能做到及时沟通、及时协商、及时处理。校友弥补了班级教育资源的不足，丰富了教育内容，扩大了教育范围，提高了教育效果，使学校工作变得更生动、更具体、更生活化。

2. 注重对校友的个性化服务

通过运用微信、QQ 群、短信、互联网等渠道，向校友传递学生在思想观念、兴趣爱好、素质能力等方面的有关要求，使校友能结合自身优势和专业特点回馈学校，达到事半功倍的效果；使校友在乐意来学校的基础上，形成乐意教学生的局面。仰天湖小学全校开启选课走班模式，每周二下午全校 1200 名学生走进自己喜爱的社团参加活动。其中的人气社团之一就是"校友大讲堂"。校友对在校学生而言，是不在编的教师；校友的社会阅历、创业历程与人生体验，在如何做人、如何做事上，既是在校学生的极好教材，又是他们学习的好榜样。校友们由于既受到学校的系统教育又有多年的社会实践，而且大多正在第一线工作，对于教学如何改革才能适应社会需要，有更多的真知灼见。喜闻乐见的课堂使孩子们有感而发，向学校微信公众号推送了大量听后感，如"现场救护'第一目击者行动'进校园""阅读，遇见最好的自己""我的未来不是梦""校友大讲堂里来了外星人""困境涅槃，挫折应对""环保与科技""我为新闻小记者代言"……充分利用现代媒介和信息平台，加大校友工作的宣传，收到了很好的教学效果。

3. 提升校友育人工作的规范性、稳定性和组织性

仰天湖小学由学校管理的 40 个社团中，有 10 个是校友支持的。暑假期间，校长和教学行政部门一起邀约香港揽胜教育的外教课程，东方卡耐基学校的演讲与口才课程，湖南教育报刊青少年发展中心 3D 打印课程，省创新学会指导的"DI"头脑风暴社团，天心区艺体中心资助的"清华小科学家"课程，原黄兴小学教学能手卿晓娴创办的"小白灵声乐"公益社团。老师们也纷纷献计献策，贡献自己的资源。刘玉绚老师争取到了区文化馆资助的非遗传承项目"综编"社团，陈丽老师引荐了贺龙体校的"街舞"社团，张克亚老师推荐了西班牙青训体系的乐翼足球加盟助阵；朱妍老师引来了陶艺课程……对前来教学的各位校友，学校都聘请他们为仰天湖小学社团的讲师。对于这些讲师，学校通过召集校友开会学习章程和工作职责；建立 QQ 群、微信群，以方便联系；课程纲要和课程计划由教导处严格把关；课程实施通过课程巡查，在校老师、学生、家长的民意调查及时反馈交流；评选优秀社团时，按照社团的人数（受欢迎程度）、教师学生的出勤率、组织是否认真有效、上交资料是否齐全各个维度进行考核。这让前来服务的校友们都有据可循，知道自己身上的责任与努力的方向。

三、存在的问题与思考

（一）要杜绝"纯功利"意识

学校在对待校友的认识上，更多的还是站在学校的角度，希望校友多为学校做出投资、效力、提供教育资源等方面的贡献，带有较为浓厚的

"功利"色彩，而对校友的关心、帮助、扶植、培育则较少。纵观国外校友会的理念，他们并不以"得到"为目的或是主要目的。这是两种截然不同的理念差别，国外的做法显然更具有主动性和延续性。

因此，在对待校友的认识上，一定要有正确的定位，要彻底摆脱急功近利的思维意识，从长远、用真心来开展工作，增强为校友谋实利的理念，强化校友凝聚力。以仰天湖小学校级家委会为例，这也是校友中的一个小群体，他们是由在校学生中的优秀家长担当的。学校在进行决策时，总是第一时间和校友们交流，有商有量，听取校友的意见与反馈；有意义的教育资源如"免费名校名师课程""社会实践场馆开放时间"，学校总是第一时间发送，并拜托校友们推广，时刻将学生的发展放在首位。

（二）要强化为校友服务的意识

当学校转变观念，从希望校友为学校做些什么，到思考学校能为校友做些什么的时候，"服务"的意识才会凸显出来。

首先要为校友做好服务工作，协助校友共同开展教学，及时听取校友反馈的意见和建议，帮助解决教学中出现的各种问题，以达到更好的教学效果。

其次要鼎力支持校友的校外工作，为校友搭建各种平台。当校友需要学校支持，在不损害学生、家长的利益的基础上，学校会鼎力支持校友，策划相关活动，实现共赢。

（三）要培养校友参与管理学校意识

培养校友参与管理学校的意识，要从在校生开始，不断提升在校学生的幸福感、荣誉感。在学校，他们能时刻体会到学校领导和老师的关怀；在拥有一流的师资力量、一流的教学设备这样优越的学习条件下，目睹老师们为了他们的成长夜以继日忙碌的身影和期许的目光。他们不由自主地会以自己是学校的一员而自豪，从而帮助学生树立起"今天我以学校为荣，将来学校以我为荣"的责任和使命感。学校也就形成了一条特殊的精神纽带，紧紧将学校和校友紧密联系在一起，并不断传承下去，最终形成校友积极参与学校管理的良好氛围和长效机制。

第四章　中小学校长课程组织实施

课程改革纵深推进实施中体现出许多新理念：课程管理分权化、课程结构均衡性和综合化、课程目标生成化、课程内容多样化、课程实施开放化、课程评价多元化，以及教学民主、多元文化、回归生活、个性发展、以人为本、关爱自然、终身学习，凡此等等。在进行新课程改革的各项工作中，学校的核心环节是课程实施。课程实施的基本途径是教学，教学工作是学校的中心工作，校长则是学校管理的核心，不仅要抓好学校课程改革的宏观领导工作，对学校课程改革的微观领导同样负有责任。

第一节　唤醒教师课程意识

随着课程改革的不断革新和落实，教育逐渐摆脱"唯分数是从"的传统窠臼，开始关注人本身，这一成就得到了各界人士一致好评。但随着改革的推广，不少问题也逐渐浮出水面，其中比较突出的就是中小学教师在课程实施中始终处于"忠实执行者"的层面，缺乏必要的课程意识和课程生成能力。而基础教育课程改革所实行的国家、地方、学校三级课程管理，增加了教师的课程权利，这就要求教师具备课程意识，自觉参与到课程改革当中。那么，究竟何为"课程意识"？如何唤醒教师的课程意识？通过何种途径来唤醒教师的课程意识？这是我们在不断实践中所需探索的问题。

一、明辨内涵，唤醒课程意识

关于课程意识的内涵，学术界已有不少研究和界定，但至今仍没有一个公认的固定概念。有学者认为，"人有意识，人参与到课程中，因而课程意识首先表现为一种参与意识，一种参与课程开发与决策的意识。其次，教师课程意识表现为批判和反思意识"。另有从哲学和心理学的研究角度出发来界定，则有"教师课程意识是指人对课程开发、课程实施等课程领域的概念所持的特有心理倾向"。

以上定义多侧重于理论层面的分析，也有不少学者从教师的教学实践活动角度出发来描绘课程意识："教师不仅仅考虑如何有效教学，教师首先要考虑的是应该带给学生什么样的教育经验，我们要培养什么样的人？受过教育的人应该是怎样的？教育者承担着怎样的职责和使命？"课改实验区则提出，"课程不等于课表上的科目，课程不仅仅是教科书，课程实施不等于教教科书……教师应考虑课程独特价值和价值合力，教师应考虑学生的学习目标、课程资源、课程环境及课程评价等"，课程意识就是"为什么教""教什么""怎样教"的意识，这样的描述符合教师的实践经验，易被教师理解、认同和践行。

综上，随着课程改革和实践的发展，人们对课程意识的理解在某些方面达成了共识：课程意识是教师的专业意识之一，是教师在课程活动中对课程本质、意义等的认识和觉察，分自有性和自为性两种存在方式。也即，课程意识的基本构成是主体意识和生成意识两个板块。这表明，课程意识在新课改中作为教师的一种专业意识，其内涵逐渐明晰，人们逐步认识到了教师课程意识对教师发展的独特而重要的作用。那么，在课程改革日趋火热的今天，我们究竟要唤醒教师哪些课程意识呢？

（一）课程主体意识

教师要成为课程实施真正的主人，转变教师以往所扮演的课程消费者、忠实执行者的角色，自觉地减少或放弃在课程实施中所奉行的照本宣科式的精确或忠实的课程实施价值取向，而是将整个课程实施看作是一个由课程设计者和执行者共同对课程进行调节的过程，这样课程才会有张力。

（二）课程生成意识

该意识包括两个方面的内容。首先，要对预设课程有批判和创造意识，教师在课程实施中要对课程目标具体化，对课程内容进行选择、拓展、补充、增删，对学习方式进行创造性设计，并对课程中不合理的地方进行批判。其次，要有动态生成过程的意识，即认为课程不是静止、完全预设和不可变更的，而是开放、动态生成的，从而真正实现课程本身具有的发展价值。

（三）课程资源意识

时下，由于教师课程资源意识的淡漠，致使他们对课程资源存在认识偏差，如在资源存在范围上侧重于学校层面的课程资源，不重视校外课程资源；在资源功效上倾向于显性课程资源而忽视隐性课程资源……这都极大影响了教师对课程资源的识别范围和开发、运用。因此，教师应在合理使用现有课程资源的基础上，树立一切有利于课程实施的物质的、精神的材料都是课程资源的"大课程资源"意识，从而最大限度地改善资源短缺的现状。

（四）课程评价意识

客观地说，我们的教师普遍都具有很强的评价意识，他们在课程实施前考虑得最多的是评价的方式和评价的内容。但教师应认识到，评价不是目的，更不是对学生进行分等划类的依据，而是对课程实施情况进行监督和对课程目标进行修订的手段和工具；评价结果应能促进教师和学生的认知、情感、技能、态度以及人格等方面的发展。

二、着眼发展，激活课程意识

既然对课程意识有了初步了解，那么我们就要从发展的角度进一步思考课程意识到底有何指导作用和实践意义？

（一）教师课程意识发展促进新课程改革

如果把"课程意识"和"课程改革"比喻成"上层建筑"和"经济基础"的关系，那么两者则相互成就：课程改革刺激教师思考何为教育，继而形成自己的"课程意识"；反过来，教师的课程意识以及能力的提升又能促进新课程改革实施。教师主动地对教育教学进行思考、对自己的教育经验进行反思，不断地生成创新。从课程意识的评价体系来讲，教师的评价不再局限于以"分数"定优劣，而以"学生特色发展"看成败，这也是推动课程改革的一大板块。课程意识作为一种内驱力，以及外在活动的观念和依据，长久而广泛地影响着教师的教育教学行为，从而间接地影响着国家课程改革的良性发展。

(二) 教师课程意识发展促进校本课程研发

学校是教师的主战场，课堂是教师的主阵地。以前课程体制下的教师充其量是一个"领头兵"，很少有自己的思想意识，只能"上行下效"和"传道授业解惑"。而课程改革下的学校是教师自由泼墨的战地，学校的创新与发展也需要教师的积极策划与参与。教师课程意识发展能有效加快校本课程研发。教师能自觉地观察教学环境和学生主体，自发地进行教学资源整合，在与学生的互动中研发特色课程、在课程实施中进行创新生成、在课后反思中进行课程总结整合，继而推动学校课程发展。

(三) 教师课程意识发展促进教师专业成长

人们通常说"只要你自己意识到想做好某件事，你才能有所建树"。所以，作为教师，只有对"课程意识"有了自己的理解，以及不断地对其进行思考，他的专业能力才会有质的飞跃。意识支配着人的行为，课程意识同样支配着教师的教学行为，是教师专业发展的基础。课程意识发展，能让教师从真正意义上理解并接受课程改革，从而提高自己的工作热情、提高学生的学习积极性和学习效果，达到专业成长的双重功效。

三、聚焦"四力"，提升课程意识

教师课程意识的回归与提升，既是新课程实践的需要，更是教师职业专业化发展的内涵之一。但其回归也绝不是可以自发的，或在一夜之间就可完成的，而需要合适的条件与路径对其支持，并不断在真实的课程实践情境中转化为具体的课程行为。

(一) 强化思考力

思考力是唤醒教师课程意识的基础。作为课程设计主体，教师需要有目标意识，即教师在课程设计、课程准备、课程实施和课程评价等活动中根据目标而调整的意识。教师根据课程目标来计划和进行教育、教学活动，依据课程目标对课程活动将产生的后果做出预计。这要求教师随时思考课程实施中可能产生的问题并制订出相应合理的解决方案。新课程改革中，教师是否理解课程标准的重要性，是否透彻理解课程目标的具体内容，直接影响着教师课程与教学活动中能否有目标意识，而建立这一切的基础是：教师须有敏锐的思考力。只有具有思考力的教师，才能不断审视、调整、创设有利于课程目标实现的各种物质的和精神的条件，促进课程在实施过程中健康发展，促使教师主体意识、生成意识、资源意识、评价意识不断被激活、唤醒和提升。

（二）提高反思力

唤醒教师的课程意识，必然要求教师具有课程反思的能力，从一定程度上说，反思力是提升课程意识的动力。受思维模式的影响，在较长的一段时间内，我们教师所做的就是忠实地执行课程，而很少去追问课程目的、课程组织和课程评价这些核心要素。如此一来，教师很少有机会对所教的内容做进一步的思考和探讨。课程话语权缺失的结果就是课程意识的淡薄，教师逐渐丧失了课程理解和课程反思的动力。然而，教师只有具备了较强的课程反思能力，才有可能从功利化的教育中站立起来，对既往的课程观念进行深度的反思和检讨，靠近和接纳新的课程理念，并最终改变教学行为。

（三）夯实行动力

行动力，从实践层面来说，即为参与力，它是提升课程意识的关键。教师是课程活动的主体，无论是实施国家课程、地方课程，还是开发校本课程，都离不开教师对课程的理解和创新，离不开教师对课程的开发与设计。教师作为新课程的重要参与者，与学校课程活动的其他主体一同建设和发展课程。从效果层面上讲，即为统整力。长期以来，我国基础教育领域采用分科教学模式，适宜于学科知识的高效、系统掌握，但也存在学科壁垒森严、与学生真实的生活场景不符的弊端。但课程改革特别是核心素养背景下的教学，要求教师能够跨越学科边界，创设更为生活化、情境化的问题解决环境，促进学生必备品格、关键能力的发展和形成。例如，在学习《奇异的激光》一文时，语文教师就不应只是引导学生关注到这篇科学小品文在表达方面的特点，还应当在情境化的语文实践活动中激发学生对于认识激光、了解激光研究进展的兴趣，也就是说在培养学生语文素养的同时兼顾学生科学素养的培育。因此，基于核心素养的课程改革对教师提出了更高的挑战：不仅要求教师对于学科内部、学科之间的概念网络有着非常清晰的认识，还要求教师能够跨越学科边界，注重培养学生跨学科的必备品格、关键能力。

（四）培植合作力

在课程改革中，教师从来不是单打独斗的个体，而是有强大背景支持的群体，因此，培植合作力是提升课程意识的核心，有了合作力就能将社会各方面的力量集中起来。从社会层面来讲，政府可以以教育立法和政策支持的形式来唤醒教师的课程意识；社会各界人士可以加强教育关注，并给予教师应有的尊重与支持，以此来激发教师课程意识。从校园层面来讲，学校领导引领构筑学习共同体盘活课程资源。如教师与教师合作，资源共享、课程设计与讨论，形成良好的课程开发氛围；教师与学生合作，作为学习的主体，学生是一个很好的合作者，教师可以从中获取课程开发的灵感、设计理念，并在课程活动中取得学生学习数据，以此来调整课程；教师与家长合作，开展"家长学校"，取得家长信任、得到家长的鼎力支持是教师课程意识开发的重要动力。一旦社会、家庭主动承担起他们所应当承担的教育职责，则将不会再以旁观者的角色对教育袖手旁观或指手画脚，而是以主体的身份主动参与教育活动，这不但能给予教师一定的启发、指导和建议，丰富和唤醒教师身上包括课程意识在内的各种意识、思想、理念，还能有效减轻教师的职业压力，使教师有时间、精力，更有一份恬静的心境去反思、叙事，去做价值思考，从而提高自己的专业水平，其所蕴涵的课程意识也就水涨船高了。

总之，教师课程意识的唤醒绝不是一朝一夕的事，需要教师在外部有利于课程意识觉醒的环境影响下，通过其自身主体性活动长期积累、自为生成。而唯有教师课程意识被不断地唤醒和提升，我们的课程改革和新课程的实施才能取得预期的效果。

【案例】

浅谈学校"小脚丫"课程的建构与实施

新路小学是一所公办制农村小学。现有 10 个教学班，442 名学生，27 名教师（16 名在职教师，11 名临聘教师）。长期以来习惯了的安逸，使教师们的工作激情、工作归属感都令人深深担忧。加上因缺编导致教师课时任务重，教师教研氛围不浓，教学质量有很大的提升空间。

一、情境慎思，清晰学校课程建设的起点

课程生成于特定的时代背景与文化架构之中，我们不能脱离社会现实以及学校具体情境在"真空"中开发课程。只有在"情境慎思"的基础上，才能准确把握学校课程建设的背景，深刻理解课程建设的架构，进而准确地揭示课程的本质，制订出基于学校发展实际的课程方案。

新路小学是一所地处城郊接合部的学校，孩子们的身上既有着农村孩子的淳朴，又有随着城市化进程的发展，不断接受新事物、新思想的熏陶。面对着这些视野越来越开阔的孩子，尊重他们的个性特长、唤醒他们的个人潜能便成了摆在学校行政团队面前刻不容缓的任务。必须建立一套可供孩子的自主选择与体验的课程，即学校的特色课程。但当时学校的师资队伍现状也令人担忧，没有好的老师就没有好的课程设计，没有好的教师就没有好的课程实施，没有好的教师就没有好的课程文化。

打量当下，林志仁校长将涵养一支好的教师队伍作为学校工作的重中之重。于是，她抓住一个字"磨"，把"磨上课"当成了教师专业成长的"支撑点"。练兵课分三种：亮相课（诊问题，针对才入门的新青教师），点兵课（锤内功，针对工作3~5年的老师），示范课（展风采，针对学校的骨干教师）。学期初便由教研处统一安排，写进计划。每种课都有具体目标与实施途径，如青年教师"亮相课"，实行"问诊式"听课：微问题—多"把脉"—开"良方"—勤追踪。"磨上课"，让老师们树立"成长在新路，成才在新路，成名在新路"的发展理想，扎实培养一支进步快速的教师队伍。教师的专业素养提高了，课程的意识便慢慢被唤醒了。实践再一次证明：教师改变，则课程改变；课程改变，则学校改变。

二、文化融入，让思想的光辉映照学校课程

有一流的课程，才有一流的学校。对于课程建设，行政班子总觉得课程建设过程中随意性和碎片化的现象比较严重，原因是什么？在反思中终于明白：课程建设需要有文化的融入才能够"立魂"，有思想、有灵魂的课程才能真正服务于孩子、发展为学校。

林志仁校长一直很喜欢"新路"一词，新，意指探索、创造、变革，是方向；"路"意指通道、载体、途径，是方法。"新"与"路"，是方向与方法的结合，更是目标与路径的融合。沿新路前行，既有眼前的人与校园，又有教育的诗与远方，寓意既目光高远又脚踏实地。因此，新路是一个校名，亦是一种校园文化，更是一种教育理解。走在这条"新路"上，如何"既目光高远又脚踏实地",于是,提出"守正拓新"的办学思路。守正,简单地说,就是恪守正道。对于学校来说,就是始终坚持教育的底线、探求教育的真谛、培育社会合格人才这一正道,无论在什么样的情况下都不忘初心。"拓新"是在继承的基础上,善于探索新知,尊重个性发展,逐步建立超越前人的知识、技能体系。"守正拓新"是学校统领课程、课堂的灵魂。将这个理念融入课程的建设中:如将基础知识的学习、基本技能的掌握、普世价值观的形成,在基础课程里一一落实,基础课程是体现"守正"的课程。但在规范的课程里,在统一的教学内容中,教与学有着太多的共性。期望课程在关注共性的同时,也能发展个性,关注每一个个体兴趣的培育、潜能的唤醒、主观能动性的激活,建立起一套可供儿童的自主选择与体验的课程,即学校的特色课程,特色课程是体现"拓新"的课程。有了思想的统领、文化的融入,"小脚丫"课程(寓意在新路上,一步一个脚印,一步一步走实)便应运而生,且一开始便显露出蓬勃生机。

三、目标导引,让课程建设富有理性精神

1949 年,泰勒在他的专著《课程与教学的基本原理》中提出了课程开发的基本问题:学校应该追求哪些教育目标?提供哪些教育经验才能实现这些目标?怎样才能有效地组织这些教育经验?怎样才能确定这些目标正在得到实现?这就是著名的"泰勒原理"。由此可见,确定目标即是课程开发的出发点,也是课程开发的归宿。

学校围绕"学校有灵魂、教师有思想、学生有个性、家长有信心"的办学目标和"培养有品、有根、有为的新路少年"的育人目标,初步构建了一套符合学校"守正拓新"办学理念的、与育人目标相匹配的"小脚丫"课程体系。学校教育目的在于培养有修养、有涵养的人,同时,教育也是一个静待花开的慢养过程,于是,我们以"养"为抓手,建构"小脚丫"课程体系的六个模块,将基础课程(国家课程)开始的语文、数学、英语、科技、品德与社会(生活)、音乐、美术、体育与健康、信息技术、综合实践活动等课程与学校开发的校本特色课程按照学科的特点统整为六类课程,即养正、养言、养智、养趣、养身、养新六类。每个模块课程中建构"1+X"课程群。在"养正"类课程中,"1"指品德与社会(生活），"X"是指我们拓展开设的仪式课程、节气课程、毕业课程等课程项目。在"养言"类课程中，"1"指语文、英语等课程，"X"是指我们根据年级特点开设的小记者、小小演说家、快乐 ABC 等课程项目；在"养智"类课程中，"1"指数学课程，"X"是指数学万花筒、围棋、不织布创意手工等课程项目；在"养趣"类课程中，"1"指音乐、美术等课程，"X"是指舞蹈、器乐、茶艺、书法等课程项目；在"养身"类课程中，"1"指体育课程，"X"是指篮球、足球、啦啦操等课程项目；在"养新"类课程中，"1"指科学、信息、综合实践活动等课程，"X"是指小小科学家、小小建筑师、走进"非遗"等课程项目。在课程组织实施上，我们通过分层走班、学科整合式、活动主题、研学旅行等方式来实现学习方式的多样化。

总之，学校的课程建设不是漫无目的的"撒野"，而是基于目标的牵引，匹配课程、实施课程、评价结果的过程，是让理性精神照耀学校课程建设的过程。

四、扎根过程，激活学校课程建设图景

美国课程学者施瓦布认为：课程是一个相互作用的"生态系统"，它是建立在对课程意义的"一致性解释"基础上，通过这个"生态系统"要素间的相互理解、相互作用，实现学生学习需求的满足和德性的生长。因此，课程建设必须激活教师和学生的课程实践意识，回归课程的实践旨趣。

因此，学校开设的"小脚丫"课程，有些是教师根据自己的特长来开设的，如不织布创意手工课程的开发就是如此。学校有一位专业美术教师郑慧，心灵手巧，热爱手工，在她的影响下，不织布创意手工不知不觉变成了学校很多教师的业余爱好，其中，至少有两位教师具备不织布创意手工教学的能力，其他教师均能动手进行创作。学校利用这一资源，于 2016 年秋季开始，在 3～6 年级中开设了"不织布创意手工"特色校本课程，每周 1 课时，以课程的形式保证了"不织布创意手工"在学校的蓬勃发展。有些则是师生通过跨学科整合主题共同开发的。如本学期的"节气课程"之"走进清明"，涵盖了语、音乐、美术、品德和科学、综合实践活动六个学科，学科之间互相融合、相互串联，让孩子在感知传统文化的同时，无声地浸润传统文化：语文课上，孩子们学农谚，诵古诗，为诗配画，了解习俗；音乐老师以清明扫墓郊外踏青为主题，欣赏歌曲，缅怀先烈故人；主题班会课上，孩子们通过各种主题队会将传统清明元素与新时代"文明""绿色"理念相结合；美术课上，孩子们通过手抄报、绘画的形式了解、走进清明；科学课上，孩子们制作风筝，乘着春风，放飞希望；实践活动课上，蒿叶粑粑的制作是整个活动中最受欢迎的节目，蒿叶的清香在弥漫，幸福的味道在传播！

正如杨四耕教授所言，"实践，是课程最美的语言"，让所有教师都动起来，跑起来，聪明才智蹦出来；多问几个为什么，多想几个做什么，多试几个怎么做；扎根过程，让所有的信息都流动起来，让所有的渠道都畅通起来，让所有的脑细胞都活跃起来，学校课程建设的图景一定美妙绝伦。

第二节　创建课程研究共同体

课程研究共同体是指在某一区域内有某方面特色的学校、有特长的教师和有资源的机构共同组成的团体，他们具有共同的目标，经常在一定的支撑环境中学习研究，分享资源，相互沟通，且对这个团体有很强的认同感和归宿感，逐步形成相互影响、相互促进的人际联系，共同推进学校课程的开发与实施。

一、任务

学校课程改革的根本任务是立德树人，提升学生的核心素养。学校课程改革应聚焦生长，充分尊重学生的兴趣和经验，设置多样化的校本课程，多维度地满足学生的学习需求。目前，相当多的学校，课程的开发是一个难点。"我为什么要开发校本课程""我怎样建设校本课程"，老师们普遍感到无奈。学校课程开发建设是一项系统性的工程，它需要校本课程相关人员的参与、学习、研究，只有在广泛参与的基础上，课程研究共同体才能得以构建。而研究开发，真正的驱动产生于学校自身，源自校长、教师团队强烈的教育责任和执着的教育情怀。因此，学校需树立正确的课程理念，营造良好的参与环境和开放的文化氛围，搭建一种教师自我成长的载体，让每位参与者从中获取人力、技能、资源、信息的支撑和支持，充分发挥其主动性和创造性，从而达到促进教师专业成长、提高教师整体水平的目标。

二、作用

课程研究共同体以常态有效开发与实施特色校本课程，发展学生综合素质为共同愿景，以增强校际间的交流为平台，促进共同体中所有学校在共同的学习研究中共同发展、特色发展。

（一）有助于促进校本课程的开发

就一所学校而言，具备某项出众特长的教师并不多，尤其是规模较小的学校或是农村学校。因此，仅靠一所学校的个别教师开发特色校本课程必定存在一定局限性。如果我们将本区域内有这方面特长的教师组织起来，形成课程研究共同体，就可以让这些教师之间相互学习、互相借鉴，进一步完善课程的开发。如铜铺街小学坚持环境教育已有二十多年历史，是全国一百所环境教育绿色学校，2004 年曾获全球"地球卫士奖"提名奖。每年的世界环境日，该校都会举办一场盛大的"绿色狂欢节"，通过推广"循环经济"思想，创造一种市场经济氛围的环境，同时创设活动培养孩子们的各项能力，达到将环保理念辐射到家庭的目的。狂欢节当天，学校会吸引各地众多的观摩者，创意十足的环保金点子、自编的环保校本课程，让同行们驻足停留、大开眼界，也将环保教育的种子传播到了更多的区域。在其影响下，近几年，省市各级生态示范学校、两型示范学校、绿色学校、节能减排特色学校，如雨后春笋般涌现。"保护生态环境"的理念广为人知，也促使更多人在日常生活中用实际行动来护卫环境。

开放的教育时代，学校越来越重视课程资源，特色课程仅靠学校的教育资源已不能满足学生的个性化成长需求。在这种情况下，形成研究共同体不仅能分享各校的教育资源，且能举一反三，更好地挖掘和引进优质的社会资源，使课程内容更为丰富，更具体验性。例如由天心区艺体中心牵头，区教育局协调，联合省体委、市体育局共同打造的课程研究共同体，引进了多项优质的社会资源。明德天心中学的击剑俱乐部、桂花坪小学的游泳俱乐部等共同体建设，极大地丰富了区域内体育特色校本课程的内容，为学生的个性成长提供了更多机会。再如几年前，湖南省首个小学 3D

课程在青园中信小学成功开设。这项特色课程的执教者是该校一名学生家长，这位有着 14 年一线设计经验的 3D 艺术总监家长被校长一眼相中，受邀走进校园为孩子们上课。由此，3D 特色课程，成为了青园中信学生最受欢迎的课程之一。这样的家长辅助课程研究共同体，整合了优质教育资源，保障了学生的知识拓展空间。

（二）有助于规范校本课程的实施

课程研究共同体规范了校本课程的课时安排和实施。教学中，因日常活动、各类创建迎检等不确定因素导致各校在校本课程的实施中，课时难以保障。课程研究共同体的践行，让各校管理者、执行者都达成共识，课时有明确规定，课程就有了长效保障机制。如阳光体育大课间活动，分为必选和自选特色操，每天半小时，篮球、足球、板凳操、花式跳绳、武术……种类繁多，特色各异。每年一次的大课间活动展示，一批又一批学校在比赛中崭露头角，课程开发与研究共同体建设经验的影响不断扩大。

（三）有助于提升学校办学特色

创建课程研究共同体，能提升学校办学特色。如心理健康教育课程联盟，通过研究共同体这个团队定期开展教研活动，为全区心育教师提供了更多交流、研讨的平台，成员之间说课磨课，举办各种沙龙活动、教学竞赛，极大地提升了特色课程的教学质量。心理健康教育联盟还定期邀请各级讲师，传授心理教育方法及实操，倡导共同体成员定期参加志愿者公益活动，开展各类团辅活动，为营造区域良好的心育氛围奠定了基础。每年"5·25"世界家庭日，该课程联盟精心策划省市级心理健康教育系列展示活动，让每一位观摩者都为之震撼。

（四）有助于完善校本课程的评价

创建课程研究共同体有助于实施相对评价。当一所学校打造某项特色时，其课程实施因缺乏相互比较，不利于特色的形成与发展。创建课程研究共同体，可以对各校实施特色课程的情况进行全面梳理，横向纵向予以相对评价，这样每所参与此项特色课程的学校都能从中受益。如青园小学机器人校本课程，2011 年开始起步，先后建立了优质的课程基地，成立了机器人课程组，课程组老师在教学中收集大量资源，积累了丰富的教学经验，并逐步整理出机器人初级、中级、高级课程学本。在区科协的指导和支持下，一批学校相继开设了机器人课程，湘府英才小学、沙湖桥小学、幼幼小学、仰天湖金峰小学等学校的机器人课程负责人之间经常开展活动，举办赛事，对机器人课程的评价摸索出了一套相对科学的评价方案。如对老师的评价：看计划、教案、进度和学生评价记录，看学生实际接受的效果，通过课堂任务评价表了解，看教师相互听课后的反馈，看教学案例、反思、后记；而对学生的评价，则采用"任务评价表"，即：课后学生对本堂课的学习内容进行梳理并填写，"任务评价表"采用打星的方式进行"自我评价"和"组内评价"，到期末的时候，老师根据学生的评价表，同时结合他们上课的态度，以过程为主、结果为辅，给他们一个综合等第评价。孩子们组成的天心区模协代表队，在国家级各类创新比赛中，屡获佳绩。

三、策略

面对全新的事物，树立新的理念，把新的理念转变为教师的教学行为，需要一个过程，更需要某一区域内更多教师积极主动的参与。创建课程研究共同体，营造研究共同体有效支持的氛围，可从三个层面进行推进。

（一）区域课程研究中心

课程本身就是一种对话，是所有与课程利益有关的人员和部门之间的对话。区域课程研究共同体，是由一所学校牵头，一组学校联动，培育一项或几项特色项目，共同开发区域性校本课程，全区逐步形成特色共育、联动发展的态势。

（二）学校课程研究小组

学校课程研究小组，是学校开展校本课程研究、开发、建设的基本组织机构，是校内研究校本课程最重要的中坚力量。小组在教科室指导下，对全校教师有计划、按步骤地进行校本培训学习，提高教师的教育教学能力。作为实施主体，学校应建立系列课程管理制度。首先，可成立学校校本课程研究小组，最大限度地体现教师参与原则，让教师、学生、家长、社区人员充分参与到学校课程规划、教学管理制度的制定中来。其次，学校确立"以人为本"的管理理念，尊重、信任、鼓励每位研究小组成员，既明确所有学校课程相关人员在小组中具有同等的地位和权利，又相应拥有其义务和责任。最后，学校还需构建课程评价制度，以促进学生全面发展和教师专业发展为目的，通过完善的制度体系来保障相关人员参与课程研究开发，努力使评价过程成为教师自我反思、自我总结的过程，最终培养教师具备开发校本课程的技能。

（三）教师课程研究共同体

在新课程改革中，教师是课程实施与开发的关键参与者，对学校课程的发展具有决定性的作用。因此，教师专业技能的提升与课程实施的效果息息相关。建立校内教师校本课程研究共同体，首先要组织教师进行相关培训，让每位研究教师熟悉学校课程基本情况，树立正确的课程理念，掌握参与课程领导的基本技能，为研究共同体的工作开展奠定基础。观念转变，行动改变。在学校系列课程保障制度运行同时，教师个体可凭借所拥有的相似技能、兴趣爱好，3~5人组合形成社团组织或研究共同体，定期交流探讨，在教科室的统合下，及时梳理收集，形成初步的校本课程开发资源。这样几个研究小组经常性地互学分享，将极大地丰富校本课程的开发建设。随着实践的深入推进，教师会逐步意识到学校管理人员、其他团队伙伴、学生、家长、社区人员都是很好的合作伙伴，与这些人员的平等合作，能促使他们不断获取新的知识和思想，不断完善自身的发展。当学校开放的文化和教师的行为相辅相成时，教师校本课程研究共同体的构建也就自然而然了。

【案例】

健美力行　同生共长

仰天湖中建小学是一所全新公办学校，24个教学班。学校秉承"弘天健之道　成君子之美"的核心办学理念，践行校训"健美力行"，以培养身心健康、善良包容、基础良好、个性发展的学生为己任。在落实立德树人的课程要求下，仰天湖中建小学立足实际，重视文化建设，社团活动丰富，家校互动良好，课程研究共同体构建已初见雏形。

一、学校文化影响课程研究共同体

课程研究共同体的构建，需要一定的课程资源，如政策的支持，社会资源的扶持，家长的紧密配合，这一切都需要开放包容的校园环境。建校以来，仰天湖中建小学尤为重视环境育人，以期达到润物无声之效。从校园建筑的整体布局、色系搭配，再到校园内外宣传氛围的营造、园林花草的造型设计，处处彰显"开放自由"的学风，意在体现学校接纳外在文化的姿态。在核心办学理念的引领下，校风"君子之风"已深入到每一位师生的言行中。从踏进校门的师生问好，校园的举手投足，再到课堂的平等交流，每一位中建师生力行君子之风，开放民主的校园文化已然形成。这样一种包容温暖的校园环境，有利于构建合作交流的课程研究共同体。

二、管理机制保障课程研究共同体

学校课程研究共同体的参与主体是多元的，校长、课程专家、教师、学生、家长、社区相关人员都是课程研究的主体。为让每一个学生获得更多发展，仰天湖中建小学开设了丰富的社团活动。从建校之初的5个社团近百人，到现在的29个社团662名学生，人人参与，让每一个孩子获得了更多的体验机会。每期开学之初，学校教导处首先进行摸底调查，全体教师自主报名，自定社团，拟定授课内容、招生人数、招生对象。在此基础上，课程研究小组进行筛选、合并，确立最终社团名单，再微信推出，学生家长网上报名，经公示后开课。每周五下午，孩子们走进不同的功能教室，室内室外，不同班级的同学，与平时不一样的指导教师，让每一个孩子都跃跃欲试，充满了无限的好奇。社团一学年为一周期，社团教师定期开展交流活动，教导处督查授课进度、效果，提出改进建议；每年元旦节前夕学校将面向社会和家长代表举办一年一届隆重的社团节展示活动，同时评选出优秀社团及优秀社团指导教师予以表彰。当学校课程管理机制有效保障了课程教师参与研究，课程研究共同体也就获得了稳定的发展环境。

三、社区家长支持共同体

开放的教育时代，学校需要更多的社会力量协同办学。家长，是学生成长过程的密切关注者；社区，是学生最熟知的社会生活场所之一。当家长和社区人员都成为了辅助学校教育的积极力量时，学校课程资源也更为广泛。仰天湖中建小学的"力行讲堂"，面向全校学生定期开展各类讲座、授课和实践活动，茶文化、微盆景制作、气象万花筒、地质小勘测、无土栽培……这些讲堂的"老师"都来自于家长和街道、社区志愿者。每学期校级家委会，家长微课堂这一内容都会提到重要议程。经家长自主报名，教科室审核通过，再将全期家长微课堂纳入到周历中，有计划地实施。学期结束，师生投票评选出"优秀讲师"爸爸妈妈，学校微信公众号推出，予以表彰宣扬，更多的家长、社会资源成为了学校课程的合作者和指导者。

当学校课程研究有了文化、制度、资源的保障时，构建课程研究共同体将指日可待。为实现共同的课程愿景，我们将一路潜行，不断提高每位教师的课程开发意识，积极鼓励和专业引领，让更多的教师成为课程开发的设计师，让课程真正成为孩子们最美好的向往。

第三节　关注课程实施全过程

校长关注课程实施全过程关键在于能不能从学校的实际出发，把握教学本质，指引教学理念，建设研究型、学习型的教师团队，善于在实践中发现问题、研究问题和解决问题，不断实现教学质量的提高和教师专业能力的升华。

一、校长关注课程实施全过程的意义

课程实施是实现预期教育结果的手段。沈兰先生在分析教师参与课程开发的意义时，从行政组织层面和专业技术层面进行了阐述。校长，顾名思义是一校之长，在学校行政上他拥有最高的指挥权。学校教育目标要由校长通过积极的领导组织才能实现。校长对课程实施的领导也是校长工作本身专业化的需要，表现在对专业自主权的拥有与践行。

（一）校长关注是课程实施的保障需要

学校是课程实施的主要机构，其在课程开发、实施中的地位不容忽视。校长是学校课程实施的领导者，校长的影响实际上涉及了课程实施的方方面面。要提高课程实施的有效性和到位度，尤其提倡校长在课程实施中的支持和引领。

1. 有利于课程改革与设计

课程实施在内涵上涉及的范围比教学更广，包括课程设计、行政管理体制、课程知识、教学过程、校长和教师的角色、学生的角色等。课程计划与课程实施之间的关系是理想与现实、预期结果与现实结果的过程之间的关系，这种关系极其复杂、多元，甚至难以预料和控制。所以，校长的关注与参与有利于带领教师团队根据课程方案和学校的办学目标，创造性地设计、编制、开发、实施课程，从而全面提升教育质量，办出学校特色品牌。

2. 有利于及时发现课程实施中的问题和有效指导课程实践

顾泠沅先生有句名言："在没有问题的地方发现问题。"有研究表明，大多数课程实施后并不像方案设计者所预想的那样乐观。国外一项研究报告指出，用测量工具对教师的行为进行观察测量，结果发现方案实施的质量非常之低，教师的行为只有16%符合方案所要求的行为模式。如果没有校长对课程实施深入细致的研究，就不可能及时发现课程实施过程中的问题，自然难以对课程实践进行适时、恰当和有效的指导。

3. 有利于课程实施成果的推广

学校在实施课改中的重点是，在课堂中如何使课改理念转化为教学行为和教师的自觉。在校长的引领下，以课堂为核心推进"课研修"一体化，即课改、课堂，教研、科研，修习、修养、进修一体化，及时反馈，及时总结，及时提炼，及时交流。

（二）关注课程实施是校长的职责

《中小学校长专业标准》首次系统建构了我国义务教育学校校长的六项专业职责，这六项专业职责是"规划学校发展、营造育人文化、领导课程教学、引领教师成长、优化内部管理、调适外部环境"，其中"领导课程教学""引领教师成长"体现了校长对学校的课程实施和教学领导，这也是提高教育质量的关键所在。

第一，坚持面向全体学生，因材施教，全面提高教育教学质量。尊重教育教学规律，注重培养学生的责任意识、创新精神和实践能力。

第二，有效统筹国家、地方、学校三级课程，确保国家课程、地方课程的落实，推动校本课程的开发与实施，为学生提供丰富多样的课程教学资源。

第三，积极组织开展教研活动和教学改革，建立完善促进学生全面发展的教育教学评价制度，不片面追求学生考试成绩和升学率。

二、校长关注课程实施全过程的作用

（一）方向引领

伟大的教育家陶行知说："校长是一个学校的核心和灵魂，一个好校长就是一所好学校。"在课程实施过程中，校长要教育和引导教师，贯彻国家的教育方针，落实课程方案要求，明确各课程承载的育人功能和具体目标，自我规范教学行为，创出教学特色，完成教育教学任务。校长要采取有效措施，对教师的教学行为进行管理、调控，实施评价并促使改善行为。在课程实施过程中，校长始终围绕培育未来社会的合格建设者和接班人这一终极目标而设置的三级课程体系具有法规性，任何学校或个人都无权不严格执行。全力实施国家课程时，校长的领导力体现在：一要严格执法，二要持之以恒，三要创造性执行。

（二）思想引领

校长们的治校方略，虽然各有千秋，但作为校长，他们都有着深厚的人文素养，富有前瞻的思想，具备人文的情怀、独特的个性、非凡的智慧和向善的追求。校长对课程的领导力充实着学校发展的内涵，也是学校内涵发展的落脚点。一所学校办学水平要得到提升，学生是根本，教师是保证，校长是关键。校长的办学思想体现了校长对教育的理解。校长是学校发展的文化引领者。蔡元培校长在北大所主张的"兼容包并"的办学理念，引领北大在辉煌的道路上行走了一百多年，这就是校长思想影响学校发展的明证。

（三）行为引领

"其身正，不令而行。其身不正，虽令不行。"作为学校课程实施的践行者和引领者的校长，必须深入课改第一线。我们既要明白校长行为文化建设的"功夫在诗外"，更要明白"功夫在诗内"。言传不如身教，校长应当成为一个有思想的践行者，而不仅仅是一个思想者。校长的日常行为，应当力求规范而潇洒、儒雅而灵动、端庄而活泼。苏联著名教育家苏霍姆林斯基在做校长期间，每天早晨八点整到学校走廊去迎接上学的孩子们，整个白天都用来做班主任工作、上课或听课，晚上则忙于整理笔记。苏霍姆林斯基正是通过几十年具体实践成就了一番事业，影响了世界教育。

三、校长关注课程实施全过程的要求和方式

（一）要求

课程实施成功有几个必要条件：第一，课程设计的科学性、合理性和可操作性；第二，政策的保障。第三，社会的认同；第四，校长、教师队伍的准备及状态；第五，资源的提供；第六，正确的工作策略。在上述条件中，校长和教师的准备和状态是决定课改实施能否成功的关键。

1. 关注课程实施要做到脑明眼亮

校长要有强烈的课程意识、博大的胸怀和宽广的视野。校长要深层次地熟悉学校情况，做到心中有数；要善于建立全方位的思维方式，使自己的视野在全方位空间"扫描"，做到知人知事。

2. 关注课程实施要有前瞻性和预见力

"凡世预测立，不预则废。"课程实施的目的，就是要指导教学，促进成长，面向发展、面向未来。学校应把课程实施的"立足点"放在解决课堂教学的实际问题上，把"着眼点"放在理论与实践的结合上，"切入点"放在不断改进教学方法上，"生长点"放在改革创新的精品意识上。

3. 关注课程实施关键在于行动

校长应参与研究，深入课堂，时刻关注师生思想和教学动态，并加强指导。古今中外的教育实践说明，受教育者是教育者的一面镜子。从这一面镜子，可以看到校长的素质和行动在师生身上的折光。苏霍姆林斯基曾说过："对一个有经验的校长来说，他的注意和关心的中心就是课……由于学校领导人对课进行深思熟虑的分析而使课堂教学得到不断的改进，就能提高学校整个教育过程的水平……只有当学校的领导人掌握了足够的事实和进行足够的观察时，才能在教学和教育过程的这个领域里达到工作的高质量。"校长对课程实施的指导还可以和教研机构或外聘专家的专业引领结合起来。

4. 关注课程实施要发扬团队精神

"梅须逊雪三分白，雪却输梅一段香。"校长要能扬人之长、容人之短，团结好一班人马，在心理相容的基础上做到心往一处想、劲往一处使，同时还要虚心向教职工学习，博采众长，发展事业。课程实施是一个系统工程。校长要善于协调各方力量，整合各种教育资源，全面推进课程

实施，充分地为师生教与学服务，还要利用多种方式引导社会和家长的理解、关心和支持，使学校、家庭和社会形成全力。

（二）方式

关注课程实施过程中最重要、最基本的是三个方面：一是课程的规划与设计，二是有效教学活动的组织，三是教学活动的评价反馈。这三个方面，既是新课程实施中最基本、最重要的方面，是实现新课程目标最核心、最关键的环节，又是新课程实施中最难以落实的地方。

1. 创造性地开展课程的规划设计

课程规划设计要坚持显性与隐性并重、学校课程与校外课程并重。校本课程编制的基本原则有互补性原则、多样性原则、可行性原则等。校长要始终坚持"以学生发展为本"的理念，根据课程标准，统筹人、财、物等资源，本着有益于提高教与学的效率，有益于学生全面、有个性地发展，有益于体现学校办学理念与特色等原则，科学设计制订和有效实施学校课程计划。

2. 创造丰富而有效的组织教学

作为新时期的教育管理者，校长理应以兼容并包的博大襟怀、去伪存真的务实态度，把常规抓好，把细节抓严，把过程抓实。校长要时时刻刻引导广大师生确立并形成科学的教育观、教学观、学生观、质量观、评价观。校长只有走进课堂，引领教师研究课堂教学，全面关注备课、上课、反思，才有可能实现激活课堂，使教师成为学生的引导者、促进者和合作者，创设善于思考、勇于实践、勤于交流、乐于展现的课堂教学，促使学生主动地参与到课堂教学。一是确立科学的课堂教学理念，二是要构建有效课堂教学模式，三是加强常态课堂教学的管理，四是要开展丰富多彩的课堂教学研讨活动。

3. 创造性地解决课程实施过程中的评价与反馈问题

校长要善于对课程实施的过程、方法与结果，以及影响因素进行客观合理的评价。评价的目的在于改进，是为了课程改革能始终沿着正确的道路走下去。评价要在多种信息、多维角度、多方参与的基础上进行，应少一些主观臆测，多一点客观调查；少一点定性描述，多一点定量分析；少一些全盘否定，多一点调整完善。

作为校长，应准确构建学校各类课程的结构，重视课程实施过程中的教学价值观，善于总结一切有用有效的方法，促使课程建设能够有力支撑学校的特色发展。作为校长，应注重培养优秀的教师队伍，善于发现教学团队中的领军人物，创造有利条件，搭建教师成长的平台，提升教师的专业化水平，从而确保课程建设的质量。

第四节　课程管理调控激励

学校课程管理活动是通过课程信息的获取、分析、加工处理，做出判断和决策，并向执行者发出指令信息，从而产生相应的控制作用。在百度中"调控"定义为：调节、控制；"激励"定义为：激发鼓励，使振作。调控和激励是课程管理的主要方式。学校教育中的课程管理、课程实施、课程评价，离不开调控与激励的科学和有效。

激励包括物质激励和精神激励、外在激励和内在激励、正面激励与反面激励等不同类型和模式，主要基于人的需求即一切内心要争取的条件、希望、愿望和动力，并借助信息沟通来激发、引导和规范个体行为，有效实现组织和个人的目标。以激励为重心的课程管理，涉及学校教师、学生、家长参与权的共有、选择权的表达、发展权的赋予及知情权的配置等。

当代美国教育家 Allan A. Glatthom 在《校长的课程领导》中指出：校长必须发挥主动而积极的课程领导角色。而此一角色过去却未受到应有的重视，如果我们要让师生能精熟某项高品质的课程，那么，校长就必须在各个层次和全部的过程中扮演积极的管理和领导调控的角色。

所以，校长应该对学校课程管理有系统的思考、整体的把握，既关注学校课程目标、课程推进策略的制定，也重视课程推进——关注课程实施的实际效果和课程管理工作的有效落实。

校长课程管理中的调控激励有以下路径：一是以深刻的洞察力为课程的实施设定合理的目标值；二是以热诚的感染力激发教师对课程实施和调控的情感认同；三是运用先进的技术手段，以有效的激发力促进课程在实施过程中的有效达成。

基于以上认知，校长有效课程管理的调控激励可以从三个方面进行：

一是课程管理激励目标指向的人本化，二是课程管理调控方法指向的实效化，三是课程管理调控手段指向的多元化。

一、课程管理激励目标指向的人本化

"立德树人"是基础教育的根本任务，培育和践行社会主义核心价值观是"立德树人"的重要途径，所以，课程管理的调控和激励，要向以人为本回归。教育不能再过度延续工业时代的工具化思维，要让课程真正为人的成长服务。这种成长，不仅是个体认知的量的增加，更重要的是情感的丰盈、人格的健全、身心的成长、个性的张扬。课程的作用，就是为每一个学习者提供有助于个体完善的自由和发展的知识与经验；课程内容的实施过程更是以尊重学生自由发展为前提，注重师生交互、家校交互的过程。校长、教师、家长、学生对学校课程的决策权、参与权的共享是新时期课程管理认同的新趋势。

以多元化为主要特征的现代社会，交互式的沟通和以尊重为前提的管理和课程共建显得日益重要。校长要学会激励家长参与学校的管理，搭建家长参与学校共育的平台。李镇西先生在《民主与教育》一书中写道："校园必须充满选择，选择就是民主，民主蕴含选择。校长要有很强的以人为本的思想，要学会和师生、家长互动。校长要在与师生与家长的互动和共建中完成学校课程和文化的建设。"

李希贵校长说："我们有了正确的价值观，就能防止将方法论的经'念歪'。"在处理家校关系时，我们将以人为本，落到实处，把让服务对象的满意和促进师生的发展作为一切工作出发点，它高扬的是人本化的思想，获得的是学校管理工作的高效和服务对象的满意。

二、课程管理调控方法指向的实效化

领导和调控只是实现团队目标的一个因素，团队目标的实现不仅取决于卓有成效的领导者，同时也取决于改革者、开拓者、思考者，取决于可利用的资源、民心所向和社会合力等因素。除了那些在不同层次被称为领导的人外，在每个重要组织或社团中都有许许多多的成员，他们为了团体利益，本能地分担着领导者的职责。实际上被领导和调控研究领域忽视了的这些人，对其领导者和团体是至关重要的。

所以，在课程管理和实施中，一方面要强调学校课程不仅指向关注学生的生活实际的联系，更重要的是，课程也得关注教师接受的可能性，课程的实施与达成是否在教师的最近发展区。学校不仅要关注教师个体的课程实施力，更应关注教师群体成长共同体的建设。如果课程的改革只是校长个人的美好蓝图，而不能转化为每一位教师的实际行动，那么，一切只是空谈。所以，站在方法论的角度，课程管理必须看重调控的可操作性、实效性。

下面，以八达小学应用"动车思维"促进教师成长为例进行说明。

八达小学有在岗教师121人，平均年龄33岁，教师队伍充满活力，成长的需求极为迫切。过去，老师们的成长是学校和校长要求他们成长，他们按照学校的意图进行培训和发展。进入新时代，我认为，老师的成长，不要再如火车头时代的车厢，被火车头拖着跑，而要做高铁时代的车厢，自带动力跑。

基于此，在老师团队成长课程的顶层设计上，学校秉持的理念是"人人都是达人，人人自主成长"。在制度设计上，学校给每一位老师提供自主发展的广阔舞台，只要老师愿意，学校都提供支持，让老师自主实现这种发展。

首先，是以公平机制让教师的成长从被动到自觉。2016年底，学校统计的教师全年的培训总经费约为60万元左右；2017年，基于公平原则，学校将培训的经费以指标方式分摊给每一个老师，由他们自己根据成长需要来"吃点菜"。对于骨干和愿意成长的老师，他们还可以有一个自主申报培训费用的上限。这样，老师们的培训就由过去的学校校长和管理人员的点将式培训，变为老师们自觉去找机会参加培训。经费额度由老师自主掌握，他们参培的积极性空前高涨。

其次，是以坡度机制使老师的成长从自觉到自主。坡度原理认为：坡度能产生物质和意识的流动，人的理念和格局的提升能产生行为的驱动。在企业管理中，坡度原理被大量应用；在学校，我们也尝试借鉴。改革之前，校长外出培训，内心澎湃，但回校和老师分享，大家一脸的冷淡和漠然。为什么？校长激动是因为自己产生了坡度力，但老师没有产生。这样，校长再激动，也没有跟随者，没有跟随者，何谈团队的打造？为了开拓老师的视野，学校采取了全员外出培训的成长策略。

2014 至 2016 年暑假，学校组织全体教师分别赴北师大、华东师大、四川师大进行定期培训，邀请华应龙、吴国通、卓立、李政涛、陈默、蓝继红等名家、名校长进行授课，并实地参观各地知名小学，老师们因一次次的集体"出走"，团队的眼界和视野得以得升。2017 年，学校又分批组织老师参与日本教育家佐藤学先生组织的"学共体课改"培训，赴福州、北京、绍兴等地参加"学共体改革示范校"的轮训。百闻不如一见，老师们的眼界高了，自主成长的动力得以提升。

再次，是以转换机制使老师的成长从高原到高峰。教师的职业倦怠，对所有的校长和学校来说都很棘手，如何解决？

一是创新"名师工作室"的内涵，让自己的专家培养自己的老师。青年老师常常说："我们外出培训，每次在外面听完专家的讲座后非常激动，回到学校就不会动了，因为，我们找不到'头羊'带着行动。"如何选出"头羊"？2014 年，经过选拔和考评，学校认定了 3 名骨干中老年老师为八达小学首席名师，13 名教师为学科名师，制定了"名师工作室"详细的操作规程和评价机制。学校骨干中老年教师的角色转换，极大地促进了他们专业的二次成长，也让他们真正成为学校引领青年老师成长的生力军，青年教师的成长也因名师的引领迅速而有实效。

二是做到"读写结合、共同成长"。2014 年，学校结合所在区域"未来教育家教师成长工程"，坚持以"读写联动"带动全校教师共同成长，在短短的四年中收获了丰硕的果实。在校长的带领下，学校管理人员和老师们一起共写下了 1000 多篇教育叙事和论文。2018 年，老师们的优秀教育叙事作品集《教书育人，细雨润心》由东北师范大学出版社出版，这是继学校出版了《家长必读》《第一粒扣子》等四套教材后，老师们专业发展取得的又一硕果。

三、课程管理调控手段指向的多元化

课程的实施要与当今先进的教育技术相结合，要让大数据、云计算、互联网等技术与课程调控有机整合，这不仅会使课程管理的效度成倍的增长，更能带给师生"面向未来，勇于改变"的数字化时代的精神和行动。

　　课程的调控手段的多元化还将促成：课程的系统化——新一代的课程教材体系不再是高度统一的、单一化模式化的体系，它将向系统化、交互式方向发展，形成课程群，为学生的全面发展提供宽厚的基础；课程的网络化——包括学校课程网络化建设、地区课程资源中心建设、地区的课程网络化建设等内容；课程的智能化——包括开发教学、练习、测量、评价、反馈一体化教材，让课本中的故事情节、科学实验体现出学生自己的创意，将静止的、封闭的、模式化的教材变为虚拟现实的、开放的、参与式的有个性和创造性的"活教材"。

　　下面，以八达小学开发养成教育校本课程"可视化教材"为例进行说明。

　　现代哲学家海德格尔曾说："我们进入世界图景时代，世界对于大多数人来说已经变成一系列图景。"针对当今学校养成教育以说教式为主的缺陷，我们努力建构符合儿童认知特点的育德模式。"视觉传播"的特征是"易读性"，"可视化"微课德育课程资源，符合6—12岁儿童的认知规律。

　　八达小学是一所寄宿制学校，实施"可视化"育德之前，孩子们的行为习惯不是太好。校园各处，往往会有这样的画面：乘坐校车不排队，拥挤，抢座；起床后刷牙、洗脸乱哄哄；穿衣随便搭，被褥随意叠……

　　为何反复的口头宣讲不能让我们的孩子更文明？肯定是学校的育德方式不符合儿童的认知规律，因为只有具备有效的道德认知才能有文明的行为习惯。在政教处、寄宿部、校园电视台的通力协作下，学校拍摄、制作了一系列养成教育微视频：文明乘车规范视频、寄宿生活规范视频、洗手六部曲视频、光盘行动视频……构成了学校校本的养成教育视频教材。学校通过大型集会、课间操、晨会等多个时段，结合一些活动的主题，利用大礼堂和校园的大型 LED 屏将视频实时有效地播放出来。我们期待以"有样学样"的方式，引领孩子们更加文明有礼。

　　渐渐地，学校发现：盘子里剩下的菜开始变少，"光盘"的孩子越来越多；排着整齐的路队上车，依次坐上指定座位的孩子越来越多；起床洗漱之后，合理地搭配自己的衣服，把衣柜的衣物整理得整整齐齐，把被子叠得方方正正的孩子越来越多……

有道是，"百闻不如一见"，这句话道出了"可视化"在认知中的重要作用。在推行"可视化育人"的养成教育创新之路上，八达小学已有收获。展望未来，相信这种课程创新会取得更大效果。

总之，校长加强课程管理的调控与激励，关键在于把握课程本质，正确理解课程管理激励目标、方法、手段的内涵，建设共同研究的团队，善于在实践中发现问题、研究问题和解决问题，从而真正促进教师、家长和学生的成长，不断实现教学质量和整体办学水平的提升。

第五章　中小学校长课堂教学领导

　　课堂能反映出教与学的现状，蕴涵着丰富的信息。校长加强对课程建设的领导，尤其应该深入课堂，并以课堂为轴心，加强对教学工作的领导，实现办学行为的优化。校长进入课堂，可以深入了解教师的教育理念、教学行为、教研文化、经验和不足、困惑和困难，以及改革要求与教学现状的差距，先进理念与传统行为的落差，了解学生的学习现状和需求，了解学校管理的运行现状等，掌握来自一线的真实情况，以便站在新的高度，从新的视角，对学校工作作出调整，形成新的规划，从而对学校教学不断发展做出及时、科学、正确的决策。课堂教学中有具体的、活生生的、情境化的教育事实，校长通过对教学现场的观察，获得课堂教学领导的话语权，并从事实层面（教什么）、技术层面（如何教）、价值层面（为什么）做出指导和引领。其中，价值思想的引领是首要的和最为重要的，价值思想缺席，教学工作就会缺乏灵魂。因此，校长要把握教学改革的价值思想，关注教师教学行为背后的教学理念，鼓励和指导教师用先进的理念在课堂中进行创造性的教学活动，科学地引领学校的教学工作。

第一节　引领教师更新课堂教学理念

　　中国教育将进入新素质教育时代，与新时代相适应的素质教育，必然是具有新的时代内涵、符合新时代要求的教育。在 2017 世界智能制造大会上，中国工程院院长周济提出：人类的思维进一步向"互联网思维"、"大数据思维"和"人工智能思维"转变，人类社会开始进入"智能时代"。

　　在学校里，教育和教学两个词经常被放在一起来说，它们互相融合，但各有内涵。在西方，教育一词源于拉丁文 educate，本义为"引出"或

"导出"。意思就是通过一定的手段，把某种本来潜在于身体和心灵内部的东西引发出来。而教学就是手段之一。我们可以这么理解：教学的目的是教育，教育的手段是教学，教学是学校实现教育目的、完成教育任务的基本途径。

而学校最主要的教学组织形式是课堂教学。也就是说，课堂教学，是作为教育场域的学校一项非常重要的工作。2011 年教育部颁布的《教师教育课程标准（试行）》要求教师既要掌握先进的教育理念，又要拥有熟练的教学技能。因此，如何让学生在有限的时间内进行有效的学习，是我们亟须解决的一个问题。而改变教学的思路与理念，向课堂要效率是我们努力的方向。

未来已近在眼前，作为实施教育的最基层的执行者，我们要思考：现在的课堂，能培养出未来的人才吗？我们应该如何立足当下，创生①面向未来的课堂？

一、更新校长观，创立理性的思维形态

首先，我们要反思，传统的课堂最核心的问题在哪里？忽略学生个性差异，如学习能力、行为习惯、知识水平、兴趣偏好、情感态度等；无视学生"最近发展区"规律，导致学习效率低下，在一定程度上伤害了学生学习的主动性。三年级的语文课《小露珠》，教师引导学生了解比喻这一修辞手法。老师问："月亮像什么？"第一个同学回答："像月饼。"老师满意地表扬了他。随即灯片展示了月饼的图案。第二个同学回答："像个大大的皮球。"老师不悦地否定了，认为这个比喻不准确。第三个同学回答像"玉盘"，老师满意地用灯片展示了她早就预设好的玉盘的图片。月亮像皮球怎么就不行呢？说明这个孩子有空间思维，想象丰富，而这位老师的反应令人扼腕叹息。

个例毕竟是少数现象，创生面向未来的课堂不是对今天课堂的全盘否定，而是从今天的课堂出发，逐步进行变革。

首先要变革的是我们的观念，而领路人无疑是学校的校长。南京市天

---

① "创生"一词出自鲁迅《集外集拾遗》，意思是创造产生，生而成长。在本书中寓意一种不断成长的姿态。

正小学，数学组教师 18 位，其中特级教师 1 人，市学科带头人 2 人，市优秀青年教师及区学科带头人 5 人，区优秀青年教师 2 人，区新秀与教学能手 5 人。为什么这一支队伍会如此强大？因为有好的领头人——校长王九红。王九红是江苏省小学数学特级教师，博士，南京师范大学硕士生导师，出版专著多本。王校长认为校长的重要能力之一就是教学能力，因此他多年始终坚持兼任数学教学工作，带领老师积极进行数学教学研究活动，并以点带面，通过亲自深入课堂听课、组织案例研讨、举办校长讲坛等方式激励、指导、促进其他各学科进行课堂研究、改革创新，从而构建了全校适合教育背景下童心课堂教学模式——"自主学习·我课堂"。

校长的引领有利于在校园内形成良好的教研教改氛围。同时，各个学校的学情、校情不一，校长应该立足当下，进行积极思考：如何顺势——顺时代发展之势；如何借力——借各方力量，整合资源；如何建制——建立课堂改革制度和激励机制，有效地进行传承与创新，以达到创生面向未来的课堂这一目标。

二、更新教学观，创生课堂的崭新样态

课程观决定教学观，并因此决定教学改革的深度、广度。新课程的价值观体现在强调对学生的知识和技能，过程和方法，情感、态度和价值观的培养。在这种背景下，教学改革才能真正进入教育的内核，由此形成教学是一个信息和情感交流、沟通，师生积极互动、共同发展的过程这一新的教学观。

"样态"一词比"样式"多几分弹性，多几分灵动，代表我们的未来课堂应该是和谐的、积极的、有效率的、以人的发展为本位的。和谐积极的课堂氛围需要靠教师来打造，这就要求教师主动求变，摒弃传统教学中"我教你学""我讲你听"的至高无上的地位，与学生一起学习、一起探讨、一起评价、教学相长、共同提高，形成学习共同体，在课堂上尽力营造出一种相互"尊重、信任、理解、宽容，友善、关爱"的氛围。

以下是美国缅因州的国家训练实验室对学习结果平均留存率（2 周后）的研究成果。由图 5-1 可知，让学生动手、动脑，全身心经历学习过程，学习的掌握率要比只听或只看高得多。

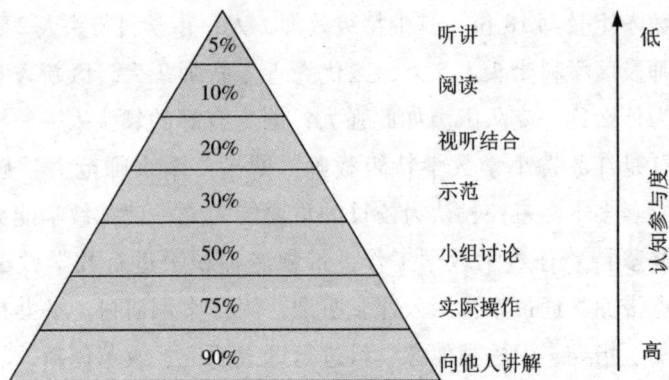

图 5 - 1 学习结果平均留存率统计

如何提高课堂效率？常州市武进区清英外国语学校从"二元对立"走向"教学相生"的课堂教学秩序重构模式值得借鉴。他们以学生为中心，以学生的学习为中心，以学生的能力培养为中心，改革传统课堂，从根本上实现学生的自主学习。下面以《因数与倍数》一课为例详细介绍。

第一步：设计预习单自主学习，进行独学。

"因数与倍数"学习单

【学习目标】

1. 我能自主学习，理解倍数和因数的含义。

2. 我能主动探索求一个数的因数或倍数的方法。

3. 我能通过观察、思考，发现一个数因数的特点和一个数倍数的特点。

【过程学习】

独学

1. 用 12 个同样大的正方形拼成一个长方形，画一画，用乘法算式表示不同的摆法。

示意图	算式

2. 根据 $4 \times 3 = 12$，4 和 3 都是 12 的因数，12 是 4 的倍数，也是 3 的倍数。说说你写的算式中，什么数是什么数的因数？什么数是什么数的倍数？

图 5 - 2 "独学"学习单

第二步：第一次小展，在组成的二人学习对子中进行。交流独学成果，互助学习。

第三步：根据学习单，两人开展对学，相互进行检测。

对学

1. 交注解独学成果。

2. 相互进行检测：

（1）根据_____×_____=_____，说一说哪个数是哪个数的因数，哪个数是哪个数的倍数？

（2）判断：因为 5×6＝30，所以 5 和 6 是因数，30 是倍数。（　　）

图 5－3　"对学"学习单

第四步：小组内合作学。

第五步：第二次小展，在小组内进行。

合作学

1. 组内互批（36 的因数、3 的倍数）

2. 小组交流：

（1）36 的因数怎样找可以做到不重复、不遗漏？

（2）3 的倍数可以用什么方法找？

图 5－4　"合作学"学习单

第六步：第三次大展，每组派一名或者几名组员向全班展示本组研究结果。

质疑、互动、分享

小组讨论：

1. 找一个数的因数时怎样找可以做到不重复、不遗漏？

2. 找一个数的倍数可以用什么方法？

3. 观察思考：一个数的因数有什么特点？一个数的倍数有什么特点？

4. 我来运用不同的方式总结今天的学习内容。

图 5－5　"小组讨论"学习单

这种课堂重构方式简单概括为"三学三展"。过程很具体，分"五步"与"三查"。第一步：自己学，找出"不会的"；第二步：对学、群学，学会"不会的"；第三步：组长带领，人人展示"学会的"；第四步：教师依据"出错的"，组织反馈；第五步：学生归位，整理学案，对子测评。一查：在学生独学时，查预习效果。二查：在组内小展示时，查自主合作学习的效度。三查：在整理学案和达标测评时，查达标程度。

对比不同年级的课堂，我们明显可以发现这一教学方式对学生的思维、合作、表达的能力的提升有显著效果。反思我们很多老师同样进行分组学习，为何达不到这种效果呢？其一，没有形成习惯。清英课堂要求任何一个老师、每一堂课都必须按流程来操作。其二，对过程的细化不够。他们对学习的每一步都有具体的要求，齐读要求、坐姿要求、倾听要求、预习要求、独学要求（其中包括坐姿、书写、声音、专注、教师的巡视）、小展要求（精神、音量、听展、站姿）、大展要求。

2016 年 3 月底，物理教师王羽有一节课，在网上被 2617 名学生购买，每节课单价 9 元，扣除 20% 的平台分成后，王老师这节课的薪酬高达 18842 元。这说明，教学已走入"私人定制"时代，提供给我们一种新的教学思路，根据不同学生的不同需求，利用现代技术手段，打造不同的课堂，真正体现以人的发展为本位的育人理念。

三、更新学生观，创生学生的美好姿态

美国的哲学家、心理学家和教育家杜威提出"儿童中心论"，他认为儿童是起点，是中心，而且是目的。儿童的发展、儿童的生长，就是理想所在。《新课程标准》指出，学生是学习的主体，人格独立的人，有个体差异的人，个性丰富、富有潜力的人。每一个学生都是一个鲜活的生命，每一个孩子都是一幅生动的画卷，我们应该正视他们的差异性，关注他们的独特性，帮助学生以自己最好的姿态向上生长。

在苏州市金阊实验小学，上课铃响，孩子们不是排排坐好，而是以小组形式围坐在电子课桌周围。这里没有黑板、粉笔，也没有 IPAD，取而代之的是 8 台 46 寸大的电子课桌。学生和老师可以通过屏幕直接完成小组任务，现场科技感十足。在一堂六年级数学实践课中，老师以"生活中的数学"为主题，设计了一条"玩"的线路。第一步，玩"2048"的游戏，感受数字 2 的独特魅力与神奇变化。第二步，玩"1024"的游戏，让学生到生活中寻找到"1024"这个数字，由此引出有关电脑内存、U 盘大小、屏幕分辨率等知识。第三步，带领学生智力大闯关，以小组学习的形式，上网查询了解有关信息技术方面的常识，自然地带入 TB、GB、MB、KB 和 B 的关系与换算等学习内容。整堂课学生学习兴趣浓厚、积极性高，课堂气氛活跃，教学效果非常好。

今天课堂的学生，是未来时代的主人。培养什么样的人、怎么样培养，既要顺应人的成长规律，也要顺应时代发展的需求。从新时代中国特色社会主义对人的素质提出的新要求看，人的文化素养、健康素养、艺术素养、绿色生活素养亟待加强，培养知识型、技能型、创新型劳动者必将成为教育改革和发展的时代强音。

清华大学管理学院院长钱颖一教授认为："未来的人工智能会让我们的教育制度下培养学生的优势荡然无存。"李开复先生强调："在人工智能时代，父母应该鼓励孩子去找自己最爱、最擅长的事，而不是变成一个背书的工具，因为你背书再背也背不过机器。"

中国学生发展的六大核心素养分别是：人文底蕴、科学精神、学会学习、健康生活、责任担当、实践创新。是不是说随着人工智能时代的到来，学生的学习方式发生的改变不利于我们利用课堂来发展他们的核心素养呢？恰好相反，在人工智能的帮助下，人类即将开始第四次工业革命，职业结构模式将发生巨变。孩子们学习的重点将不在于"将来从事什么职业，我就学会这个职业所需要的知识、技能和方法"，而是将会在个性化的学习中树立合理的价值观、强大的思维能力等。我们要把人工智能带来的挑战转变为变革传统教育、创新未来教育的机遇，运用现代化教育的手段深入地发展孩子的核心素养，培养终身学习的下一代。

四、更新教师观，创生教师的首席仪态

合肥八中的"智慧课堂"上，学生英语口语测评、作业布置批改、分数统计、教案分享都变得"智能化"。学生杨益冉现场为大家演示阅读了一段英语，智慧课堂系统就立即从流畅度、发音、准确度等多个维度给出测评，帮助她提高口语。

这个案例是不是告诉我们，教师可以被机器人取代？BBC分析了365种职业，教师被机器人取代的可能性仅为0.4%。教师职业凭借什么成为不容易被机器人取代的职业之一呢？因为教师有情感。

有情感的教师会对孩子进行核心关切：孩子的兴趣是什么？孩子的特长是什么？他的学习是怎么发生的？他的快乐是怎么发生的？怎样用快乐推动孩子主动学习？从而真正做到因材施教。

有情感的教师会对孩子带来积极影响：教师的人文积淀、人文情怀和

审美情趣，直接影响着学生的人文底蕴；教师的质疑态度、探究行为，直接影响着学生的科学精神的形成。

有情感的教师会对孩子实施客观的评价：践行新课标要求的"以分数为标准"到"以每个学生德、智、体等诸方面素质与个性得到充分发展为标准"的转变。不管是过程性、还是总结性的评价，都是通过细致的观察，结合培养的目标，带着殷切的期待而进行的。引发孩子对美好事物的向往和追求，引领着孩子成为更好的自己。

但是，仅有情感就够了吗？肯定是不够的！新课程的教师观告诉我们，教师是学生发展的促进者，课程的开发和建设者，教育教学的研究者；在与学生的关系上是平等的，是平等中的首席。社会迅猛的发展让我们意识到教师不仅是"传道、授业、解惑"的执行者，更是培养学生的创新精神和创新能力、终身学习力的实践者，因此教师还必须有更全面的能力。

首先，教师必须有信息技术的掌控能力。互联网＋大数据已经走进课堂，微课、慕课、翻转课堂等应运而生。它与学科的深度融合带给教学无限潜力，给师生无限创造空间。前提是我们必须掌握这些技术。

金阊实小在 2010 年建立了全区第一个未来教室，2015 年率先在全市建立第一个云教室，而令大家惊讶的是，学校只有 2 个专业的信息技术老师。听完了学校年龄偏大的陈老师精彩的语文课后，有人问她："您是怎么掌握这些操作的？"她说："学校会经常组织培训，刚开始是有一点抵触的，毕竟年龄大了，后来渐渐地发现，很好用的，不管是上课还是批改作业，尤其是电脑帮你分析学生考试成绩，更能针对性地进行教学，反而更节省时间，也更提高效率了。"

其次，教师必须有丰富的多学科知识，具备跨学科整合的能力。二年级的语文课上，李老师教学生认识"棱"字，自然而然的，他利用文具盒、讲台等实物告诉学生什么是棱，在二年级语文课上让学生初步了解了五年级数学下册《长方体的认识》的内容。这样的学科交叉、学科整合资源随处可见，知识面丰富、思维灵活的教师往往可以顺手拈来，流畅地融入课堂，拓展学生思维。

最后，教师应具备一种反思的意识。教师反思自己的日常教学行为，持续地追问："什么样的教学有效？""我的教学有效吗？""有没有比我更有效的教学？"

第二节　引导教师构建教学目标体系

教学是有目的、有计划地培养人的科学行为，如果没有明确的目标，缺乏科学的计划，就不能称之为教学。教学目标在教学中扮演着极为重要的角色，它是教学的预期结果、任务指向，为教师的教学提供方向，为学生的学习提供指导，为教学评价提供参考基础。教学目标体系的建构对于课程的优化和教学改革具有积极的导向价值，并直接影响到教学结果。

新课程改革实施以来，布卢姆教育目标分类学在帮助一线教师预设教学目标时提供了有力的参考支持，教师能从知识与技能、过程与方法、情感态度和价值观三个维度预设教学结果、设定教学目标，一定程度上改变了以往教育目标设置忽视学生的学习主体地位，过于笼统泛化、不够分解具体，过于偏重知识、忽视情感和心理技能的状况。然而，在实际的教学目标处理中，教师对教学目标体系缺乏整体深入的认识，在教学目标的设定上存在形式化和机械化的现象，在实现教学目标的过程中存在随意性和盲目性状态等。因此，引导教师建构科学的教学目标体系，并积极付诸实践，是比较理想地实施课程的途径之一。

一、明晰构成

教学目标体系由哪几部分构成？哪些类型的教学目标应该纳入到教学目标体系中来？这是教师需要厘清的概念。不同的教学流派和教育理论从不同角度揭示了教学目标体系的构成。

（一）从时间顺序角度构建教学目标体系

《学记》写道："一年视离经辨志，三年视敬业乐群，五年视博习亲师，七年视论学取友，谓之小成；九年知类通达，强立而不反，谓之大成。"

（二）从层次结构角度构建教学目标体系

根据学科门类，学校的教育目标划分为各个学科的教学目标，每门学科的教学目标是通过单元或者板块目标来实现的，而单元或者板块目标是通过课时目标来实现的。

（三）从内容组成角度构建教学目标体系

《布卢姆教育目标分类学》（修订版）指出："本修订版分类框架具有两个维度，这两个维度是认知过程维度和知识维度。认知过程维度包括六大类别：记忆、理解、应用、分析、评价和创造；知识维度包括四大类别：事实性知识、概念性知识、程序性知识、元认知知识。"

（四）从学习结果角度构建教学目标体系

美国教育心理学家加涅对教学目标进行分类："心智技能，包括鉴别、概念、规则和高级规则；认知策略，用来指导自己注意、学习、记忆和思维；言语信息，技能表达观点和语言技能；动作技能，包括简单的、较为复杂的和更为复杂的动作技能；态度，影响和调节行动的内部状态。"

除上述教育理论阐述的教育目标以外，还有其他的教学流派对教学目标结构的问题有所涉及。每一种教育理论既有优势也有缺点，我们应当引导教师在认真理解和内化的基础上有选择性地借鉴，作为设计教学目标的理论依据，并根据教师自身的教学实际进行适当的改造。

二、参考框架

教师在构建教学目标体系时除了有理论依据外，更多的是需要工具参考和模板示例。因此，运用好涵盖各种类型学习目标的参考框架能较好地确保目标体系的科学规范。

布卢姆教育目标分类学是较为系统和详细的参考工具，应用较为广泛，现在已由安德森和克拉斯沃进行了修订，从知识和认知过程两个维度对教育目标进行了分类。参见表5-1。

表5-1　知识和认知过程两个维度对教育目标分类表

知识维度	认知过程维度					
	1. 记忆/回忆	2. 理解	3. 应用	4. 分析	5. 评价	6. 创造
A. 事实性知识						
B. 概念性知识						
C. 程序性知识						
D. 元认知知识						

例如："掌握欧姆定律"怎么用修订的认知目标分类学加以细化呢？

首先要考虑到这一学习任务所包括的知识类型：（1）事实性知识——如知道测量电流需要用到电压、电流和电阻等知识；（2）程序性知识——如会用欧姆定律的公式；（3）概念性知识——如"电路图"；（4）元认知知识——如要确定采用什么样的记忆方式和理解方式。可参看表5－2布卢姆认知目标修订二维分类及其应用举例（欧姆定律）。

表5-2　布卢姆认知目标修订二维分类及其应用举例（欧姆定律）

知识维度	认知过程维度					
	1. 记忆/回忆	2. 理解	3. 应用	4. 分析	5. 评价	6. 创造
A. 事实性知识	√	√				
B. 概念性知识	√	√		√		√
C. 程序性知识	√		√		√	
D. 元认知知识	√				√	

如果教学目标仅仅是为了"保持"，那么可以检查"识别"和"回忆"四种类型知识的程度。如：分别用哪三个字母来代表欧姆定律的三个变量？回忆欧姆定律公式或者书本讲过的电路图。

如果教学目标旨在促进"迁移"，那么具体分类就可以是：（1）解释事实性知识。学习者能用自己的话来界定关键术语（如"电阻"）。（2）说明概念性知识。学习者能解释当串联或并联时，电路图中的电流量会发生什么变化。（3）执行程序性知识。已知电流和电阻，学习者能运用欧姆定律来计算电压。（4）区分概念性知识。学习者能确定在运用欧姆定律的应用题中哪一个信息对决定电阻是必不可少的。（5）核查程序性知识。学习者能确定在解决欧姆定律相关问题时哪一种解决办法是最佳的。（6）评判元认知知识。选择一个解决欧姆定律的相关问题的计划，判断其是否与现在的理解水平最吻合。（7）生成概念性知识。如果一个电路图中的电池容量大小不变，学习者能生成几种增加电灯亮度的方式。

三、基于课标

《基础教育改革纲要（试行）》明确指出，课程标准是教材编写、教学、评估和考试命题的依据，是国家管理和评价课程的基础。基于标准教学，首先要基于课程标准确定教学目标。由此可见，教师正确理解课程标准，依据课程标准设定适合教学实际的教学目标，是教师构建目标体系的方向标。

以语文八年级下册《海燕》课题学习目标的设定为例，具体阐述基于课程标准构建教学目标体系需要考虑的因素。首先，需要确定与《海燕》这一课相关的具体课程内容标准要求，即依据《全日制义务教育语文课程标准（实验稿）》（以下简称《语文课程标准》），第二部分课程目标中阶段目标第四学段（7～9年级"识字与写字"和"阅读"），《海燕》这一课需要遵循的课程标准有：

关于识字与写字。《语文课程标准》中要求：能熟练地使用字典、词典独立识字，会用多种检字方法；使用硬笔熟练地书写正楷字，并学写规范、通行的行楷字。

关于阅读。《语文课程标准》中要求：能用普通话正确、流利、有感情地朗读；并能养成默读习惯，有一定的速度，阅读一般的现代文每分钟不少于500字。

关于文本内容理解。《语文课程标准》中要求：能在通读课文的基础上，理清思路，理解主要内容，体味和推敲重要词句在语言环境中的意义和作用；学生对课文的内容和表达有自己的心得，能提出自己的看法和疑问。

关于文本表达。《语文课程标准》中要求：能在阅读中了解叙述、描写、说明、议论、抒情等表达方式。

关于文本欣赏。《语文课程标准》中要求：欣赏文学作品，能有自己的情感体验。

四、了解学情

"为了每一位学生的全面发展"是新课程的核心理念，教学目标是教学设计的首要环节，科学、高效的教学目标的制定离不开学情分析，不管是课堂课时教学目标，还是单元目标。学情分析在教学目标的制定、实施和反馈中起着基础性的作用。

（一）学生的起点状态——教学目标预设的依据

在教学过程中，学生不是一张张白纸，而是各自浸润着以往学习知识和经验的待塑个体，这种在教学前就已存在的学生的真实状态是学生吸收新知识、获得新经验的基础。因此，学生具备的起点状态是教师需要关注的重要方面，它决定着学生的学习结果。教学目标作为教师期望于学生的从心理到行为的有序变化，其设置必将以学生的起点状态为基础。

以苏教版八年级上册第四单元为例：本单元主题为"江山多娇"，选取课文为两篇古代游记散文和三篇山水游记现代文；本单元的主要目标是学生凭借工具书，通过朗读、品读等学习文章移步换景、融情于景的写法，并且欣赏大自然的美丽风光。虽然学生们去过各种各样的地方观光，他们缺乏按照一定的顺序和条理将风景描写出来的理性思维。因此，山水游记文章的教学目标应该将重点放在学习作者移步换景的写法和对优美语言的品味上。学生从小学就开始接触的风景描写方法和较基础的拟人、比喻等修辞手法，将促进学生对本单元文章的吸收理解。

（二）学生的潜在状态——教学目标生成的动力

学生的潜在状态指的是学生在学习过程中的学习需求和发展可能，在设计教学目标时，教师不仅应该关注到学生已有的知识基础和经验，还应该预设到学生的学习需求和学习可能遇到的困难。学生是学习的主体，课堂上学生不断变化的学习需求和学习能力正是教学目标生成的源泉和动力，教师只有捕捉到这些不确定性、复杂性和偶然性，教学目标的预设才能真正获得生成的空间。例如，学生在学习《桃花源记》时，渔人的踪迹比较容易理解，但是对于作者陶渊明的社会理想和追求没有太多共鸣，所以，教师在设计教学目标时，应该把学生对作者社会理想的理解作为难点攻破，预设与作者社会理解相关的问题（比如：作者为什么会有这样的社会理想？你认为作者会梦想成真吗？），再结合学生的日常生活和经历，促进学生对作者社会理想的理解。

（三）个体和集体差异——教学目标实现的重要教学资源

研究表明，学习中存在着重要的发展差异。随着孩子年龄的增长，其身心不断发生变化，认知过程和学习策略也随之不断发生变化，在不同的年龄阶段呈现出不同的认知水平，存在个体的差异性。同一年龄阶段的孩子，由于先天及后天等因素的影响，也在不同方面集体表现出群体性的不同认知水平方面的特点，存在集体差异，例如男孩在空间思维能力、数理逻辑能力等方面更强，而女孩则在语言发育、精细动作等方面发育更早。

教学目标的实现不仅应该考虑个体差异，还因考虑群体差异。

作为教学目标预设的依据，学情分析在教学目标中有着不可忽视的重要地位。

五、运用资源

教师不仅仅是课程实施者，更是课程的开发者。教学目标体系的有效构建需基于课程资源开发。

（一）充分运用教材中的教学课程资源，认真领悟新教材的编写意图

新教材从编写的内容上，增添了一些与社会生活联系密切的知识；从编写的形式上看，图文并茂，可读性强，易操作；从学生活动上看，有观察与思考、讨论与交流、活动与探究等，充分体现学生的主体地位；从课后习题看，偏重自主学习和开放性，注重能力的培养。因此教师在教学设计时要充分运用新的教学课程资源。

例如《水的密度》，教材是这样呈现的："你知道家里每个月大约要用多少自来水吗？"教材从每位学生熟悉的现象出发，意在缩短教材与学生的距离。紧接着通过对"水表里是每个月用户消耗自来水的体积与自来水公司按用户所用水的质量计费"等生活化问题的讨论，提出"怎样才能将水的体积转化为水的质量"，目的是扣住学生的心弦，促进学生探究的内驱力的产生，进而引导学生进行实验探究：分别测出不同体积的水对应的质量并记录数据，并让学生从数据中寻找水的质量和体积有何关系；通过学生的亲身感受，明确密度的概念，又通过阅读密度表让学生解释生活中如"冬天为什么自来水管会破裂"等有关生活现象，让学生从动手到动脑，充分调动学生积极主动参与课堂的意识，并通过讨论利用密度解决实际问题。

（二）充分发挥教师本身这个课程资源，指导学生在实践中培养探究能力

教师是课程的实施者，更是课程的创生和开发者。教师指导学生如何学习、探索、思维是培养学生能力的关键。新课程更强调要使学生能适应终身学习的要求，提倡在实践中学习知识、技能和方法，帮助学生运用观

察、实验、调查等方法广泛搜集和处理信息，获取新的知识，并分析和解决问题。因此教师应利用自身的创新体验与有效学习的经验，为学生的自主学习、有效学习服务。

第三节　引领教师创新教育教学方法

一、明晰论点

教育教学方法是教师和学生为了实现共同的教育教学目标，完成共同的教育教学任务，在教育教学过程中运用的方式与手段的总称。它既是体现教师主导作用的重要渠道，又是影响学生发挥主体作用的关键催化剂。教育教学方法是否得当，关系到教育教学质量的高低和教育教学效果的好坏，影响到人才培养的质量。

教育教学方法创新是指以新的教育理念、教育理想为引导，通过对教育教学内容、行为与模式、组织与评价、教育技术等的革新，有效地完成教育教学目标，促进教育公平，提升教育品质，改善教育治理的创造性行动。

在教育教学方法创新的道路上，我们走得并不顺畅，许多教师在教育教学方法运用上普遍存在着"办法不多、创新不够、效果不佳"等现象。分析其原因，可归纳为八个方面：（1）教师的敬业精神虽强，但竞争意识和独立精神薄弱；（2）热爱学习，但学用结合不够；（3）研究活动虽多，但钻研精神不够，不能始终保持强烈的好奇心；（4）工作积极主动，热情高，但理性思考不够；（5）注重学科知识传授，但学科评价不够系统、科学、全面；（6）走经验型道路，但由经验上升为理论，走研究型道路的不多；（7）有旺盛的工作热情，但稳定的情绪、良好的心态还待养成；（8）学校管理与评价对创新教育教学方法过程实践的指导、监控重视不够。

1932 年，陶行知老先生返回祖国，致力于创造教育事业，指出教学方法必须革新，用新的教学方法取代旧的教学方法。而今已过八十余年，情况并没有得到根本性改变。据最近的一项调查显示，教师进行教育教学方法创新，认为"普遍性"的只占7.6%，"较多的"占37.4%，"少数的"

占35％，还有近20％属于"几乎没有创新的"。解读数据，我们清晰地发现，提升学校引领教师创新教育教学方法的管理效能，贯彻和落实"教学相长""师生互动""生生合作"等关注教师和学生发展的核心理念，是中小学校长课程领导力的重要发力点。

二、思路对策

如何使教师专业素质的培养更科学、合理、实效，使教师的想象力更丰富，能在创新中求发展，锤炼自身"机智有效"地处理教育教学事件的能力，这是学校领导及管理团队、全体教师要深入思考的问题。

（一）提升教师的创新意识

习近平总书记寄语科技工作者："不创新不行，创新慢了也不行。如果我们不识变、不应变、不求变，就可能陷入战略被动，错失发展机遇，甚至错过整整一个时代。"把习总书记的话落实到教育工作中来，我们的理解是——教育不创新不行，创新慢了也不行。一份教案走天涯，一种教法混课堂的"不思变"老师，是无法顺应瞬息万变的时代，也培养不出创新人才。

1. 培养教师的开创意识

鼓励教师广泛吸收兄弟学校和先进教师关于教育创新的最新进展中的优秀成分，并结合自己的具体情况，创造出赋予自己独特个性的，又适合于自己学生实际的教育教学内容、形式、手段，让学生在一种创造的氛围中求知、求学，求进取、求创造。

2. 培养教师的求新精神

我们要摒弃以往教育教学改革中的"穿新鞋，走老路""换汤不换药"等陋习，从源头、根本上开辟创新思维成长的沃土。学校要提倡每一位教师都有求变的想法，能持续不断地进行适合自己和学生特点的创新活动，包括对新异事物的敏感，对真知的执著追求，对发现、发明、革新、开拓、进取的百折不挠等精神的培养。

3. 培养教师的创新品质

天心区向家坡小学就提升教师创新意识提出了"目标启动、领导带动、情感驱动、制度推动、竞争活动"的管理策略，以"教师有特点、学生有特长、学校有特色"为创新目标，要求全体教职员工"要善待学生，尊重学生人格和个性；要对学生负责，使学生终身受益；要关心学生，尊重学生的爱好与选择；要关爱学生，关注每位学生的发展；要重视心理和品格，促进学生各方面的健康成长"。该学校经历了拆迁、搬迁、过渡，学校教师、家长和学生依旧信心满满、充满朝气，教师乐教、学生乐学。

（二）引领方法创新的研究

脱离课程实施谈方法创新是空谈，离开课堂主阵地开展方法创新研究更是天方夜谭。应结合教师学科特点，基于课堂实际开展教育教学方法创新研究。

1. 以情景设置为手段

如语文教师巧用"三境"培养创新：通过创设质疑情境，鼓励学生自主质疑去发现问题，大胆提问；通过创设交流情境，有计划地组织学生讨论；通过创设想象情境，变"单一思维"为"多向拓展"思维。又如科学课和数学课教师培养创新学生的"三性"：有的采用"一题多解"培养学生思维的流畅性，有的采用"一题简解"培养学生思维的变通性，有的采用"一题优解"培养学生思维的独特性。

2. 以创造性思维为核心

主要是在教学中训练学生的三类创新性思维，如数学主要采用"大脑激荡法""反问法""分散法"训练发散思维，语文主要采用"图像法""变换法""情境法"训练形象思维，综合学科主要采用"设想法""追踪法""类比法"训练直觉思维。

3. 以个性化发展为重心

如学科课堂教学中的作文个性化、阅读个性化、科学课实验个性化、信息技术个性化、综合实践个性化、体音美特长个性化训练等都收到了较好效果。

（三）专注方法创新行为

著名的教育家叶圣陶说过：教学有法，教无定法，贵在得法。教师方法创新行为得当之时，才是教育教学得法之际。

1. 鼓励教师做善"学习、反思"的发展型教师

最强的人不是那些已经掌握了很多知识的人，而是那些永远有一颗开放的心，随时都准备接受知识的人。在学习的同时，我们要善于思考，遵循教育规律，寻求解决问题的好办法；要敢于实践，勇于探究，在行动中

总结经验，摸索出自己的教育教学方法，提炼出自己的教育观点并指导实践，锤炼出自己的教学智慧，拥有自己独特的教学思想，成为有价值的教师。

2. 鼓励教师构建"尊重、友爱"的师生关系

苏霍姆林斯基在《给教师的建议》的第一条中指出："对一个学生来说，5 分是成就的标志，而对另一个学生来说，3 分就是了不起的成就。"人的各种能力及其发展有类型和层次上的差异，每个人都是具有独立个性的人，都有着自己不同的发展优势和发展方向。因此，不能用一个模式、一个标准去培养每位学生，必须在保证必要共性的基础上，重视学生的独立个性，有效地实施因材施教。

"亲其师，信其道"，优秀的教师，要给孩子创造适宜成长的环境和条件，而教师对学生尊重和友爱的态度，会使学生获得如沐春风般的舒适、积极阳光的进步。

3. 鼓励教师营造"轻松、活泼"的课堂氛围

"实质上是环境真正创造了创造力。"（韦斯伯格语）良好的教育环境和课堂气氛，是师生创造力激活和催化的滋生地，通过互动与交流，形成一股催人向上的感染力，使师生受到感化和熏陶，产生情感上的共鸣；学生易于全身心地投入学习，更好地接受知识，并保持持久记忆，达到"教学相长"的教育目的。

（四）着力团队协作创新

教育教学工作中，令老师困惑、吃惊乃至瞬间束手无策的事件层出不穷，要做到灵活机智应对，达到预想的教育目的，学校行政要专注致力于教师队伍建设，花大力气培养"创新型"教师团队，通过相互支持与协作、鼓励与关怀、交流与共享，促使团友们共同成长。

我们可以依照不同的需求、不同的任务及不同的特色来确定团队类型及性质，方便开展对接教师个体职业发展的培训活动。如，根据教师教龄的长短，对参加工作 1~5 年的新青教师组成的团队，以"专家重点帮扶"为着力点，采取青年夜校、假日课堂组织年轻教师系统学习教育教学知识，规范教育教学行为，帮助其掌握并实践新的教育教学方法；对参加工作 6~15 年的中青教师组成的团队，以"专家点拨、同伴互助"为着力点，突破教育教学中的瓶颈问题，帮助其形成自己的教育教学模式，寻找符合自己特点的教育教学方式，形成一定的教育教学风格；对参加工作 15 年以上的中老年教师，以"身边的专家""教育万花筒"等讲坛为平台，鼓励他们分享自己的经验，激励其将经验上升为理论，传、帮、带新青教师，做新青教师的导师。

组建协作团队探究教育教学方法的创新，可从五个方面着手：

目标制定——协作团队根据具体的可操作性目标，探讨怎样选择和确定可行的教育教学方法。

内容要求——协作团队根据不同学科的教学内容与学习要求，探讨如何选择多样性和灵活性的教育教学方法。

学情分析——协作团队根据学生学情商讨怎样科学、准确、有针对性地选择和运用相应的教育教学方法。

教师特点——任何一种教学方法，只有适应了教师的素养条件，并能为教师充分理解与把握，才能在教育教学活动中有效地发挥其功能和作用。协作团队根据每位老师个体的实际优势，扬长避短，选择与其最匹配的教育教学方法。

评价考量——协作团队根据教育教学方法创新的考量评价标准开展探究和讨论，帮助教师明晰要求，查找差距，向优秀看齐，不断提升创新教育教学方法的能力。

（五）重视创新成果推广

推广优秀的创新成果能让广大教育工作者理解成果的内涵、相互传播以及学习借鉴，有利于学校和教师获得丰富的用于解决具体教育问题的方案，为教育教学提供强有力的资源保障。要对方法创新成果进行梳理、提炼、推广、应用，引导教育研究关注方法创新的实践问题，使研究成果有效地转化为现实生产力，真正惠及学校、教师和家长、学生。

成果推广的渠道、途径可分为线下和线上推广。

1. 线下推广

一般常用的有成果报告会、现场观摩会、成果展示会、成果推广经验交流会、录像、文献资料的学习、办班培训指导等多种形式。值得一提的有以下三种：

（1）以课题研究方式推广成果

将成果推广的运作按课题研究的方式进行，成立课题组，进行方案设计、组织实施，在研究中推广，在推广中研究。

（2）以课程化为特征的培训式推广

将科研成果编成讲义和教材，纳入教师职业的内容，将科研成果形成特色课程，进行课程化推广。

（3）以教师为接受对象的主体扩展式推广

把教师作为推广的主体，充分调动教师的积极性，让教师在了解、运用成果的基础上，去丰富、充实成果。

2. 线上推广

一般常用的有微课、微视频、微分享等。

（1）微课

微课是指以视频为主要载体，记录教师围绕某个知识点（重点、难点、疑点）或教学环节而开展课堂内外教育教学方法创新的全过程。

（2）微视频

微视频是指依据教学规律而制作的视频片段资源。可以将方法创新研究的理论划分为若干小的教学知识单元，以 3 ~ 5 分钟的时间呈现，方便学习者自控学习步调，自主通过与微视频片段资源的交互及演示去实践、探索、构建新知识，了解新方法。

（3）微分享

微分享是指运用微信、微信公众号、App、微博、贴吧等社交新媒体的交互作用，以音频、图文等形式将方法创新研究的理论进行宣传与推广。

第四节　指导教师建立和谐师生关系

中国教育古训曰："亲其师，信其道，乐其学。"和谐的师生关系就像一根彩带拉近了师生心灵的距离，使学生学习动机由单纯的认知需要上升为情感需要，使教师工作动机由职业需要上升为职责需要，这对学生的学习、老师的教学和学校的管理起到积极正面的作用。

在教育改革的今天，教育全过程是师生双方的互动、共同促进和提高的过程。现代教育思想更注重"以人为本"，让学生成为学习中的主人，能够自觉、独立地完成探究、创新等学习活动，这样教学观念的改变必然会引起教学活动中教师角色的转变以及教学活动中核心关系——师生关系的变革。新课程呼唤和谐的师生关系。在我们的整个教育教学活动过程中，师生关系是社会群体关系中一个包含多元因素的关系体系，它既反映了社会政治、经济、文化、道德关系，又包含有教与学的关系，同时也包含情感行为的心理关系等。当今教育新形势下，随着教育途径的不断拓宽，教育方法、教育管理和教育手段已逐步现代化、科学化，良好的师生关系推动学校构建良好的格局和品质。在关注课程改革的同时，学校尤其要注重指导教师建立和谐的师生关系。

如何指导教师建立和谐师生关系呢？

一、法制办学，搭建师生和谐关系支撑点

现代中国是法制社会。党的十九大报告把坚持全面依法治国作为新时代坚持和发展中国特色社会主义的基本方略之一。依法治国必然要求依法治校，依法治校是搭建师生和谐关系的支撑点。

（一）完善管理体制

良好的师生关系首先有赖于学校完善的管理体制。每一个学生作为社会人的存在，拥有特定的权利和义务，拥有特定的尊严。在现实的教育生活中，老师们爱岗敬业，是人类灵魂的工程师，受人敬重。但是偶尔我们也会看到或者听到有这样的事情：某某老师对学生嘶吼辱骂，某某老师要全班学生罚站一整天，某某老师有偿补课……这些个别现象不仅影响教师队伍良好的声誉，还会破坏师生和谐关系，引发家校关系的紧张甚至对立，同时也伤及教师的自尊心与教育热忱。

我国《宪法》将受教育权利规定为公民的宪法权利，这意味着学校的一切活动都应当以维护学生的受教育权为前提，这是国家用法律的方式向受教育者的庄严承诺，不容侵犯和违背。

2016年9月，湖南省长沙市天心区实验小学新校正式投入使用。学校十分注重科学管理，学校管理走制度化、人本化发展之路。建校初期，学校通过顶层设计，制定好《实验小学五年发展规划》《实验小学章程》，并建立了学校各项管理制度，如教学管理制度、德育制度、月绩效考核制度、岗位晋级制度等，构建好实验小学校内清晰的治理结构与完善的管理

机制，通过机制对于教师的教育行为提出具体的要求，并且用制度的方式来保障落实。在"保持你的好奇心"的校训指引下，实验小学的教师能充分尊重学生的认知规律，每一个教师的教育生活目标清晰，追求一种幸福完整的教育人生，学生的权利得到充分保护，每一个学生朝向德性、朝向光明，健康向上成长。在机制的作用下，每一个实验人都是一个独特的生命，在校园生活中逐渐丰盈和完美。

（二）落实依法治校

法制是一套规范，依法治校是全面贯彻党和国家教育方针的根本保证，也是尊重和维护师生和谐关系的保障之一。由于教师工作的繁杂性以及现代社会的复杂性，个别教师存在有不熟知教育法规或者不执行现行的教育法律条文的现象，法制意识淡薄。20 世纪以来，我国先后颁布了《中华人民共和国义务教育法》《中华人民共和国教师法》《中华人民共和国未成年人保护法》和《义务教育学校校长专业标准》等一系列法律和教育条例、规章。这些法律、条例和规章在总体上已经覆盖了学校工作的方方面面，对教育方针、政策以及与之配套的各项具体工作原则、制度做出了明确的规定。落实依法治校的关键就是学校要加强法制教育，让法制教育真正获得每个教师的内心确认，让教师正当行使自己的教育权力和承担教育义务。当然，学校更应尊重教师人格，维护教师合法权益，因为只有这样才能调动教师教书育人的积极性，才能调动教师构建和谐师生关系的主观能动性。

二、有机教育，激发师生和谐关系的发力点

教育是什么？我国作为有着两千多年教育历史的泱泱大国，教育研究者对这个问题也提出了众多的看法。儿童教育专家家小巫曾经这样说："我们需要真正面向人类未来的教育，需要培养人，而非学习机器；需要遵循发展进程，而非仅仅顺应某个时代潮流。我们需要有生命力的教育。凡有生命力者，皆需有机生长，而非机械化复制或大面积迅速扩散。"

何为有机教育？有机代表无害、安全、健康。有机教育就是生命教育，是以人为本，充满生机活力的教育，是具有可持续发展的教育。有机教育又称绿色教育。有机教育的基础是保证教育的方向性、健康性；有机教育的关键是突出时代性、发展性；有机教育的重点是传承文明、教书育

人，把学习的主动权、发展权还给学生，真正使教育达到健康、无污染的境界。我们理念中的有机教育就是培养有机情结、有机文化和有机文明，就是一切为了师生的发展和成功去创造最大的空间。

有机教育的理解，可以细化为八个关键点：一是顺应儿童的自然天性，强调天人合一；二是注重儿童的全面发展，强调和谐均衡；三是尊重儿童的个性差异，强调个性张扬；四是注重儿童的精神世界，强调心灵健康；五是倡导自主探究式学习，强调主体意识；六是体现儿童的愉快与欢乐，强调寓教于乐；七是力求突破学校的围墙，与社会、家庭融为一体，强调开放整合；八是最高目标是追求儿童成长的生态平衡，强调可持续发展。

三、外培内研，激活师生和谐关系的生长点

如果说师生关系是一棵树，那教师的素养就是这棵参天大树的根，没有庞大的根系，树与蓝天无缘。学校要重点加强教师培训和个人研修，持续提升教师的素养，和谐的师生关系才有可能蓬勃发展。

（一）强素养，发挥学校校本培训实效

教师专业素养的显著提高不在于职前教育，也不在于脱产培训，而在于长期的教师培训。研究表明，在教师培训的实践中，校本培训是最有效的方法之一，学校具体可以从以下五个方面推进：一是制订可行性校本培训计划；二是组织讲座、观摩学习、外出参观等活动引领教师理解新课程理念；三是组织教师积极反思，比如同伴交流互助、专家引领等；四是推进校本课程开发；五是加强教研组建设，充分发挥教研组在新课程推进中的重要作用。总之，走向校本，也就是走向每一个教师教育生活的舞台，更加关注教师生活和工作，更大地激发教师的创造热情，让师生关系焕发新的活力。

（二）修心性，倡导教师陶冶职业品格

在日常教学管理中，我们会遇到这样的教师：工作兢兢业业，知识贮备充分，但就是得不到学生的喜爱和认可。究其原因，很大程度上就在于他不具备良好的教师职业性格。罗曼·罗兰就曾说过："没有伟大的品格，就没有伟大的人，甚至也没有伟大的艺术家，伟大的行动者。"可见，优秀的道德品质对于培养教师的高尚人格，形成和谐的师生关系是何等

重要。

学校如何引领教师陶冶职业品格？要重点做好两个关键问题。

1. 提供认知环境，促进教师内心修炼

教师良好职业品格的形成最关键在于教师自我的内省和修炼。只有通过教师的内省和修炼，教师品格的提升才会变得自觉、主动、快乐并富有成效。

由于现代社会发展的复杂性和人天生的差异性、发展性，有的教师职业性格尚不稳定，这需要一个塑造过程。湖南省长沙市天心区教育局十分重视教师良好职业性格的塑造。2017 年，天心区教育局在全区范围开展天心区教师形象关键词征集，使得全区师生共同确定"敬业、仁爱、博学、创新"为天心区教师形象关键词，并组织全区各学校开展学习、讨论、展演、表彰等活动，让老师们对天心区教师形象有了更深刻的认识，这为天心区教师构建优质职业性格提供良好的认知环境，促进教师内省修炼，朝向良好的德性。

2. 发挥榜样作用，塑造高尚职业品格

"最美乡村教师"马复兴就是具有高尚教师职业品格的杰出代表之一。残疾的他满怀教育赤诚，在三尺讲台上耕耘了 32 个春秋。近年来，像马复兴这样具有高尚品格的教师层出不穷，他们潜心施教，爱生如子，让自己的教育人生获得快乐与成功。新时代的教师应该以名师为明灯，爱岗敬业，树立远大理想，静心从教，用高尚的品格去书写教育的幸福人生。

四、多彩活动，助推师生和谐关系关键点

儿童天性好玩。丰富多彩的师生活动是师生和谐关系形成的有效策略。

学校不仅要多开展活动，而且活动要彰显特色，特色活动更能够激发师生参与的兴趣。特色活动的开展要从三个方面入手：一是校园文化活动，二是社会实践活动，三是校本课程活动。

长沙市天心区仰天湖赤岭小学是一所师生关系十分和谐的学校，以"快乐为本，为人生奠基"为办学宗旨，注重特色活动的开展：一是开展幸福校园系列活动，举办的幸福校园艺术节贯穿全年，每年有舞蹈、书法、朗诵、绘画、歌咏、武术、篮球、速算共 8 项比赛，在各个班级开展

的基础上再开展校级比赛，全体师生参与；二是德育部门组织开展德育系列特色活动，有"小白鸽"电台、"小白鸽"电视台、"幸福校园"校刊、"幸福校园"文化长廊、"心灵小屋"心理咨询室等；三是学校组织开展文学社、武术队、舞蹈队、篮球队、英语天地、阅读小组、围棋小组、书法小组、摄影组、无线电等十几种"幸福"社团活动，广泛发动学生积极参与，组织学生有计划、有目的地深入家庭、社区开展活动，年年有新意，给予学生极好的锻炼机会，在丰富多彩的特色活动中创造和谐校园。

五、创新评价，把握师生和谐关系延伸点

常言道："给孩子一个舞台，他会还你一份精彩。"孩子在学习过程中，每一次成功与进步的评价对学生获得学科积极愉悦的体验具有促进作用，现代教育教学评价能科学延伸师生和谐关系。

创新教育教学评价主要从以下几点着手：

（一）更新教育评价理念

教育评价要树立"把评价当作学习过程"的理念。尽量就评价的时间、内容和方式与学生进行协商，给学生及时、积极、个性化的反馈，满足个性化发展的需求，以评价促进学生的提高和发展，激发兴趣。

（二）改革教育评价体系

改革教育评价体系，就是要坚持评价形式多样，评价标准不同，评价主体多元。要重点做好两项工作：一要建立教育评价成长记录袋，并建立电子教育评价室，方便统计、观察教育评价情况；二是要注重表现性评价，关注学习者学习状态、进程，促进学习者的交流和学习。

（三）用好教育评价结果

信息技术在现代教育评价中已经得到广泛的运用，这为构建良好师生关系提供科学依据。上海市嘉定区迎园中学在这方面已经做出成功的尝试。迎园中学与上海思来氏信息咨询有限公司共同合作，合作项目《实施基于信息化学生素养评估后的个性化生涯规划信息系统》被上海市教委立项。通过先进、前沿的信息技术手段，在各类课堂与校园经历中采集学生的行为数据，达成培养教师能够从真实、客观的行为记录中解读学生的学习状态与进程的能力，改变教师仅仅依靠经验来观察学生的现状。通过记录学生在不同学科、拓展型课程、各类活动中的微观表现，建立分析模

型，找出每一个学生的兴趣与潜能所在，为学生的生涯规划指导、引领教师构建和谐师生关系提供科学的数据参考。

有人说："具有教育效果的不是教育的意图，而是师生间的相互接触。"在教育过程中，衡量教育效果的最主要的因素在于教育过程中教师与学生之间的"理解"及"对话"所实现的精神感触和精神建构。指导教师建立和谐的师生关系，是推进有效教育的最佳途径。

第六章　中小学校长综合实践活动领导

综合实践活动课程是在我国 21 世纪基础教育课程改革中应运而生的新型课程。2001 年 6 月颁布的《基础教育课程改革纲要（试行）》规定："从小学至高中设置综合实践活动并作为必修课程，其内容主要包括研究性学习、社区服务与社会实践、劳动与技术教育、信息技术教育。"综合实践活动课程，以必修课的形式被纳入学校课程体系，是我国基础教育课程结构的新突破，也是我国基础教育课程形态的新建构，必将对中小学课程和教学改革产生广泛而深远的影响。

第一节　综合实践活动的管理策略

综合实践活动课程在课程价值观上倡导课程向儿童经验和现实生活回归，追求课程的综合化。注重学生创新精神、科学精神和实践能力的培养，重视学生的自主探究与主动实践，强调学生学习生活与社会生活的紧密结合，面对时代的挑战，通过设计和实施综合实践活动课程，培养学生的综合实践能力，成为世界各国基础教育课程改革的共同趋势。

作为一名校长，肩负着指导和引领综合实践活动课程在学校有效实施的重要责任。那么，关于综合实践活动课程，我们至少要了解三个问题：它是什么？我们需要管理什么？怎么管理？梳理清楚这三个问题之后，我们才有可能将这门课程落地校本，有效实施。

一、综合实践活动课程概述

我们从课程的概念与目标、特性与理念、意义与功能等方面来认识综合实践活动。

（一）课程概念与目标

综合实践活动课程是国家规定的一门有计划、有组织的面向全体学生，以贴近学生现实生活及即时信息为主要内容，以学生自主选择，综合运用所学知识、探究和直接体验整个过程为主要习得方式，以促进情感、行为、认知的统一协调发展为主要目标，以重过程为主、终端结果为辅的评价方式的课程。课程内容包括研究性学习、社区服务与社会实践、劳动与技术教育、信息技术教育等四大领域。

综合实践活动课程的总目标是：学生能从个体生活、社会生活及与大自然的接触中获得丰富的实践经验，形成并逐步提升对自然、社会和自我之内在联系的整体认识，具有价值体认、责任担当、问题解决、创意物化等方面的意识和能力。

（二）课程特性与理念

1. 课程性质

《中小学综合实践活动课程指导纲要》是这样描述的：综合实践活动是从学生的真实生活和发展需要出发，从生活情境中发现问题，转化为活动主题，通过探究、服务、制作、体验等方式，培养学生综合素质的跨学科实践性课程。

综合实践活动是国家义务教育和普通高中课程方案规定的必修课程，与学科课程并列设置，是基础教育课程体系的重要组成部分。它是典型的国家设置、地方开发、学校实施的三级管理课程，由地方统筹管理和指导，具体内容目前以学校开发为主，自小学一年级至高中三年级全面实施。

这样看来，综合实践活动课程不存在内在知识逻辑和知识体系，超越了具有严密的知识体系和技能体系的学科界限，是一种具有独立形态的课程。也就是说，它既独立存在，区别于学科课程，又与学科课程相互联系、相互影响，共同构成基础教育新课程体系。

2. 基本理念

课程目标以培养学生综合素质为导向。课程开发面向学生的个体生活和社会生活。课程实施注重学生主动实践和开放生成。课程评价主张多元评价和综合考察。

3. 课程特点

（1）综合性

综合性是综合实践活动课程的基本特征。这是由综合实践活动中学生所面对的生活世界决定的。学生的生活世界是由个人、社会、自然等基本要素互相交融的复杂关系构成的有机整体。综合实践活动立足于生活世界的综合性和个性的整体性，着眼于学生整体、健全的发展，打破教材、课堂和学校的局限，向自然环境、学生的生活领域和社会活动领域延伸，从而使综合实践活动课程具有了综合性的特点。综合实践活动课程的综合性，表现在课程的内容、组织形式、教师教学方法、学生学习方式等方面。

（2）实践性

综合实践活动具有实践性，它是以学生的现实生活和社会实践为基础，开发与利用课程资源。有谚语说："我听到的我会忘记，我看到的我会记住，我做过的才真正学会。"因此综合实践活动课程特别强调学生亲历实践、亲身体验，它鼓励学生通过生活实践、社会实践、科学实践等直接的实践活动进行自主性学习。要求学生从实践活动中选择主题及相应的内容，通过专题讨论、课题研究、方案设计、模拟体验、实验操作、社会调查等形式，在做考察调查、实验探究、设计创作、服务、劳动、反思等一系列的活动中去发现和解决现实生活中的问题，体验和感受生活，培养创新精神及实践能力。

（3）开放性

综合实践活动是一个开放的课程领域，它具有开放性。综合实践活动面向每一个学生的个性发展，尊重每一个学生发展的特殊需要，其课程目标、课程内容和活动方式等方面都呈现出很强的开放性。

长沙市天心区铜铺街小学开展了主题为"李富春故居小导游"的综合实践活动。这个课程持续进行了几个月的时间，学生到李富春故居、市档案馆、图书馆、社区等多处开展活动，了解有关李富春以及中国革命的很多相关知识。学生是自主去获得知识的，这个过程中学生学会了访问、调查、网上查询、实地考察等多种获取信息的方法，还学会了综合处理信息；各组研究成果呈现的方式也是丰富多彩的，有论文、小组总结、调查问卷、现场讲解等；在整个过程中，学生走进社会，开阔了眼界，丰富了社会阅历，增强了小组内和小组间的合作意识，胆量更大、信心更足了；通过对李富春的研究，学生更了解中国革命的胜利来之不易，更懂得珍惜与感恩，同时责任与担当意识增强了。这样的综合实践活动课程从活动内容、方式、过程等方面都呈现出开放性的特点。

(4) 生成性

综合实践活动是动态发展的，逐步建构生存的课程，因而具有生成性。与学科课程不同，在综合实践活动课程中，知识与技能、过程与方法以及情感态度和价值观，是不能以高速的方式来传递的，它的实施过程要求学生必须亲历实践，在活动过程中体验和感受，在体验和感受的基础上批判反思，并获得实际的发展、新的体验。综合实践活动的课程价值就在于学生在活动过程中不断地形成良好的行为意识与价值观，不断地发展创新精神与实践能力。学生参与综合实践活动的过程，就是学生自我生成和建构的过程，体现了综合实践活动课程在新一轮基础教育课程改革中所发挥的独特价值。综合实践活动课程的实施过程，时时处处都体现着生成性的特征。它本身就是不断生成的，是教师和学生一起创生的课程，课程的形成过程是动态的。在综合实践活动课程的设计和实施中，要充分发挥学生和教师的主体性，促进学生综合素养的动态生成和发展。

(5) 自主性

综合实践活动是以学生的直接经验或体验为基础而实施的，因此应充分尊重学生的兴趣爱好，为学生自主性的充分发挥拓展广阔的空间。学生既是综合实践活动的决策者，又是综合实践活动的实施者。他们自己选择学习的目标、学习的内容、学习的方式以及指导教师，自己决定活动方案和活动结果呈现的形式，指导教师只要对其进行必要的指导，而不包办代替，不越俎代庖。

铜铺街小学的综合实践活动教师张蕾根据学校"国际生态学校"研究的水主题开发了制作环保酵素的课程内容，主要内容是教学生制作环保酵素的方法和在校内使用环保酵素洗手、浇花。在使用环保酵素的过程中，有学生提问张老师："环保酵素还有其他用途吗？"这触发了张老师希望和学生一起进一步拓展和延伸这个课程内容的想法。于是，她引导学生分组去调查环保酵素的更多用途。于是，后续开发出"是真的吗"课程，让学生们自己去验证他们调查到的用途效果是真是假，极大调动了孩子们的研究兴趣，锻炼了孩子们持续学习的恒心。

这样的活动突出体现了课程的生成性特征。所以，综合实践活动不是完全预设、静止的、不可变更的。随着活动的开展，学生在活动的过程中很可能会产生新的问题、新的目标、新的价值观和新的结果。教师要敏锐地捕捉到可能一闪即逝的教育契机，认识到这样的生成性目标与生成性的必然性，从而智慧地将活动引向新的高度、新的领域。所以说，综合实践活动课程开放的活动领域和活动内容，开放的活动方式和活动过程，都为发挥学生学习的自主性创造了条件。

（三）课程意义与功能

1. 课程意义

设计和实施综合实践活动课程，是时代发展对中小学生素质发展的基本要求，同时也是基础教育变革人才培养模式的有力举措。课程的意义在于：有利于培养学生的交往能力与合作意识，有利于培养学生收集处理信息的能力，有利于培养学生的问题意识和创新精神，有利于学生获得终身学习和可持续发展的能力，有助于改革长期以来课程教学的局限性。改革体现在能转变课程功能，促进学习方式多样化，密切联系社会实际和学生生活，有利于教师转变教育观念和知识更新。

2. 课程功能

从课程的性质和特点来看，中小学综合实践活动具有区别于其他各类课程的独特功能。其根本出发点是学生发展的内在需要，其根本价值在于促进学生的发展。这类课程对于培养学生的创新精神和实践能力，对于丰富学生的精神生活、拓展学生的知识视野和促进他们的全面发展，都具有不可替代的独特价值。中小学综合实践活动的功能主要体现在丰富学生的经验、完善学生的生活学习方式、发展学生的创新能力和实践能力等几个方面。

作为基础教育课程改革的结构性突破，综合实践活动以崭新的理念重塑了课程、教学和学习的内涵。综合实践活动课程的根本价值在于满足学生发展的内在需要，还对学校课程建设的发展、教师课程意识的形成以及学校课程制度的重建等方面都有着巨大的促进作用。

二、综合实践活动课程管理的内容

综合实践活动课程管理系在综合实践活动规划与设计、实施和评价等运作过程中采取措施，从而达到理想的课程目标的过程。

综合实践活动课程管理的意义在于它可以增强课程适应程度，是提升教师专业化的有效载体和平台，是决定课程实施成败的关键。

课程管理分为宏观管理和微观管理。宏观即行政管理，微观即学校层面的管理。校长从学校层面出发，进行综合实践活动课程的管理。学校对课程的管理内容主要分为以下三个方面。

（一）综合实践活动课程内容的管理

课程内容由国家指导领域和非指定领域两大部分组成。指定领域包括研究性学习、社区服务与社会实践、劳动与技术教育、信息技术教育四个部分。这四个部分在小学、初中、高中三个学段各有侧重，所以课程内容的管理按三个学段区分开来。

（二）综合实践活动课程组织实施的管理

1. 制订的综合实践活动课程设置方案

根据上级教育行政部门的政策要求，学校对综合实践活动课程做出整体的规划和安排，主要包括制订学年、学期课程实施计划。

2. 建设教学管理制度

导向和制约指导教师的行为，影响综合实践活动的全过程及其效果。

3. 队伍的建设与培训

每所学校需要一支综合实践活动指导教师队伍，至少有一名专职教师，多名兼职教师，形成一个教研组。这样才有利于综合实践活动成功落地，真正得到课程校本化实施。

（三）综合实践活动课程评价的管理

综合实践活动课程评价包含对学校、教师、学生全方面的多维的评价，注重评价的全面性、多元性，突破传统的评价模式。对于学生注重检测多维整体发展水平，注重学生的体验与经历，强调学生创新精神和实践能力的形成和表现。改变将考试作为唯一的课程评价手段这样单一的做法；采用开放的评价方式，运用行为观察、情景检测、学生成长记录等多种方法，对学生的发展过程和结果进行综合评价。通过评价，帮助学生认识自我，建立自信，激励学生在原有水平上不断进步。

三、综合实践活动课程管理的策略

课程管理是一种理论性和实践性都很强的理性活动，理论的缺失和实践不足，都会影响课程管理的质量和效益。根据综合实践活动课程的性质、特点和功能，主要采取以下管理策略。

（一）梳理课程管理新理念，加强课程管理的理论研究

世界各国的课程管理主要呈现出中央集权型、地方分权型、混合型三种课程管理模式。综合实践活动实行国家、地方、学校三级课程管理制度，既反映了这门课程的性质特点和要求，也是认识和区分国家、地方、学校三个层面不同的管理内容和范围，做到三个管理层面的有效衔接。

现代化的课程管理，离不开科学的课程管理理论的指导。课程管理理论研究主要涉及课程内容编制、实施和评价三个基本领域。由于综合实践活动课程没有具体的内容和国家统一编制的教材，其内容的多维性和主题的灵活性，决定了综合实践活动课程理论研究中课程编制环节的重要性，所以加强综合实践活动课程管理，绝不能忽视这门课程理论研究的重要性。

（二）探索课程管理新模式，增强课程管理优效能

在保证国家对课程管理的宏观调控之下，赋予地方和学校一定的课程管理权限，充分发挥地方和和学校课程管理的自主权和积极性，是创造性地、有效地推进课程实施和改革的重要基础和必要条件。综合实践活动是典型的国家设置、地方开发、学校实施的三级管理模式。行政部门只对课程进行宏观指导，学校对课程的管理才是保证课程实施的关键环节。综合实践活动是一门开放性的课程，学校对综合实践活动的管理比较复杂，每一项管理的细节，都影响到课程的实施效果。建议学校采用多元主体协同参与的课程生态管理模式进行综合实践活动课程管理。生态式课程管理模式是把课程管理看作一个开放的有机体系统，课程管理的各主体在管理的整个有机系统中处于平等地位，也就是说学校的课程管理主体（包含学校管理层、指导教师、学生）都在同一个层面上参与课程管理，学校课程管理的权利和责任给所有管理者，所有参与课程管理的人员是伙伴合作关系，课程管理表现出扁平化。这样的管理方式增强了师生的主人翁意识，师生将热情和智慧贡献于学校课程发展；这样的管理方式，信息传递速度快，有利于及时把握变化，做出高效的决策，提升学校课程管理的灵活性。生态式课程管理模式把培养具有独立的鲜明的个性、多样化个性和全面发展的人作为最终目标，重视教师的专业自主权，尊重教师在课程管理中的主体性地位，最大限度地发挥师生的主动性和创造性。

（三）全面开展课程资源开发，拓展课程资源范畴

综合实践活动课程的常态实施和有效实施，需要丰富的课程资源。软件资源包含具有较强专业素养的指导教师与课程专家，硬件资源包含丰富的财力、物力资源。课程资源的丰富程度，直接影响课程内容的开发程度，有的课程资源就是课程的内容。所以综合实践活动课程内容的管理，应重视和把握课程资源的管理。首先，建立课程资源管理制度。培训教师，建立人才资源库。在物质方面，因地制宜地充分开发、利用包含校内资源、社区资源和学生家庭教育资源在内的各种教育资源。例如：铜铺街小学建立了"胡雪滢综合实践活动课程"省级优质资源空间；"推倒学校围墙"，建设了火宫殿、贾谊故居、长沙自来水厂、袁隆平科普教育示范基地等十多个校外实践课程基地，聘请基地的各行各业专业精英为课程专家，指导学校综合实践活动的开展。

（四）加强课程管理队伍培育，优化管理队伍结构

综合实践活动课程的管理队伍由教育部、地方教育行政部门、学校管理人员、教师、学生、课程专家等构成。这个管理队伍人员组成复杂，知识水平和管理能力参差不齐。所以，需要加强管理队伍的培育，优化管理队伍结构，让各管理主体都能够参与到实践活动中去。我们要培养、鼓励、支持各参与者去研究综合实践活动的实施规律，不断提高管理队伍的知识水平和管理能力，重视教师队伍的建设与培训。例如：铜铺街小学"张蕾综合实践活动名师工作室"，首席名师张蕾是专职综合实践教师，还拥有朱芳、左明等工作室名师以及其他学员教师，这样一支专业的指导教师队伍确保了学校综合实践活动课程的优质实施，并具备进行多种职业体验课程开发的教学科研能力。目前，学校正在进行环保酵素制作与应用、手工皂制作职业体验等课程的开发。

（五）凝聚课程管理力量，整体推进课程管理实效

综合实践活动课程管理分为国家、地方、学校三个层面，管理人员组成复杂，除了专业的队伍，还需要诸如社区、家长、其他的社会人员等力量。根据综合实践活动课程的性质与特征，只有整合校内外的管理力量，才能为课程实施提供丰富的课程资源和活动场所等。所以课程管理中的任何一种力量在发挥作用时，都会影响到其他力量发挥作用。在管理的过程中，我们要尽力协调所有的力量来协同工作，整体推进综合实践活动课程的发展。

第二节　综合实践活动的开发途径

一、开发综合实践活动课程的原则

在对学校综合实践活动课程内容进行总体开发设计的时候，并非将所有有关联的东西放在一起就可以，也并非越多越好，相对于教学来说，能促进目标达成的才是好的内容开发。所以，我们在开发资源的时候要选择最合适、最有价值的资源。一般来说，我们要遵循以下几个原则。

（一）关注学生

不管是何种形式的课程，促进学生全面发展才是体现课程实施有效性的关键。学生的成长最主要体现在自主探究、主动学习、创新实践中，只有提升了学生的学习力，才真正促进了学生的发展。所以，在内容开发时，既要考虑学生的发展，也要考虑学生的学业负担，做好课程统整的加减法，值得课程开发者及学校课程管理者去思考。

（二）关注特色

创建有特色的校本化综合实践活动课程是打造学校亮点的途径，这类课程主要体现在学校特色活动的课程化开发和推进方面，因为不是在国家课程范畴中，课程实施相对比较灵活，特色化倾向又较明显，因而也是许多学校进行课程开发的突破口。

（三）关注时间

为了把课程做得更深入有效，很多学科、项目做的大多是加法——全方位设计、多元化体现，拓展深度和宽度。可时间问题怎么解决呢？我们一定要合理地规划课时、设计容度，不要贪大求全，保障有效地实施课程。

（四）关注结构和层次

实现课程资源的序列化、系统化，具有可操作性，这样又有利于综合实践活动真正从"活动"走向"课程"。

（五）关注生成

规划是为了更好的生成，在进行课程内容设计的同时，要给学生和教师动态生成课程留有空间。

（六）关注协调与共享

一方面学校要善于合理发掘和利用社区及其他兄弟学校的综合实践活动课程资源，另一方面学校内部的综合实践活动也可以向社区或其他学校辐射，并建立合作研讨机制，定期或不定期开展课程资源开发与利用的经验交流和研讨活动。

二、开发综合实践活动课程的途径

综合实践活动课程内容的开发，总体来说，主要有以下几个途径。

（一）学校传统活动课程化设计

学校传统活动是综合实践活动课程内容的重要来源。每所学校都必须常态开展班级活动、少先队活动、节日活动等，这些活动本身就属于综合实践活动课程的非指定领域。为此，我们可以运用综合和实践活动的理念，通过主题贯穿提升活动深度、增加充满时代气息的内容、注重学生的主动策划和参与、加强活动的探究性和注重对活动进行评价反思和完善等几个方面，巧妙将综合实践活动创设为综合实践活动课程实施内容。

表 6 - 1　学校传统活动改造一览表

学校传统活动	建议开展的综合实践活动主题
常规活动（春秋游、毕业典礼、开学典礼）	设计我们的毕业典礼、红红火火过大年、我的二十元快乐春游午餐
班团队活动	我是环保小卫士、校园安全我知晓
体育节活动	设计班级趣味运动会
艺术节活动	经典诗词朗诵会、我是小小艺术家
读书节活动	学校师生阅读现状的调查研究、我为最喜欢的书打 CALL
社团活动	快乐编棕、我是小小茶艺师
社会服务类活动	交通文明伴我行、爱心义卖活动
禁毒教育活动	远离毒品社区宣传活动
传统节日活动	走进清明、走进端午节、春节习俗探究、家务劳动大比拼

长沙市天心区铜铺街小学作为环保特色学校，环保嘉年华活动是学校的传统保留节目。2014 年环保嘉年华活动就是铜小师生全民参与的大型综合实践活动"设计校园形象人物——童童晓晓"。从最初学生自己确定活动主题，到拟定活动计划、分头绘制人物形象；从初选到复赛，层层选拔，不断修改完善人物形象设计；从家长点评，到班级海选，最后，推出最佳十大校园形象人物在舞台上终极 PK。

2017 年，学校围绕水资源开展了系列研究，环保嘉年华活动主题确定为"我是酵素达人"。学校不仅成立了酵素社团，还组织全校师生学习制作酵素、使用酵素，并进行了长期跟踪综合实践活动研究。初期全校师生学习制作酵素，中期研究不同分类、不同功用的酵素制作，后期进行"酵素真的有用吗"的使用研究，在这一系列的酵素研究活动中，综合实践活动与国际绿色生态学校申办工作相整合，学校也因此成功列入国际生态绿色学校行列。

（二）学校特色资源课程化开发

陶行知先生说过社会即学校、生活即教育。综合实践活动需要与真实的社会生活联系起来，打破学校与社会之间的壁垒，让学习回归生活，把实践平台延伸到更为广阔的社会，扎实文化基础，让学生自主发展、参与社会，让学生成长为全面发展的人。学校要考察周边社区的特色资源，使之成为现实可行的综合实践活动课程资源。

如铜铺街小学地处商业繁华地区，身边有很多很好的资源，比如贾谊故居、坡子街社区、长沙启音学校、坡子街福利院、火宫殿、杜甫江阁等。学校以此为课程资源，通过与这些单位的前期接洽，达成协议，建立了十几个实践基地。老师们带领学生走进基地，开发一系列主题活动，如"我当李富春故居小导游""研究太平商业街""走进火宫殿""探访贾谊故居"等，让学生在活动中体会老长沙的文化特色和新长沙日新月异的发展。

基地建设体系的制定，主要采取"年段方式"进行呈现。活动是先易后难，呈螺旋上升方式设计，符合孩子身心发展特点。

表 6 - 2 基地建设框架

年级	实践基地	建议开展的活动
三年级	坡子街养老院	送爱心活动（演一个节目、包一次饺子、送一副春联、打扫一次卫生、聊一次天）
	悦方滑冰场	服务志愿者活动、滑冰实践体验活动
	长沙市图书馆	实践体验、爱心服务
四年级	长沙启音学校	送爱心、手拉手
	坡子街社区	假期社区服务活动
	江西会馆	茶文化研究
五年级	李富春故居	我当李富春故居小导游、爱心清扫
	火宫殿	古建筑的考究、老长沙文化的传承与创新、长沙特色小吃的探究与实践、走进庙会
	长沙简牍文物馆	了解简牍文化、实践体验制作简牍
六年级	贾谊故居	探访贾谊故居、爱心清扫
	杜甫江阁	走进杜甫诗词、茶文化研究
	太平街社区	研究太平商业街

学校围绕李富春故居、贾谊故居、杜甫江阁基地进行系列主题研究，组织学生研究名人诗词、教育思想、治国之道、爱国主题情怀，开展系列与语文整合密切的综合实践活动主题。学生主动提出想尝试小导游的职业体验，"我当李富春故居小导游"综合实践活动孕育而生。学生查找李富春和李富春故居的资料；调查李富春故居，进行班级分享；邀请导游姐姐来校授课，学习小导游必备的知识和技能；设计导游词和导游服务评价表；体验小导游职业；以不同形式汇报展示自己的研究成果。目前，学校已有三届学生成功锻炼成小导游，利用寒暑假和周末时间，在李富春故居授牌上岗。

铜铺街小学还开创了湖南省首家生命教育中心，分为接待室、生命安全屋、团体辅导室、个体咨询室、沙盘游戏室、宣泄室六大区域，开展生命安全、心理健康、快乐学习等课程教育。生命教育中心是学校新绿文化的具体呈现，追求人与自然生态和谐，生命自由生发，秉持"身""心""学"三位一体，为每一个生命向上、向善的健康成长奠基护航。学校结合这个生命课程开展了"自我救护研究""安全绳解法的研究"等系列主题综合实践活动。

（三）学科活动的渗透和整合

《综合实践活动指导纲要》指出：在新的基础教育课程体系中，综合实践活动与其他各学科领域形成一个有机整体，二者既有其相对的独立性，又有紧密的联系。综合实践活动就是要与其他学科有机整合，通过不同方式的活动，将各学科的知识与技能、思维方式进行重组、拓展和延伸。

学科课程中渗透探究的学习方法，既有利于学科内容的深度学习，又有利于探究性学习方式的内化。各学科都可以在学科内挖掘综合性话题，开展综合实践活动学习。如：以语文为例，课本上有单元训练活动——《遨游汉字王国》。老师引导学生搜集资料、寻找汉字演变故事、上街开展"啄木鸟纠错"活动，师生注重平时资料的搜集，很简单地就演变成了综合实践活动。

（四）学生自己发现并提出问题

综合实践活动课程强调学生的主体参与，学生真正感兴趣的问题，是综合实践活动课程最主要的内容。但是学生提出问题时容易出现这样一些情况：第一，没有问题。有些孩子不爱动脑筋，提不出问题，或者提出的是"是不是""怎么样"等无效问题，缺乏研究价值。第二，不敢提问。担心自己提问出错，或太简单被老师批评，因而不敢提问。第三，不善于提问。词不达意，与自己思维不相符合，老师不理解，而导致他们不提问。

如何创建安全的提问环境，并形成在生活中观察和积累问题的习惯？首先，要引导学生以日记的形式记录日常生活的小问题、小故事，老师发现亮点后组织讨论，形成有意义的研究主题。其次，设计问题卡。从形式到内容都没有固定模式，学生可以采用自己喜欢的方式来设计，图文并茂的问题卡布置展示，能激发学生阅读、评议的兴趣。再次。引导学生把简单的"是不是""会不会"的问题转化为有研究深度的"为什么""怎么样"的问题。

例如"研究某某学校书本循环使用的可能性"综合实践活动。

学生A读日记："……在回家的路上，我想，这么多书本，当废品卖只能卖2块5毛钱，我们买一本新书，随便就要花掉七八块钱。如果我们用过的书还没有损坏，就留着给低年级的弟弟妹妹继续用，不就可以节约许多钱吗？"

老师板书："我们的课本可不可以留给低年级学生继续使用呢？"

学生B："我觉得学生A提出的问题还要继续研究。怎么样把书给低年级的学生呢？低年级的学生就不要买新书了吗？书在中途丢失了、损坏了怎么办？"

老师板书："继续研究。"

老师："现在，我们大家以前后两桌的4位同学为一个小组，各人在小组内朗读自己的问题日记，每个小组选一个组长记录问题，然后我们把问题分成两类，最后由组长把分类后的问题写在黑板上。"

……

通过删选、唱票，确定了《研究某某学校书本循环使用的可能性》，就这样，老师逐步引导学生把简单的问题梳理成了有研究价值的综合实践活动主题。

有了平时的积累，学生发现和提出问题就不再为难。在选题课上，老师可以通过设立"金问题奖"来激发学生提问的兴趣。平时有了这样的训练，学生问题意识强了，发现和提出问题的能力就得到了锻炼。

第三节 综合实践活动的实施方法

一、综合实践活动实施方法的选择

（一）实施综合实践活动的价值所在

1. 综合实践活动的根本价值在于满足学生发展的内在需要

这门课程有效关照学生的生活世界，为学生提供自主实践的空间。学生接触自然、了解社会、反思自我，获得丰富体验和独到感悟，对自然、社会、自我形成整体认识，逐步形成对个体和社会生活方式的思考能力、判断能力。学生通过自主、探究、合作，完善了学习方式，为实现终身学习创造条件。学生亲身经历实践、感悟、内化的过程，创造精神和实践能力得到发展。

2. 综合实践活动有利于促进教师的成长

这门课程要求教师具有新课程基本理念，在活动的、经验的层面理解课程，拓展专业领域，吸收相关领域的知识与成果，从不同途径开发课程。教师要保持对周围事物的敏感，善于从直接经验中提出问题；要熟悉进行科学研究的一般方法；要自觉了解当代科技前沿的发展动向，实现现代教育与信息技术的结合；要能以积极的态度与同观点或不同观点的人进行交流和交往；还要具有对研究成果进行表达的能力等。

3. 综合实践活动会促进文化的再生

学校文化是以学校价值观为核心的各种观念、制度、行为等要素的集合体。开发综合实践活动课程，要求学校变革日常管理制度、课程制度、教学制度和评价制度，建立全新的学校管理文化；实施综合实践活动课程，创造性地挖掘课程资源，开发多样化的校本资源包，构建新的课程体系，形成学校特色的课程文化；综合实践活动课程的实施会和社区、社会紧密相连，充分挖掘、利用、共享社区的教育资源，必将丰富社区文化，形成学校和社区共赢的发展态势；评价贯穿于综合实践活动全过程，在关注学生的个体差异，积极发挥评价的激励功能和促进作用的过程中，建构新型的评价文化。

（二）实施综合实践活动的基本原则

1. 弹性安排活动时间

综合实践活动每周平均 3 课时，在实际课程实施中，不是刻板平分课时，而是采用弹性课时制。教师可以根据活动主题对时间进行灵活有序的分配，做到集中和分散使用相结合。有的活动主题小，需要时间少；有的活动主题大，需要开展一系列活动，时间可能延续一两个月才能完成。

2. 开放多种活动场所

综合实践活动实施范围不局限于学校、教室，要延伸到家庭、社区机构、社会生活场所、科研单位等场所，同时还可将"课堂"开放到现实生活中的事件、现象和情境之中，密切教育与生活、学校与社会、教学与实践之间的联系，极大拓展学生的学习与活动范围，为学生身心发展开辟出无限广阔的空间。

3. 加强管理，确保安全

综合实践活动实施涉及方面广，包括人、财、物、信息、时间、空间等诸多方面，又没有统一的教学内容，无绝对固定的指导教师，无固定不变的活动场所和活动模式，学校、社区、家庭重视程度也不同，造成综合实践活动实施时管理难度大。

实施综合实践活动时，学生接触各种各样的工具、设施，与形形色色的人打交道，不确定因素相当多。小学生的身心发育均未成熟，判断是非与应对突发事件的能力还不是很强，课程组织者应高度重视，细致严密开展工作，注重调动一切社会有利资源为学生的安全健康提供切实保障。

(三) 实施综合实践活动的关系处理

1. 综合实践活动课程与其他学科课程的关系

综合实践活动的内容涉及广泛，除了大纲指定的四大领域外，还包括其他非指定领域，如学校传统活动、班团队活动等。同时综合实践活动的内容又高度综合，它与各学科领域密切联系，其内容可在学科侧重的基础上实现多学科的适度整合。

2. 学生自主与教师指导的关系

综合实践活动的主要形式是组织学生开展丰富多彩的活动，在整个活动过程中，学生都是主体，活动重视的不仅是问题解决的结果，更注重学生解决问题的方式以及在此过程中的情感体验。同时，教师的有效指导是综合实践活动成功实施的基本前提，教师的指导必须有效而适度，不指导或过度指导均不利于学生活动主体性的发挥。

3. 个人活动与小组活动的关系

综合实践活动课程立足于学生个人的自主独立活动，但生生、师生之间的交往合作也是其重要内容。综合实践活动实施过程中，既要强调学生进行自主独立的个人活动，也要强调进行适当的小组活动，两者相辅相成，才能有效提高综合实践活动实施的质量。

4. 校内活动与校外活动的关系

综合实践活动立足于校内所拥有的课程资源，整合并充分利用校外潜在的课程资源，打破学校、家庭、社会的界限，真正把校内课程与校外课程整合起来，把正规教育与非正规教育融合起来。在实施综合实践活动中，学校和师生应利用节假日走出校门，走进家庭，走进社区，真正使活动根植于完整的现实生活这块丰茂的土壤之上。

二、实施综合实践活动的方法

（一）实施综合实践活动的一般流程

教师创设问题情境，家长鼓励孩子从生活中挖掘探究主题，学生提出问题，确立主题活动；学生确定活动组织形式，教师协调组织，指导分工合作，家长给予建议；学生提交活动方案，教师审视方案的可行性，相应指导，家长提供咨询或给予外出的机会；学生展开实践活动，教师监督学生的活动，进行督促、激励、引导，家长关注活动进程；学生交流活动成果，教师组织交流、评价学生活动成果，家长欣赏孩子作品，参与活动评价。

由此看来，在整个综合实践活动中，都应该以学生自身的活动为主，教师和家长起到鼓励、引导的辅助作用。

（二）综合实践活动课堂教学的基本范式

1. 主题确定课

教师的指导体现在根据学生已有的生活经验，引导学生主动发现自己感兴趣的问题，通过讨论、交流确定活动主题及活动组织形式。

2. 主题分解课

教师要引导学生找到研究的切入点，帮助学生分解主题，确定各自研究的小主题。

3. 活动策划课

学生小组讨论活动计划，进行活动策划。教师组织全班互动，即在每个小组汇报后，展开充分讨论，为每个小组的计划提出修改意见。在此基础上，各小组再修改完善计划。

4. 阶段交流课

主题活动开展一段时间以后，教师应组织学生对前段活动进行阶段性反思，共同解决前段活动中发现的问题，对后段活动进行认真规划，从而推动后段活动有序开展。一个主题活动一般要求阶段交流 3～5 次。教师要引导学生分组汇报活动阶段研究情况并组织师生互动，发现问题及时指导，发现亮点随时总结，发现新问题引导学生反思并深入拓展，及时调整研究的方向。

5. 总结交流课

一个活动结束后，就可进入总结交流阶段。活动主题、活动方式不同，交流的形式也多种多样，课堂上的总结交流是其中的一种。

6. 方法指导课

教师对学生活动全过程的指导中，必不可少的是方法指导。如何发现问题和提出问题、如何设计活动方案、如何收集与处理资料、如何撰写活动总结或报告、如何表达与交流、如何开展小组合作学习，怎样进行调查、怎样进行访谈、怎样进行实验、怎样进行手工设计与制作、怎样利用网络与计算机开展活动等方法，可以构成一个比较宽泛而不失系统的方法指导系列课。

（三）综合实践活动的学习活动方式

1. 课题探究的研究性学习活动

这是综合实践活动最重要的一种学习活动，它模仿科学研究的一般过程，通过调查、测量、实验、文献资料搜集等手段，对某一课题开展研究。学生通过观察自然现象、社会经济、政治文化、环境、职业等领域的各种现象，发现与提出问题，选择一定的课题进行自主探究，发展观察力和探究能力。其一般过程可以概括为：确定课题—制订计划—搜集资料—分析探究—得出结论—撰写研究报告—自我评价。

2. 实际应用的设计性学习活动

它以解决一个比较复杂的操作问题为主要目的，要求学生在综合应用所学的各科知识和技能的基础上，进行问题解决的实际操作，具体有设计、制作、研制、种植、养殖、信息发布，以及科技小发明、小创造等技术实践。注重培养解决实际问题的技能，鼓励学生的创新意识。其一般过程可以概括为：确定设计主题—搜集资料并分析—形成设计思路—实际操作—应用改进—总结评价。

3. 以社会考察为主的体验性学习活动

学生参与社会生活领域，接触社会现实，增加对社会的生活积累，获得对物质文化、精神文化、制度文化的认知、理解、体验和感悟。主要活动方式是考察、参观、访问，以丰富社会阅历、生活积累和文化积累为目标。其基本内容一般涉及本地区的历史和文化遗产、现实的社会生活和生产方式等，基本活动过程为：确定主题—制订方案—活动准备—现场活动—撰写报告—总结交流。

4. 社会参与的实践性学习活动

学生参与到一般的社会实践活动领域之中，成为某一社会活动的一员而进行实际的生产活动。主要包括社区服务活动、公益活动和生产劳动，有利于学生获得对他人、对社会的积极情感和态度。其基本过程为：选择活动内容与方式—进行活动—总结交流。

（四）实施综合实践活动的基本方法

1. 观察法

观察法指人们有目的、有计划地通过自己的感官或者辅助仪器，对处于自然状态下的客观事物进行系统考察，从而获得经验、事实的一种科学研究方法。

观察前要做好观察计划，明确观察目的，确定观察范围、形式、内容、时间和方法等，对观察结果实事求是的记录，尽量保持观察的客观性。

2. 调查法

调查法是调查者为了弄清某种问题、现象、事物等的实际情况而收集第一手材料和数据，并对之进行分析、综合及得出结论的研究方法。能够让学生亲眼看、亲口问、亲耳听、亲自了解、亲自感受，有助于学生接触真实的现实生活，了解社会发展现状。根据形式的不同，调查法分为问卷法和访谈法。问卷调查具有过程标准化、形式匿名化、范围广且效率高的特点。问卷对象的选择、问卷的制定和问卷信息的数据处理是关键。访谈调查可分为对面访谈、电话访谈等。访谈前要准备好访谈方案（包括访谈内容、对象、时间、地点、人员分工等）、访谈提纲，预约访谈对象，同时在访谈中要做好访谈记录等。根据调查范围不同，调查法分为全面调查和抽样调查。根据研究的性质不同，调查还可分为现状调查、相关性调查、因果关系调查、发展性调查等形式。

3. 实验法

实验法是针对某一问题，根据一定的理论或假设进行有计划的实践，从而得出一定科学结论的方法。实验过程包括：提出问题、建立假设，进行实验设计、制订实验方案，实施实验、收集资料，分析实验材料、揭示因果关系，验证假设、撰写报告。

4. 文献法

文献法是通过查阅相关文献资料，了解他人的研究成果和实践经验，掌握研究的依据和意义，从而为确立假设奠定基础的研究方法。完整的文献法使用包括三个部分：收集、整理、应用。

第四节　综合实践活动的课程评价

综合实践活动课程作为课程改革中的新兴课程，其课程设置与实施给学校带来了新的生态。作为一门综合性、实践性、开放性极强的新课程，怎样保证课程的设置与实施支撑了课程目标？怎样保障课程实施的品质？构建与课程相匹配的、科学的评价体系是必然的选择。"综合实践活动课程评价是指运用现代教育评价的理论和方法，根据综合实践活动课程的特点、目标，拟定科学的评价标准，对综合实践活动课程进行价值判断的过程。它既是活动的相对终结，也是活动的持续起点，更是活动的循环过程。"本节着重探讨综合实践活动课程评价的基本理念、评价的重要内容、评价的主要方法以及综合实践活动课程评价的校本化实施。

一、综合实践活动课程评价的基本理念

当代课程理论之父派纳提出课程（curriculum）即"跑"（currere），意思是课程中我们更应该关注跑的动态过程与奔跑时主体产生的体验，课

程是动态的、情境的、生成的。美国著名教育家、心理学家加纳德提出的多元智能理论，被广大教育工作者认同并实践。加德纳指出：世界上并不存在谁聪明谁不聪明，而是存在哪一方面聪明及怎样聪明的问题。派纳的概念重建主义课程观、加纳德的多元智能理论及其评价观，为综合实践活动课程评价提供了全新的视角和有益的思路。

综合实践活动课程，就是要本着导向性、主体性、发展性、综合性的原则，依据课程目标和学生身心成长的基础性目标，整体构建评价体系。同时，基于综合实践活动课程和谐发展的三个维度——课程与学生个性需求的和谐、课程与创新人才培养的和谐、课程与教师专业发展的和谐，综合实践课程评价从课程目标的确立、内容的建构、方法的实施、效果的检验等指标制定评价标准，提供价值判断依据，完善课程品质。具体来讲，综合实践活动课程评价的基本理念有以下几个方面：

（一）评价的目的在于促进发展

《中小学综合实践活动课程指导纲要》指出：各学校和教师要以促进学生综合素质持续发展为目的设计与实施综合实践活动评价，突出发展导向。因此，综合实践活动课程评价的目的不是为了证明，而是为了课程的调整与改进；不是为了甄别与选拔，而是为了人的发展。

1. 促进学生自主发展

"综合实践活动课程主要追求两大目标，首要目标是改变学生的学习方式，让学生学会有意义地学习。其次是从学生的生活和兴趣出发，培养学生的综合素质和能力，让学生学会有质量地生活。"因此，学生的自主发展是综合实践活动课程评价的出发点和归宿，也是课程评价的主要标准。

2. 促进教师专业化发展

教师专业化是综合实践活动课程开发与实施的关键因素。课程发展的品质，包含课程与教师专业发展的和谐度。因此，综合实践活动课程评价也要以促进教师专业化发展为旨归。

3. 促进学校文化再生

综合实践活动课程是学校教育文化的风向标，也是重塑（再生）学校文化的重要切入点，可以促进学校学习文化、师生交往文化、教育文化、特色文化等的建构。因此，课程评价促进课程规范、品质实施的衍生，就是学校文化的再生。

（二）评价的主体多元化

综合实践活动课程是国家课程，由学校校本化开发与实施，因此，该课程的开发者、实施者、评价者不再是脱节的，而是相关联的。课程评价主体主要由学校、教师、学生、家长、其他社会参与者组成。这些不同主体、不同角度的评价有利于提供丰富的评价信息，更有利于被评价者的进步和课程的有效实施。

特别强调的是，综合实践活动课程，评价主体多元化，但以学生评价为主。综合实践活动是以学生为主体的活动课程，在活动过程中学生自身产生的丰富体验，是任何人都替代不了的，学生对自己活动的过程拥有最丰富的信息，也最有发言权。因此，课程评价尊重学生的主体地位，评价方案邀请学生参与制订，课程评价让学生进行自评和互评，这样的评价自然也最具有真实性，同时也帮助学生能有意识、有兴趣、有责任地去参加学习活动，感受学习的力量与乐趣。

（三）评价的方式多样化

综合实践活动课程的性质和特点决定了课程评价应以过程评价为主，过程评价和结果评价相结合，坚持过程与结果的平衡。在评价方法上，强调质性评价，实现定性与定量评价相结合。

二、综合实践活动课程评价的内容与维度

综合实践活动课程评价，评价什么？一般来说，完整的课程评价体系包括对学生的评价、对教师的评价和对学校的评价，其中最基础、最核心的是对学生的评价。综合实践活动课程评价的指标维度，是希望学校、教师、学生高度重视的关键因素。具体指标体现本学科特点，并与课程目标、课程内容、课程发展相匹配。

（一）对学生的评价

学生评价该评什么呢？综合实践活动课程的内容、课程目标为具体的学生评价项目提供了基本的依据和线索，同时，综合实践活动课程目标是从情感态度、实践能力和认识体验三个维度表述，因此，学生评价的维度

依此对应。我们应用上述方法，就学生的"信息收集能力"评价指标作一个示例。

表6-3　信息收集能力评价指标

评价内容	评价维度	评价描述	评价等第	
信息的收集能力	情感态度	能主动（态度描述）熟练（能力效果描述）地运用"关键词搜索""多途径阅读""多层次调查""访谈"等途径（方法描述）收集信息（目标描述），并能根据研究需要"设计实验"（能力描述），尝试用"对比法"（方法描述）收集更多的信息，并能意识到各种不同信息在研究中的作用（认识体验的描述）。	AAAAA	能主动熟练地运用"关键词搜索""多途径阅读""多层次调查""访谈"等途径收集信息，并能根据研究需要"设计实验"，尝试用"对比法"收集更多的信息，并能意识到各种不同信息在研究中的作用。
	方法能力		AAAA	能参与，能用基本方式收集研究信息。
	认识体验		AAA	被动参与，在教师指导下，能做一些简单的信息收集工作。

多维度、多层次、多角度的评价指标架构，给了评价更多样贴切的评价尺度，评价自然也丰富生动起来。要说明的是，在实践中，并不是每项内容都会涉及三个维度，我们在设计评价指标时，可根据每次活动的主题目标、内容的侧重点，依据学生的年级阶段目标，从学生的发展出发，制定更有针对性的评价指标。

（二）对教师的评价

综合实践活动教师评价体系有三个层次。第一个层次是总目标，及综合实践活动教师的综合评价；第二个层次是五大领域，即课程理念与专业态度、综合实践活动课程开发与设计、综合实践活动的组织与领导、团队沟通与配合、专业发展与研究。第三个层次是各领域中的具体指标。其中，《综合实践活动课堂实践观察表》、学生参与活动过程性资料等可以为补充材料，作为综合实践活动的实施情况的评价依据，如表6-4、表6-5。

表6-4 小学综合实践活动课程教师评价表

组别：_____　教师：_____　日期_____

评价内容	评价标准	评价等第			备注
		AAAAA	AAAA	AAA	
课程理念与专业态度	课程概念清晰				
	课程观明晰，与课程纲要匹配				
	能按时参加综合实践活动				
	充满工作热情，具有教育耐心				
	公正对待学生，尊重学生意见				
课程开发与设计	有翔实的课程方案，课程目标、内容、实施、评价等要素完整				
	课程主题具有原创性、独特性，立足学生的长远发展				
	课程内容贴近学生生活，强调体验				
综合实践活动的组织与领导	开展活动顺利				
	跟踪指导到位				
	主题完成				
	资料完整				
团队沟通与配合	与学生沟通互动良好				
	能与团队进行有效沟通与合作				
	能与家长、社区相关人员有效沟通				
专业发展与研究	积极参与专业发展及各种研修活动				
	能进行综合实践活动研究				
	能反思自己的综合实践活动教学				
	能运用各种研究方法从事教育研究与创新				

　　说明：备注部分一般是给出描述性评价，对好的做法予以记录，对存在不足给出建议，对辅助资料或工作量予以补充说明等。

表 6-5　中小学综合实践活动课堂实践观察表

活动主题									
时间			地点			人数		班级	
指导老师			年龄			教龄		职称	
主要活动内容	研究型学习活动		社区服务与社会实践		劳动与技术教育		信息技术教育		其他
活动方式	采访与调查	参观实验基地	课堂讨论	校园剧表演	小品表演	手工制作	师生问答	机械加工	其他
主体参与形式	小组参与	个人参与	班级参与	师生共同参与		学生与家长参与		师生、家长及其他人员参与	
活动工具及辅助材料	摄影设备	录音设备	手工制作材料		电脑		加工工具及材料	交通通讯工具	其他
活动拓展	主题内容拓展		增加人员参与数量		扩大活动区域		建立校外资源		其他
活动效果及备注	优		良		待提高		备注		

说明：正式观察时，在具体的每一项下打"√"。

（三）对学校的评价

学校评价是指对学校实施综合实践活动课程的一系列配套措施、保障机制级课程实施效果的综合性评价。学校是课程实施的基本单位，是实现课程教育功能与价值取向的基层组织。学校的办学理念、课程设置、办学条件、领导及教师的课程意识、课程资源的开发、校本课程建设情况等对综合实践活动课程的开发实施有直接的影响。学校评价的主要内容和指标，根据以上几个方面进行设置。

三、综合实践活动课程评价的主要方法

综合实践活动课程要综合运用各种评价方式，全面考察学生的状态、能力与水平。这些评价方法既包括质性评价，也包括量化评价；既有过程性评价，也有终结性评价。

（一）过程性评价

过程性评价也叫形成性评价，是动态生成的，贯穿于综合实践学习活动全过程。目前，在过程性评价中，档案袋评价、表现性评价被认为是非常有效的评价方法。

1. 档案袋评价

档案袋评价就是从综合实践活动课程开始到结束这一段时间内，指导学生收集综合实践活动方面的表现、作品、评价结果及其他相关记录等资料，以评价促进学生发展。放入档案袋的材料主要有以下材料。学生的采撷：学生根据活动主题收集到的有关文字或图像资料；学生的行动：围绕活动主题展开的调查活动记录、具体做法等；学生的收获：学生参加活动后的各种收获，获奖以及老师同学给予的评价等；学生的反思：主要指学生参加活动的体会。档案袋评价一般以展示的形式，将学生的活动记录和成果档案呈现，用以说明学生在主题实践中所取得的成效。

2. 表现性评价

表现性评价是为学生提供一定的问题情境，通过观察学生在实际任务中的表现来评价学生发展成就的一种评价方式。表现性评价的方式多种多样，常见的形式有演讲、辩论、表演、实验、社会调查、成果汇报等。如，江苏省常州市新北区虎塘小学在实践中，通过表现性评价的方式，对不同学生的不同能力表现进行了考察，见表6-6。表现性评价是嵌入教学过程中的，既是测验又是有效的教学活动，是非常适合综合实践活动课程的有效评价方式。

表6-6　常州市新北区虎塘小学学生表现性评价方案

年级	考核能力	考核内容	考核形式
三年级	提出问题的能力	学生主题式提问、围绕主题细化分解小课题	问卷式提问考核；同意设计主题，由学生小组合作分解小课题
四年级	小组合作能力、规划能力	小组合作制订活动方案	提供主题，由学生小组合作制订活动方案（包括活动内容、集体分工和展示形式等）；现场指名小组交流活动方案
五年级	访谈法的运用、组织规划、合作的能力	围绕主题设计采访稿并能现场采访	小组合作设计采访稿，并学会小组分工，现场指名小组模拟采访
六年级	研究水平和各项能力	小组合作成果展示	各班围绕本学期研究主题组织各小组进行成果展示

（二）终结性评价

终结性评价是在一个学习阶段结束后，主要以量化评价方式，对学生学习成绩进行测验，评估学生是否达到教学目标。综合实践活动课程评价可以适当引入终结性评价。目标评价模式、目的游离评价模式、成果展示评价等都属于终结性评价。

四、综合实践活动课程评价的校本化实施

【案例】

指向生长的课程评价

铜铺街小学综合实践活动课程，依不同领域，进行了分层分类的课程建设。随之而来就是，强调在课程的跑道里，关注师生的状态与体验，"面向全员，立足过程，指向生长"，构建与学校生命教育文化统一、与课程本身匹配的评价体系。

（一）内容：建构四级评价体系

铜铺街小学综合实践活动课程实施建立层级评价体系，即教育主管部门对学校、学校对教导处、教导处对教师、教师对学生这四个层级，从时间、内容、实施主体等不同维度，对课程实施（参与）的情况进行动态立体评价，如表6-7。

表6-7 长沙市天心区铜铺街小学综合实践活动课程层级评价方案

评价对象（层级）	时间维度	评价主体	评价内容（每项2分）	评价等级（可赋区间分）			情况总评
				AAAAA 8~10分	AAAA 4~7分	AAA 1~3分	
学校	1次/年	教育局主管部门组织,教师、学生、家长、实践基地代表参与	课程理念				
			课程设置				
			教师培养				
			课程资源开发				
			管理制度				
教导处	1次/学期	学校课程评价小组组织,教师、学生参与	课程体系建构				
			课表设置				
			教师培训				
			活动督查				
			跟踪考核				
教师	3次/学期（期初、中、末）	教导处组织,学生、家长参与	课程理念与专业态度				
			课程开发与设计				
			活动的组织与领导				
			团队沟通与配合				
			专业发展与研究				
学生	1次/活动	指导教师组织,学生自评互评为主,学生、家长、相关代表参与	《学生评价手册》,此处略				

　　特别值得说明的是，我们的评价测评的结果一律采用三个等级的等第化评价，舍弃了原来的优、良、合格的等级评价，并且赋予区间分。这种模式巧妙地将量化等级评价改为质性的区间评价，充分体现评价的动态发展性，深得学生家长认可。

（二）实施

1. 形成生态式课程管理结构

铜铺街小学在课程开发与实施的过程中，做到：一是把人的发展放在学校发展的首位；二是坚持评价贯穿课程发展的全过程，面向全员师生；三是成立了学校课程评价小组，组织多元参与，协同评价，站在学校、家庭、社会（基地）三位一体的场域里，形成综合实践活动生态式课程管理结构（如图6–1）。

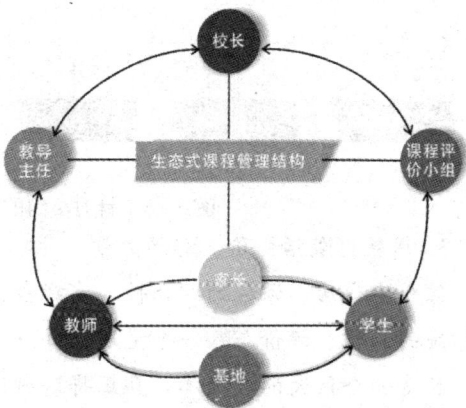

图6–1　综合实践活动生态式课程管理结构

2. 建立了多元评价以生为主、过程评价表现为重的嵌入式评价方式

在课程评价中，实施学生自评、学生间互评、教师即时评价的多元评价方式。其中以学生评价为主，体现了评价的自主性；教师评价即时介入，体现了评价的引导性。在过程评价中，大量采用档案袋评价、表现性评价、任务驱动、小组团体合作，评价在活动中自然完成，少了呆板严肃，多了真实与生成。在评价实施中，我们设计了两类评价。针对学生个体的展示评价，如图6–2。

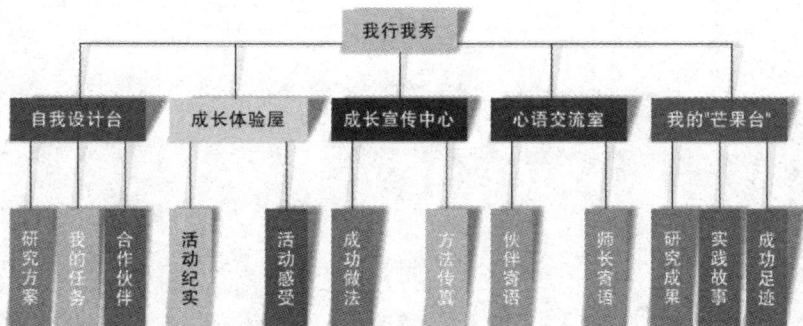

图6–2　针对学生个体的展示评价

针对小组的展示评价，如图6-3：

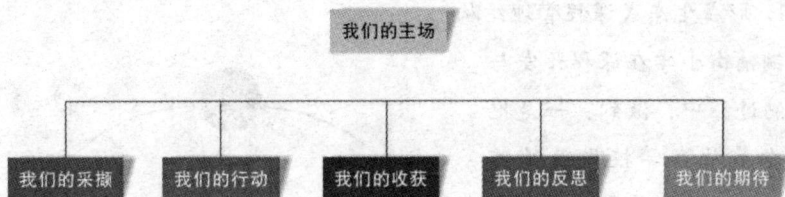

图6-3　针对小组的展示评价

3. 用数据激活评价，彰显力量

综合实践活动课程的综合性、实践性、开放性，决定评价是一个丰富而系统的工程。评价与每一个主题、每一堂课、每一位师生联系起来的时候，就是一个巨大的数据库。真正将这种过程性评价实施起来，是需要技术支持的。我们在课程实施过程中，依托长沙市教育局"优佳成长"平台，将评价连接到长沙市综合实践课程评价生态圈里边，课程评价在宏观的网络与微观的节点、在学生成长的历程里，彰显力量。

第七章　中小学校长课程评价体系

　　建立与课程改革相符合的评价制度是基础教育阶段课程改革的重要组成部分，它与课程目标和内容标准相辅相成，缺一不可，因此，建立一套完整的评价体系是顺利实施课程改革的有力保证。校长在领导建立课程评价体系中要体现学生在评价中的主体地位，建立多元化和多样性的评价体系，注重形成性评价对学生发展的作用，注重评价结果对教学效果的反馈作用。课程标准评价体系着眼于学生的发展，着眼于学生知识与技能、过程与方法、情感态度价值观三位一体的发展。

第一节　确定课程评估内容

　　课程的建设与开发是要有依据的。学校依据什么理念建设与开发课程，学校建设与开发的课程可不可行，在具体的实施与操作中能不能产生实际的价值与意义，有待于在实践中进行检测与评估。对学校建设与开发的课程如何进行评估呢？从课程的理念指导到课程的具体实施效果，进行自上而下的全面系统的评估，有利于课程建设与开发的科学性与合理性。评估一门课程是否科学与合理，可以从如下几个方面进行。

一、评估课程建设与开发的理念

　　理念的高度决定课程建设与开发的高度。课程的建设与开发不是学校校长或某位教师一时心血来潮的事情，而是要在一定的教育理念指导下，进行科学的规划与实施。因此，评估一门课程的科学性与合理性，首先要看看这门课程是在什么理念指导下进行建设与开发的。评估一门课程的设计理念，可以从三个维度进行。

（一）依据国家的教育政策与方针开发课程

国家的教育政策与方针是学校办学的依据，也是学校开展各项教育教学活动的根本。在新时代的教育背景下，课程改革使课程建设与开发已成为大势所趋。课程建设作为学校改革的重要项目，首先应当遵循国家的教育政策与方针，符合国家的教育形势与发展前景。中国要屹立于世界民族之林，必须强化与坚守自己的文化根基，坚持立德树人，培养每个中国人良好的民族品性与民族风骨。因此，为了紧跟国家与时代发展的步伐，全国各地学校掀起传统文化课程开发的热潮，经典吟诵、中医、中华武术、书法、茶道等各种传承中华传统文化的校本课程，应运而生。这些课程就是在遵循国家政策与方针以及教育发展趋势的背景下产生的。这样的课程开发具有积极的时代意义。在评估这样的课程开发时，应当首先肯定，这种课程建设是符合时代潮流的，具有积极的价值和意义。

除了国家的方针与政策以外，教育部制定的各项纲领性文件，也应当成为学校开发与建设课程的重要依据。如教育部提出的有关增强学生体质的"每天锻炼一小时"纲领性文件以及提升学生艺术素养和体育素养的艺体"2＋1"纲领性文件，都可以成为学校开发艺术与体育校本课程的依据。清华附小窦桂梅校长积极响应其创始人马约翰在建校之初提出的"为祖国健康工作五十年"的体育教育理念，在学校积极开设体育类课程。根据现在学生上肢力量缺乏的特点，在清华附小的教学楼旁边，设计安装了多处攀岩墙，并把攀岩作为一年级学生的必修课程，要求每个孩子都学会攀岩，掌握攀岩技巧。在清华附小，还有国际化标准的轮滑场、网球场、棒球场、板球场、足球场、篮球场、乒乓球馆、击打器械、攀爬网、攀爬树、小篮球架、小足球门、阻力伞、小跨栏、绳阵等学生酷爱的运动设施。清华附小的体育类课程开发落实了教育部提出的"体育锻炼一小时"的要求，符合国家培养人才的需要。评估这样的课程时，要肯定其课程建设的长远价值和意义。

（二）依据学校的办学理念和育人目标开发课程

每所学校在建校之初或者发展过程中，都会有其办学理念和育人目标。学校的课程建设与开放只有紧紧围绕学校的办学理念和育人目标进行，才会达到学校育人的理想境界，也才会促进学校的发展。如北京芳草地国际实验学校，其办学思想为：树立国际化大教育观，立足人的发展、教育的发展、社会的发展。其育人目标为：培养学识广博、身心健康、胸怀祖国、放眼世界的"现代中国人与友谊小使者"。围绕学校办学思想和育人目标，学校将国家课程、地方课程、校本课程整合到六大学科领域，即道德、语言、数学、科学、健康、艺术；六大主题探索，即我爱芳草地、美丽的中国、可爱的故乡、我想去那里、多彩的世界、唯一的地球村。芳草地国际实验学校的课程设置，立足于学校的历史沿革及发展现状，目标合理，定位准确。评估芳草地国际实验学校的课程设置，其与学校的办学思想和育人目标是高度吻合的。

（三）依据教师的个人专长和兴趣爱好开设课程

课程改革鼓励教师成为课程的建设者与开发者。在课程改革的时代背景下，一个教师就意味着一门课程。教师可以结合自己的个人专长和兴趣爱好，对自己所执教的学科进行深度建设与开发，或者另行开设个人所擅长的兴趣课程。教师对自己所执教的学科进行深度建设与开发，能够激发学生的学科学习兴趣，提升学生的学科素养。教师根据个人爱好开发的兴趣课程，能够开阔学生的视野，增长学生的见识，丰富学生的生活，为学生打开通向世界的另一扇窗。

有一位语文老师，平常自己喜爱阅读，特别喜欢读中华传统经典。因此，他在学校为全体学生开设了一门课程——贺老师讲国学。从《诗经》到《百家姓》，从《中国神话故事》到《二十四节气》，贺老师自己边阅读边研究，边给学生开设课程。这门课程开设两年以来，受到了学生的广泛喜爱，还受到了家长的追捧。"贺老师讲国学"给全体学生打开了一扇通向中华传统文化的窗户，让学生领略到中华传统经典的魅力，使很多学生深深地喜欢上了中华传统经典，也使很多家长越来越关注中华传统经典。评价"贺老师讲国学"这门校本课程，我们认为：教师发挥本人的专长，进行深入的阅读和研究，不但拓展了语文学科的深度和广度，还激发了学生以及家长对中华传统经典的热爱。这样的课程建设，既提升了学生的语文素养，又促进了教师本人的专业成长，是非常有意义的。

二、评估课程目标

任何一门课程，都有其设计目标。学校进行课程建设，首先要确定课程目标。只有明确课程目标，课例的设计才会有指向性和针对性。评估一门课程的目标设置是否准确，可以从如下三个维度进行。

（一）课程目标与学校办学理念相吻合

学校的办学理念体现学校的育人思想，它意味着学校要将学生培养成什么样的人。而学校在进行课程建设的时候，首先要思考的是，这门课程的设计如何体现学校的办学理念，也就是说这门课程设计的总目标，应该与学校的办学理念相吻合。如杭州天地实验小学，本着"帮助教师成功，帮助学生成功"的办学宗旨，以"会学会玩，能说能干"为校训，确立了"夯实基础，适度超前，着眼发展"的教育策略，积极开发快乐体验、低年级英语口语、徒步行走、"快乐星期四"综合实践活动等校本课程。其"徒步行走"课程设计目标，结合小学生的生理心理特点，让学生通过团队徒步行走这种形式，培养学生吃苦耐劳的品质和集体主义精神，让学生体会在团队行走中的集体温暖感和关爱感。这样设计课程目标，与学校"会学会玩"的校训一脉相承。

（二）课程目标与课程主题相吻合

所谓的课程目标与课程主题相吻合，其意思就是说某一门课程的设计目标，应该与其所属的学校课程体系的某一大门类的主题相吻合。如重庆谢家湾小学，其"小梅花"课程体系是这样设计的：在保障国家课程目标不降低、内容不减少的前提下，学校将现有十几门课程整合为语文漫道、数学乐园、英语交流、科学探秘、体育运动、艺术生活 6 门课程。其课程设计体现整合的思想。比如，"语文漫道"这门课程的设计目标就要体现在原来单一学科的语文教学目标的基础上，进一步提升学生的语文综合素养以及其他综合素养。

（三）课程总目标与分目标之间环环相扣

一门课程的建设，既要有课程的总目标作为指导，总目标是课程设计的"纲"，又要有主题单元的分目标以及每个课例的具体目标。课程建设要做到"纲举目张"，也就是说课程的总目标方向是明确的，分目标以及具体目标与总目标是一一对应、环环相扣的。如"贺老师讲国学"这门课程，2017 年全年主讲的是二十四节气。这一年课程的总目标是了解二十四节气的来历，知晓二十四节气中的民间习俗，学习中华民族的传统美德，热爱中华民族的传统文化。每一个课例讲的是一种节气，如讲"大寒"这一节气，不但讲到了大寒的来历，大寒期间的南北方习俗，还谈到了自己小时候的感受，特别是末尾，特意谈到大寒过后便是春节，人们盼望回家过年的心情。这样的课例设计，其具体目标与总目标是互相呼应的。二十四节气就是二十四个课例，前后相续，成为完整的年度课程。评估这个年度课程，其目标具体明确，又互相联结，环环相扣。

三、评估课程的重难点

一门课程的设计，依据教学目标的要求，为了达到能力的发展和素质的培养，其内容应该是呈现梯度的。根据通行的课程设计情况来看，一门课程，从总的内容来说，应该有30%具有一定难度，另外70%相对而言比较容易。一个具体的课例设计，同样也需要设计一定难度的内容，只是这个比例不宜过高，可以是10%。除了在难点上要区分度外，课程设计还应该有重点。哪些内容是应该重点学习的，哪些内容可以简单学习，这是在进行课程设计时要考虑的。对于具体的课例而言，同样如此。设计一个课例，哪些内容是重点，应当多着墨，哪些内容可以简单处理，这也是要思考的。

（一）评估课程设计的重点

最近几年，足球在全国各地的学校都非常火爆，很多学校都开发了足球校本课程。这门课程在设计时，应从如下几个方面考虑重点：第一，根据各年级段学生的身体发育与生长规律，确定各年级段足球教学的重点。第二，根据各年级的学生必须掌握的足球动作要求，确定各项足球动作教学的重点。因此，在评估足球这门校本课程时，如果课程内容做到了分年级、分重点，那么课程设计是比较完善和科学的。

（二）评估课程设计的难点

仍以足球课程为例，如果在每个年级的足球课程内容里，增设一个篇章，专门讲授一些高难度的动作技巧，或者在每一个课例里面，就像数学学科一样，每一个知识点的学习后面都设计一个思维挑战题，每个足球的动作课例后面也设计一个具有挑战性的动作练习或有效练习，这样的课程设计符合学生最近发展区理论，让学生"跳一跳就能摘到桃子"，因而有了高度。

四、评估课程的实施情况

课程设计好了，这还仅仅处于理想的层面，其可不可行，有没有问题，有待在实施中加以验证。评估课程实施情况，对于课程设计来说至关重要。一门在理论上科学合理的课程，在实施中可能会遇到很多问题，如：课时内容不够丰富，教师在很短时间内就教授完了；课程内容单调，激发不了学生的兴趣；课程内容缺乏探究性、开放性，不能激活学生的思维；教师采用的教学方式不够灵活，导致学生对课程内容掌握不到位；教师在态度上不够重视，在教学中走了过场；上课的时间不佳，学生学习状态不好等。因此，评估课程的实施很关键。要通过对课程实施的评估，了解课程目标、课程内容、课程重难点设计有没有问题。

如何评估课程的实施呢？可以通过如下方式进行。

（一）访谈

访谈课程的实施者，邀请其讲述在课程实施中的感受、体会以及反思；访谈课程实施的主管领导，邀请其讲述课程实施者的授课态度、课堂组织等情况，以判定课程具体实施的程度。

（二）问卷调查

向学生甚至家长发放调查问卷，了解课程实施者授课情况、学生的整体学习状况以及学生个人的学习感受、体会，还有家长对课程实施的态度与看法。学生与家长的看法与想法，对于课程的设计与实施都很重要，它是确认课程是否科学、合理的重要依据。

（三）查阅资料

课程在实施中会留下一些值得研究的资料：授课者的教案及教学反思、授课者的教学研究课例、教研组的研讨记录、相关主管部门的检查记录等。课程评估时，可以详细查阅这些资料，了解课程是否全面实施，实施者是否积极认真，对实施过程中产生的问题有没有记录、思考。

（四）现场听课

让课程实施者选择一项课程内容进行课堂教学设计，开展课堂教学。课程评估者进入课堂，现场听课，做好听课记录。课堂教学完毕后，课程实施者与评估者一起进行讨论，分析课堂教学的得与失，并进一步讨论该类课程设计的得与失。

五、评估课程的实施效果

课程设计是否科学合理还取决于课程实施的效果。其实，课程实施情况直接影响课程实施的效果。但评估课程实施效果，也能在一定程度上判断课程内容设计的科学性与合理性。评估课程实施效果，可以从两个维度进行。

（一）教师在实施课程时是否得心应手

教师对课程内容理解到位，教学设计层层递进，上课时胸有成竹，整个教学过程很顺畅，这说明课程设计是不错的。当然，即使教师在实施课程时得心应手，也并不意味着课程设计便十分完美，可能教师对课程设计的某个方面仍有想法，因此需要对课程内容做进一步的完善。

（二）学生是否达到了课程目标所指向的成长

学生从课程学习中，达成课程目标，获得成长，是判断课程设计是否科学合理的主要依据。学生通过一门课程的学习，普遍喜欢上这门课程，并从这门课程中获得某种知识与技能，或者某种素养得到提高，这种知识、技能、素养可以检测，便说明这门课程很有价值与意义。

从教师与学生的维度评估实施效果，可以分别采用不同的评估形式。对于教师而言，采用访谈形式或听课形式即可。对于学生来说，既可采用访谈形式，也可采用检测形式，将两者相结合，更能说明问题。如对于学校开设的烘焙课程，最直截了当的办法就是让学生现场做一次烘焙，根据学生烘焙出来的物品，判断课程内容设计的科学合理性以及教师课堂教学的有效性。

第二节　制定课程评估原则

标准是一把尺子，它衡量的是事物接近正确的程度。学校的课程建设与开发，究竟有没有价值与意义，在多大程度上满足学生的需求，促进学生的个性发展，必须要有一定的标准进行评估与检测。首先，从课程的整体设计来说，课程内容应符合以下原则。

一、科学性

科学性是指课程内容经过验证，符合常识与生活逻辑。课程不能出现知识性错误或者违背常识与生活逻辑的现象。如人大附中附属实验小学，开发了一门有关故宫的校本课程。这门课程涉及很多有关故宫的历史典故、建筑风格、文物鉴定等。为了确保有关这些知识的准确性，学校特意聘请相关文史专家作为该校故宫课程开发的顾问，对每一处知识的来源进行深入的探究与考证。因此，任何一门课程的开发，首先要确保课程内容的准确无误。内容准确无误才意味着科学。其次，要确保内容前后的关联、延续、递进等逻辑关系。如上述故宫课程，在讲述故宫建筑特点和相关历史典故时，要特别注意时间前后的延续性。如果将时间顺序弄颠倒了，课程内容就会呈现不科学、不严谨现象。再次，课程内容要符合自然规律或事物发展的规律。有的学校为了加强环保教育，开发了"环境保护"校本课程。内容涉及"爱护树木、垃圾分类、生活中的大气污染"等，这些都要符合自然与社会的规律，并且要关注科学的进展，与时俱进，及时更换与调整内容，否则就会出现陈旧、滞后现象。

二、合理性

合理性是指课程内容符合事实、符合人之常情。特别是涉及描述某项活动或者现象，讲述某个生活场景或者故事，一定要注意不能违反常理，不能不合规矩。课程内容不合理现象大致有几种情况。

（一）课程相关内容跟课程主题关联性不大

如我们曾开发过一门课程"知识产权读本"，在"版权"相关知识这一章，设计了一个关于"雨果与出版社"的故事，这个故事虽然与出版有关，但是本章的主题是告诉学生什么是版权，如何维护自己著作的权益，而并没有谈到版权的概念，也没有谈到如何保障版权，因此，故事内容与课程主题关联性不大，要对内容进行调整，更换与主题关联程度更高的内容。

（二）课程内容与客观事实相违背

在设计课程内容时，不能为了突显主题，杜撰生活中根本不可能存在的事实。这两年，不断有研究者撰文批判小学语文课本为了刻画人物形象，突出人物品格，而杜撰与客观事实相违背的内容的现象。其中质疑最多的是《地震中的父与子》《爱迪生》等课文。研究者认为，课文《地震中的父与子》的时间、地点与客观事实不相符；课文《爱迪生》中"爱迪生为母亲做手术"这一环节失真，因为在当时，那种手术根本还没有被发明。尽管对小学语文课本的质疑，还不足以影响学生的学习，但是，学校在做课程设计的时候，还是要尽量避免这种现象，使课程更受学生欢迎。

（三）课程内容感情基调不合常情

在进行课程设计时，课程设计者一般都会带上个人的感情偏好，如在编辑诗文读本时，对于自己喜欢的诗歌多编辑一些，不喜欢的诗歌少编一些。这样纯粹凭个人喜好进行课程内容设计，就会导致课程内容不全面、不客观。有一位小学老师开发了一门课程"毛泽东诗词选读"，里面选编的全部都是反映毛泽东慷慨激昂、乐观向上、积极奋斗、力争上游的诗词，让学生感受一代伟人的精神风貌。事实上，作为一位丈夫、一位父亲，毛泽东也写过一些儿女情长的诗词，适当地把这些诗词编进去，更有利于学生全面了解毛泽东这个人物形象。

三、丰富性

丰富性是指课程内容设计要尽可能全面，信息量大，涉及的范围广泛，既有一定宽度，又有一定深度。

（一）课程内容充满时代气息

我们生活的时代每天都在发生日新月异的变化，进入学校课程体系的课程内容也应当带给学生最先进、最前沿的信息。如《知识产权读本》，就应该结合互联网时代特征，将网络侵权等相关案例和信息编入文本中，使课程与时代紧密接轨。

（二）课程内容与生活实际紧密相连

我们所学的知识既要来源于生活，又要服务于生活。学校开发的课程不能是高高在上、脱离生活实际，而是要与实际生活紧密联系，能解决生活实际问题。如"趣味科学问题"课程，每一期讲述的问题都是学生在实际生活中遇到的问题：班级水培植物该怎么养护？风信子的名称是与风有关么？学校每星期都会向学生征集问题，由科学老师进行集中解答。因为问题来源于学生对生活的观察与思考，所以学生很感兴趣。事实证明：凡是来源于生活的知识，都会激发学生强烈的学习兴趣。

（三）课程内容具有深度与广度

课程设计不能流于形式，过于简单。简单的课程内容，激发不了学生持久的学习兴趣。课程内容要结合主题，进行一定程度的横向延伸和深度拓展。如有教师开发了"电影欣赏"课程，其中有一个课例《夏洛的网》，对于这个课例设计，教师便要根据《夏洛的网》原著，结合电影中的人物形象，进行横向联系，对电影进行解读。在纵向解读上，可以分析电影刻画"夏洛"这只小猪的形象运用了哪些方法，与其他电影刻画人物形象有何异同，这样的电影欣赏课程便有了宽度与深度，从而变得丰富。

四、创新性

创新性是指在课目的选择和课程内容的设计上有独特之处、新颖之处。2017 年，在 Life 创新教育峰会上，干国祥校长介绍了其在鄂尔多斯罕台小学开展的"全人之美"课程体系。"全人之美"课程由身体课程、艺术课程、智慧课程和人格课程（包括道德、情感、礼仪等）四个相互渗透的子系统组成。其目标不是让每个生命在所有方面平均地获得发展，而是让每个生命尝试和享受人类所有精神领域的成果，找到并发展自己生命最深的愿望和最大的可能性。从课程设计及实施效果来看，"全人之美"课程已算比较科学、完善、全面的课程体系。但仍有专家和教师指出："全人之美"课程缺少"创新课程"这一门类，在科技飞速发展的今天，培养学生的创新精神与创新能力应成为学校的核心，"全人之美"课程应该增添"创新课程"这一门类，设置 STEAM 课程、3D 打印、创客教育等课程，开启学生的创新思维，让学生的学习直接与现代高科技飞速发展接轨。因此，学校的课程设计要体现创新性。要想使学校的课程设计具备创新性，可以从如下几个方面考虑：

（一）直接开设以"创新"为主题的课程

如上所述，类似 3D 打印、STEAM 课程、机器人、创客教育等课程，都是直接以培养学生的创新精神与创新能力为主题的课程。一所理念前瞻的学校，就应该具备这样的视野和眼光，关注现代科技发展，开设与现代科技紧密相连的课程，为国家培养创新人才奠定基础。如博才咸嘉小学开设 3D 打印、机器人、Scratch 动漫制作、科学 DV、科学 DI、科学小实验等诸多课程，其目的都是为了培养学生的创新精神与创新能力。

（二）发挥地域优势或学校传统优势开发独特的课程

某校课程文化为"竹文化"，缘由是因为当地生长的一种竹子是别的地区没有的，学校便利用这一独特优势，开发了以"竹"为主题的校本课程。学校的空间布置以"竹"为主要内容进行装饰；学校建设了有关"竹"的博物馆，馆内不但展现有关竹的发展历史及生长情况介绍，还展示历朝历代当地人们利用竹做成的各种生活物品；学校的主题活动也围绕"竹"做文章，每年举行"竹"文化节，在"竹文化节"上，开展抖空竹、跳竹竿舞、打快板等与竹有关的传统民间活动。这个学校的课程建设已突破单一的课程体系，上升为学校的课程文化，甚至衍生出学校的办学理念和办学风格，这样的课程设计自然是独特的，这种形式是学校课程建设的理想境界。

（三）让大众课程"旧瓶装新酒"

某教授以足球课程为例，谈论如何让足球课程上升为学校的足球文化，并提升学生的创新精神与创新能力。他说，可以考虑让学生以足球为主题展开想象，进行绘画，如画一画人类如何与太空人踢足球，这样的课程设计便有了新意。再如让学生利用电脑编程，自行设计一款踢足球游戏，在学习之余，过一过通过电脑踢足球的瘾，这种课程更加激发学生的创新意识与自主学习能力。因此，课程设计要做到有创新，一定要学会"旧瓶装新酒"。

五、探究性

探究性是指学校开发的课程要鼓励学生积极自主地开展探索与研究活动。让学生自主探究是课程改革的重点要求。如国家课程语文自课程改革以来，每个单元增加了综合实践主题活动，鼓励学生以小组为单位，开展语文学习探究活动。数学自课程改革以来，每个课例后都增添了一个思维挑战题，鼓励学生去自主思考与探究。因此，学校的课程建设一定要注重探究性，这样才符合课程改革的要求。课程设置如何在内容方面体现探究性呢？

（一）设计综合主题实践活动

如语文课程，每个单元围绕主题设计一个综合性实践活动，鼓励学生自主合作、探究，形成成果进行展示汇报。上面所讲的开展"竹文化"课程的学校，便可以以一个主题的形式设计综合实践探究活动：有关竹的发展历史、有关竹器的制作、有关竹的诗词、有关竹的乡村民俗等。通过这种不同主题有关"竹"的探究，形成对竹的全方位的、立体的认识。设计主题综合实践活动，鼓励学生自主探究，成为学校课程设计的重点。

（二）设计思维挑战或动手操作类活动

任何一门课程的设置，不能再像过去一样，仅仅停留于知识的传授，而要注重对学生思维的启迪，特别是培养学生的动手操作能力。如岳麓区博才咸嘉小学开设的"玩转科学"课程，以"会转的电风扇"为例，教师从家庭的电风扇入手，先启发学生思考电风扇为什么会转？让学生说出不同的答案。然后，教师以电路知识为主，通过电路图演示、实物模拟、学生现场操作等形式，帮助学生弄清楚电风扇转动的原因，最后给学生布置任务：回家自己动手制作一个小电风扇，使其转动起来。这样的课程设计便体现了培养学生的探究精神和实践操作能力的思想。其他课程，如艺术类"儿歌教唱"课程，也要设计让学生自主创编旋律、创编课程，开启学生的思维，培养学生的探究意识。

（三）设计情境表演或相关论述活动

情境表演注重体验和个体的感受，是深入理解课程内容的重要手段。学校课程设计要充分引入情境，以情境激发学生的兴趣；也要设计情境任务，让学生自主去思考、去体验、去探究。学校课程还要培养学生的综合分析、思考能力，设计类似于概括、分析、比较、辩论之类的任务，让学生去思考、去分析、去提炼。如岳麓区博才咸嘉小学开设的"童诗朗诵"课程，以一首长篇儿童叙事诗为主要内容，给每个学生分配角色，让学生自己去体会、去演绎、去排练；在组合排练时，又让学生互相观摩、对比各自的表演，互相借鉴，互相启迪，彼此提高。这样的课程设计，也很好地体现了"探究性"。

结合上述课程评估标准，对岳麓区博才咸嘉小学开发的"经典吟唱"校本课程进行评估。该课程设计理念：以吟唱的方式将小学古诗80首唱出来，既让学生轻轻松松背诵80首古诗，传承中华民族经典诗词；又让学生感受诗词韵律之美及音乐之美，提高学生的艺术审美素养。课程内容将小学古诗80首作为教材主体，按低、中、高段编辑，每篇教材分为三个部分：读一读——读古诗及古诗译文；唱一唱——唱诗歌，唱出韵律之美；

说一说——说说与该诗歌相关的其他诗歌及歌曲。

从课程设计的科学性来看，因为这门课程没有涉及科学常识，自然也就不存在违反科学常识现象。从课程设计的合理性来看，课程内容根据学生身心发展规律及年龄特点，将80首古诗按照从易到难的程度，分别编排到低、中、高各个年级段，这样编排是合理的。从课程设计的丰富性来看，每篇教材只设计了"读一读、唱一唱、说一说"三个部分，在内容上显得有些单调，还可以增加相关的旋律练习以及与课题相关的音乐小常识，使每篇教材内容变得丰富。从课程设计的创新性来说，教材内容更明显存在不足，教材可以设计让学生自编旋律、自创歌词或小组合作编排动作等环节，培养学生的创新意识。从课程设计的探究性来说，每篇教材内容也没有什么体现，可以设计情境表演、不同版本的演唱等体验环节，让学生去探究、去讨论、去思考，从而获得独特的体悟与感受。

第三节　分析课程评估数据

如果要对课程进行精细评估，就必须对课程评估标准进行量化。前面两节阐述了课程评估内容及评估标准，对课程进行量化评估，需要结合这两方面的内容，制定细致的量化评估细则，然后再根据细则，对课程进行量化打分，最后对量化打分的结果进行分析。课程评估标准是对学校的课程体系以及某一门类课程设计的整体评估标准。根据课程评估标准的五大原则，制定对某一门类课程进行整体评估的量化细则。

表 7 - 1　**课程整体评估量化细则**

评估指标	评估具体标准及计分方式	计分
科学性	A 类：课程内容全部符合生活常识与逻辑，无知识性错误。（18～20 分）	
	B 类：课程内容全部符合生活常识，偶尔出现知识性错误。（16～18 分）	
	C 类：课程内容有不符合生活常识现象，出现多处知识性错误。（12～16 分）	

（续表）

评估指标	评估具体标准及计分方式	计分
合理性	A 类：课程内容与主题紧密相关，课程内容符合客观事实，课程内容感情基调符合常情。（18～20 分）	
	B 类：课程内容与主题紧密相关，课程内容偶尔有与客观事实不符现象，课程内容感情基调基本符合常情。（16～18 分）	
	C 类：课程内容与主题紧密相关，课程内容有明显不符合客观事实现象，课程内容感情基调有明显不合常情现象。（12～16 分）	
丰富性	A 类：课程内容充满时代气息，课程内容与生活实际紧密相连，课程内容具有深度和广度。（18～20 分）	
	B 类：课程内容具有时代气息，课程内容与生活实际基本关联，课程内容具有一定深度与广度。（16～18 分）	
	C 类：课程内容具有一定时代气息，部分课程内容与生活实际关联不大，课程内容尚缺乏深度与广度。（12～16 分）	
创新性	A 类：课程选题本身有创新性，课程内容设计独具匠心。（18～20 分）	
	B 类：课程选题有创新，课程内容设计创新程度较高。（16～18 分）	
	C 类：课程选题一般，课程内容设计创新程度一般。（12～16 分）	
探究性	A 类：课程设计以体现学生自主探究为重点，课例呈现自主探究比例较高。（18～20 分）	
	B 类：课程设计体现学生自主探究意识，课例大部分呈现自主探究内容。（16～18 分）	
	C 类：课程设计体现学生自主探究意识，课例少量呈现自主探究内容。（12～16 分）	

该量化细则用于整体评估学校课程体系或某一门类课程的设计水平，根据课程评估标准的五大原则，制定具体的评估等第及计分标准。对于每一项原则，分 A、B、C 三个等第进行评定。这三个等第相当于优秀、良

好、合格三个档次。细则当中没有制定不合格的计分标准。一般情况下，学校不会开发不合格的课程。采用百分制进行量化计分，五项原则各占20分，没有区分权重，五项原则同等重要。通过五个方面的计分进行总分核算，就可以评估出学校课程体系以及某一类课程的设计水平。总分在90分以上的课程评定为优秀，总分在80~89分之间评定为良好，总分在60~79分之间评定为合格。

当然，单纯地从总分来判定课程体系和某类课程设计的优劣，并不是很客观、很全面。我们可以通过分析指标与指标之间分数的组合，发现学校课程体系与某类课程设计的优势。课程设计以科学、合理为前提，另外三项原则中，有某项特别突出，便体现为该课程的优势。因此，依据评估量化细则，在确定课程体系或课程设计科学、合理的前提下，另外三项哪项得分高，就可以判定该课程体系或课程设计是优秀的。这样，我们就可以依据三个项目哪个项目得分高，将学校课程分为三种类型。

丰富型课程

学校课程体系所涉及的课程种类非常丰富，或者某一门类课程设计内容非常丰富。如四川广元天立学校开设的社团课程达100多门，这样的课程类型够丰富了。更丰富的当属北京市十一中学，其课程门类更是高达几百种。长沙市育才学校龙继红校长自主开发了60多门课程，这在区域内也是课程丰富性的典范。除了课程门类的丰富外，有的学校开发的某一门课程内容十分丰富。如"烘焙"课程，内容十分丰富。在"做蛋糕"这一章，不仅有各种造型的蛋糕图片欣赏，有蛋糕制作流程演示，还有学生现场做蛋糕的场景；有蛋糕在各种party上的情境，还有在蛋糕上写贺词等。这样的内容设计丰富了学生的感官，也开阔了学生的视界。这样的课程是丰富型课程，值得借鉴与推广。

创新型课程

一些课程或者某类课程在设计上极具创意。如某校开设的棒球和柔乐球课程，虽然都是体育运动类课程，但是这两项体育运动在其他小学基本没有开设。因为柔乐球至今为止，是一项在老年人当中普遍开展的运动，学校将之改造以后，变成了适合小学生开展的运动。而棒球也是一项适合成年人的运动，学校将之改造后引进校园，变成小学生的运动。其他学校普遍开展足球、乒乓球、游泳等体育项目的时候，引进新型的运动形式，并转化为学校的社团课程，便开创了体育运动的新局面，吸引了学生和家长的眼球。由此可见，创新型课程对于学生有极大的影响力，提高了学校办学的品质。

探究型课程

探究型课程是课程改革的主流。长沙市岳麓区博才咸嘉小学做过很多有关科学主题实践活动的课程：水培植物的种植、太空种子的种植、校园垃圾的分类、长沙市光污染调查、家庭用水调查等。这些课程都是在科学老师的指导下，学生自主进行调查、实践、探索、研究的课程。它们是一个的微课例，从课程编写的角度来说，还不够系统和专业。但是，这样的微课程是很有价值和意义的。培养了一批乐于动手、勤于实践、爱思考、爱探索的孩子。课程改革的目的就是更好地培养人、成就人，让每个孩子走上自主发展的道路。

除了从整体方面制定量化评估细则外，还可以针对某一门课程每一课具体内容制定量化评估细则，以此评估某一门课程设计的精准程度。

表7-2　课程内容量化评估细则

项目	量化评估标准及计分方式	计分
课程设计理念	A：课程设计理念符合国家教育政策与方针，符合课程改革的要求，理念新颖、独特。(8~10分)	
	B：课程设计理念符合国家教育政策与方针，符合课程改革的要求，理念较新颖。(6~8分)	
	C：课程设计理念符合国家教育方针与政策，符合课程改革的要求，理念一般。(4~6分)	
课程目标	A：课程目标与办学理念相吻合，与课程主题一致，总目标与分目标环环相扣。(18~20分)	
	B：课程目标与办学理念相吻合，与课程主题较一致，总目标与分目标较一致。(16~18分)	
	C：课程目标与办学理念相吻合，与主题大致一致，分目标与总目标有不一致现象。(14~16分)	

（续表）

项目	量化评估标准及计分方式	计分
课程 重、难点	A：课程整体以及每篇课例重点突出，难点突破，重难点比例恰当。（8～10分）	
	B：课程整体以及每篇课例重点较突出，有难点内容，重难点比例较均衡。（6～8分）	
	C：课程整体以及每篇课例重点较突出，难点内容较少，重难点比例不太均衡。（4～6分）	
课程 实施 情况	A：课程内容按进度、按计划实施，在规定的时间内完成教学任务。（25～30分）	
	B：课程内容大部分按进度、按计划实施，大部分教学任务在规定的时间内完成。（20～25分）	
	C：课程内容基本按进度、按计划完成，教学任务基本在规定的时间内完成。（15～20分）	
课程 实施 效果	A：教师对课程的使用效果非常满意，课程的实施促进了学生的成长，学生满意度高。（25～30分）	
	B：教师对课程的使用效果满意，课程的实施促进了学生的成长，学生满意。（20～25分）	
	C：教师对课程的使用效果基本满意，课程的实施基本促进了学生的成长，学生基本满意。（15～20分）	

　　上述量化评估细则是对某一门具体课程内容从课程理念、课程目标、课程重难点、课程实施情况、课程实施效果五个方面进行量化积分和等级评定。整个量化评估实施百分制，五个方面各占的权重不一样。其中设计理念和重难点各占10分，课程目标占20分，课程实施情况和实施效果各占30分。任何好的课程设计，都要落实到行动上，再好的课程内容如果得不到实施，那就是纸上谈兵。因此，一门课程要在学校落地生根，关键在于课程的实施情况和实施效果。每个量化评估项目，同样设置了A、B、C三个等第，各个等第相对应于优秀、良好、合格三级水平。其中课程理念、课程目标、课程重难点，每个等第之间相隔2分。课程实施情况和课程实施效果，每个等第之间相隔5分。合计总分在85分以上为优秀课程，

总分在 70 分以上为良好课程，总分在 60 分以上为合格课程。

对某一类课程按照上述量化评估标准进行实际评估时，可能会出现这样的现象：第一，有的课程设计理念新颖，目标明确，重难点突出，教材编写得好，但是落实不到位，效果不明显，因而导致前面三项得分高，后面得分低。这种情形一般属于学校在实施课程中，管理不到位，或者教师态度不够端正，执行任务不到位。第二，有的课程从书面形式看，设计理念一般，目标明确，重难点不够均衡，但是实施到位，教师态度积极，执行任务力度大，实施效果非常明显，学生成长很快。这种情形说明学校管理非常务实，但是在课程开发方面，不注重理念的指引和理论的提升，这是学校要进一步改进的。可以从每个项目的得分情况，对学校的某一门类课程进行细致的分析，看这门课程究竟在哪个方面存在缺陷，再思考依据标准如何改进。

对课程进行量化评估，需要组成 5~7 人的评定小组，集体进行评议。评定小组由专家、课程管理者、课程实施者组成。在根据每个项目的量化评估细则进行等第打分的时候，评定小组成员要各抒己见，就各自了解的情况，充分发言，民主商议，实事求是地给每个项目打出实际的分数。评定小组进行量化打分，除了通过现场查看资料以外，还要通过访谈、调查问卷、观摩活动、现场听课等多种形式，全方位了解学校课程建设以及实施情况，再进行客观公正的评价。每个成员要说出自己计分的理由，在计分完毕后，要给出对课程建设与实施的建议。

对于课程的评估，除了根据上述量化标准进行评定外，有一个重要的评估依据，就是结合评估标准，从学生、教师、家长三个维度进行问卷调查。

关于_____课程的满意度调查问卷（学生卷）

1. 你对课程内容设计满意吗？

A. 十分满意　　　B. 满意　　　C. 基本满意　　　D. 不满意

2. 你对课程教师的教学情况满意吗？

A. 十分满意　　　B. 满意　　　C. 基本满意　　　D. 不满意

3. 你觉得学习课程收获大么？

A. 很大　　　B. 还好　　　C. 一般　　　D. 不大

　　这个关于课程的学生满意度调查问卷，分为三项内容，第一项是关于课程内容设计的调查，可以作为对课程设计评估的依据；第二项是对于课程实施过程中教师教学情况的调查，可以作为课程实施情况的依据；第三项是对于学生学习该课程的学习效果调查，可以作为课程实施效果的依据，也是对课程建设进行继续修订和完善的重要依据。

关于_____课程的调查问卷（教师卷）

1. 你认同课程的设计理念吗？

A. 非常认同　　　　B. 认同　　　　C. 基本认同　　　　D. 不认同

2. 你觉得课程目标定位清晰吗？

A. 非常清晰　　　　B. 清晰　　　　C. 基本清晰　　　　D. 不清晰

3. 你觉得课程内容重难点突出吗？

A. 十分突出　　　　B. 突出　　　　C. 基本突出　　　　D. 不突出

4. 你觉得课程落实到位吗？

A. 很到位　　　　B. 到位　　　　C. 基本到位　　　　D. 不到位

5. 你觉得课程实施效果好吗？

A. 非常好　　　　B. 好　　　　C. 较好　　　　D. 不好

　　这个关于教师对课程的满意度调查，分为五项内容，这五项内容结合的是课程评估标准的五项原则，每项内容对应的是量化评估细则中的每个大项。

关于_____课程的调查问卷（家长卷）

1. 你认同课程的设计理念吗？

A. 非常认同　　　　B. 认同　　　　C. 基本认同　　　　D. 不认同

2. 你觉得课程目标定位清晰吗？

A. 非常清晰　　　　B. 清晰　　　　C. 基本清晰　　　　D. 不清晰

3. 你觉得课程内容重难点突出吗？

A. 十分突出　　　　B. 突出　　　　C. 基本突出　　　　D. 不突出

4. 你觉得课程落实到位吗？

A. 很到位　　　　B. 到位　　　　C. 基本到位　　　　D. 不到位

5. 你觉得课程实施效果好吗？

A. 非常好　　　　B. 好　　　　C. 较好　　　　D. 不好

这个关于家长对课程的满意度调查，分为五项内容，这五项内容结合的是课程评估标准的五项原则，每项内容对应的是量化评估细则中的每个大项。

以上三项问卷调查的满意度，可以作为课程评估量化标准进行等第计分的依据。我们可以对三份问卷调查设置权重，学生问卷满意度占 50%，教师问卷满意度占 30%，家长问卷满意度占 20%。凡是选择 A 类，记 10 分；B 类，记 8 分；C 类，记 6 分；D 类，记 4 分。对所获得的分数进行单个项目的统计和所有项目的合计，再按权重进行计算，从高到低，按一定的分值与课程量化评估细则等第一一对应。三种调查问卷一般采用无记名形式进行，这样所调查的结果保持了客观真实，是对课程进行评估的最原始、最有价值的资料。如果想要听取来自学生、家长、教师的真实意见，还可以在每份调查问卷后面附上：请对课程的实施提出建议。这些建议对于课程的改进大有裨益。

第四节　应用课程评估结果

课程评定小组在进行量化考核评估以后，应出具书面的课程评定结果。课程评定结果应从三方面描述：第一，对课程的优势做出客观描述；第二，指出课程在各方面存在的不足；第三，对课程的修改与完善提出建议。学校在拿到书面评定结果以后，应组织专家、课程管理者、课程实施者对学校的课程体系以及每一门具体的课程进行新一轮的梳理、总结、修改与完善。

一、对已开发的课程体系进行系统化梳理

课程改革以来，学校在课程建设方面获得了更大的自主权，全国各地

中小学掀起了课程建设的浪潮。很多中小学在课程建设领域进行各自的探索与研究，都试图构建适合学校发展的独特的课程体系。事实上，要开发一门课程是比较容易的事情，但是要构建一套受学生、教师、家长认可的课程体系，确实不容易。

任何一套课程体系，都要在先进的课程理念的支撑下，构建完整、系统的、科学的课程版块，版块与版块之间要有一定的逻辑关系，联结为主题紧密的整体。比如朱永新教授提出的"新教育"课程体系：以过"幸福完整的教育生活"为设计理念，构建了"生命课程、公民课程、智识课程、艺术课程"四大版块。细细推敲，我们可能会发现，其实该课程体系也不是十全十美的，生命课程与公民课程之间可能存在某些交融。所以，要构建一套十全十美的课程体系是不太现实的，只有在不断的借鉴与反思中，使我们的课程建设一步一步走向完美。

博才咸嘉小学提出"大课程"建设的设想，以过"有体面有尊严的生活"为设计理念，构建了融国家主体课程、社团课程、云课程、家庭亲子实践课程、主题活动课程五位一体的课程体系。"大课程"建设对课程的设计思路体现四个特点：容量大、形式多、主体变、时空广。在"大课程"实施过程当中，我们发现：整个课程体系没有聚焦于明确的主题，也就是说，没有总的目标与方向，所以课程实施起来显得有点繁多而又杂乱。老师和家长感觉"大课程"建设确实提升了学生的综合素养，但是学校所有的课程都在做加法，没有做好融合工作，因此，实施起来，教师很累，学生很累。

在对学校的"大课程"建设进行调查分析后，针对"大课程"建设缺乏统整的主题这一缺陷，将课程体系进行归类梳理，结合学校办学理念和办学特色，将所有课程统整为三大主题：身体与心灵、科学与创新、艺术与人文。这样统整后，所有的分门别类、不同形式的课程便有了明确的目标与指向，"大课程"建设也就有了核心与灵魂。依据这三大主题对学校开发的"社团课程、云课程、家庭亲子实践课程、主题活动课程"进行梳理，我们发现学校的课程设计过多地聚焦于身体、科学、创新、艺术等方面，但有关心灵和人文方面的课程较少，因此，我们的课程体系要进一步朝心灵、人文两个方面进行改进与完善。另外，确定好学校"大课程"体系的三大主题后，便可以围绕这三大主题，对课程进行统整与融合，改变原来课程门类过多、过于繁杂的现象。

二、对已开发的具体课程进行细节修改与完善

学校拥有课程自主权，一方面激发了学校课程建设的活力，另一方面也带来了课程过多、过滥的现象。凡是依一定的办学理念建构了课程体系的学校，其课程建设与开发会显得有章可循。如果没有一定的办学理念来建构学校的课程体系，其课程建设就会失去方向，就会显得乱而杂。很多学校没有建立统一的课程体系，但是单独地开发了某一门类的课程。这种单独的课程设计科不科学、合不合理，可以依据课程量化评估量表从课程设计、课程目标、课程重难点、课程实施的情况以及课程实施的效果对其进行评估，根据每个项目的得分情况，结合学校的实际状况以及发展需要，有针对性地对该课程进行进一步的修改与完善。

就一般情况而言，某一单独门类的课程开发，其设计理念一般是没有问题的，课程目标也一般都定位准确，但是会存在某一课例与整个课程目标不太一致的现象。如果评估中出现这种结果，就需要对该课例的设计目标进行修改。比如电影课程的开发，其目标是培养学生的电影鉴赏能力，但是在整个课程设计中，仅仅设计看电影、谈感想以及读原著等环节，没有设计如何评价人物、评价故事情节、评价表现手段等主题，这样学习下来，学生的电影鉴赏水平得不到多大提高。因此，结合课程评估目标的要求，该课程要围绕"如何提高学生的电影鉴赏水平"，从如何评价电影人物、如何评价电影的表现方式、如何评价电影叙事等方面进行系列课例设计，这样才会达到课程目标。

单独门类的课程设计最难把握的是课程的重点、难点，这需要通过教师的反复研究与讨论。一门课程的重点与难点在哪里，需要教师结合自己的教学经验以及学习体会，进行准确的把握。有的教材整体设计缺乏重点部分。就剪纸课程而言，其重点部分应该是日常生活中常用的剪纸方法，如果课程设计里大篇幅的内容是有关剪纸的欣赏，那么其内容设计就偏离了重点。有的教材设计整体没有难点，仍拿剪纸课程为例，如果整本教材只讲述了剪纸的基本方法，虽然其在内容设计上重点突出，但是没有增设一定难度的挑战性内容，也不能激发学生进一步的学习兴趣。因此该课程应该设计少许比较复杂的剪纸艺术，让学生去尝试，这样挑战性的内容，

可以激发学生对剪纸艺术的深层次的爱好。

对每一门课程的建设来说，依据学校的办学理念，确定好课程目标，把握好课程的重难点，课程设计就不会偏离方向。但是其中还有重要的一环，就是课程总目标与每一课例分目标之间的有序衔接、环环相扣。目前，我们的课程开发普遍存在的一个缺陷就是课例与课例之间前后衔接不够，各自分离。要做到课例与课例之间有效衔接，我们在进行课程设计的时候，有两种思路：第一种是按照传统的以知识点与知识点的逻辑体系构建课例，第二种是按照现代的以主题整合的方式构建课例群。依据课程量化评估标准评估我们的"经典吟唱"课程，其编排除了结合学生的年龄特点和身心发展规律以外，还可以以诗歌的主题进行编排，或者以歌曲的演唱技巧进行课例与课例之间的衔接，但是在这两个方面思考不够，所以设计的课程主题不够突出，目标不够明确，课例与课例之间缺乏衔接与过渡，这是我们要进一步修改与完善的。

从对课程的实施情况以及实施效果的评估，我们可以了解到课程在老师和学生那儿受不受欢迎及其原因。一门课程要做到受老师欢迎，其课程内容就要丰富；要做到受学生欢迎，其内容就要有创新，能激发学生探究的欲望。比如篮球课程，一般的篮球课程设计体能训练就是仰卧起坐和跑步，但是，某校篮球课程，其体能训练就有仰卧起坐、俯卧撑、跑步、拉杆、障碍跑等多种形式。这些体能训练形式丰富多样，学生都十分感兴趣。还有，一般的篮球训练课程会设计小组比赛，每一次训练，小组比赛可能都是那几个人，而该校篮球课程的小组比赛，每一小节都会进行不同的小组组合，这种形式增强了学生的新鲜感，学生的主动性更强。从学生参与篮球训练情况来看，篮球课程的老师实施非常到位，效果也很好。学生仅仅学了十堂课，在篮球比赛中，每次都能投进几个球。真正好的课程，就是内容丰富、形式新颖、探究性强的课程。

三、对将要新开发的课程进行科学论证与探讨

依据课程体系的评估标准以及某一门类课程的评估标准，可以将之上升到课程文化的高度，与学校的办学理念、特色发展一脉相承。一所真正办得有品质的学校，其重点就在于课程文化的建设。让我们来设想一下，假设有一个学校，其办学理念为"过健康的生活"，意思很明显，学校很

注重让学生身心健康的成长。在这样一种办学理念的支撑下，学校的课程文化可以围绕身心健康这个主题，进行一系列的课程设计。可以将"身心健康"这个大主题进一步分解成身体与运动、身体与营养、身体与睡眠、个人心理调适、个人与他人、个人与社会、身心修养等小主题，再围绕这些小主题设计具体的课程。

如围绕"身体与运动"这个主题，可以设计球类运动、田径类运动、体型类训练运动、修身类运动。球类运动就可以开设足球、篮球、棒球、网球、乒乓球、曲棍球、柔乐球等。当然，学校的课程设计需要量体裁衣。这些球类运动都是需要场馆的，所以学校在建校的时候要充分考虑到场馆的建设。如果一所学校能够真正做到有如此多的体育运动场馆，开设如此多的课程，让每个学生每天都能切切实实参加体育锻炼，那么学生的身心健康成长就不会成为一句空话。所以，所有的课程建设绝不是校长想当然的事情，每一门课程建设都应当尽量地考虑到每个学生都能参与，都能获得成长。

现在很多学校都在进行特色建设，而且将特色建设上升到了特色课程文化的高度。但是，在实际中会发现，很多学校的特色，仅仅只是少数学生的专利，其教育教学成果的影响力表现为少数学生获得了很多的奖项。这样的特色课程不具有普适性，因而需要进一步的健全与完善。比如说，某个学校是以足球为特色，那么学校在构建课程体系的时候，首先要从足球的角度入手，提炼学校的办学理念，如提出一个有关足球文化的理念——方圆之间，游刃有余。因为足球场是方的，足球是圆的，学生在足球场上奔跑跳跃，机智、灵活、勇敢。这反映的是学生学习足球的一种理想状态，也是学生在学习生活和以后的工作中应当拥有的一种状态。这里面既涉及对学生身体的塑造，也涉及对学生心灵的培养。依据此理念，可以构建足球特色课程的主题——足球与艺术、足球与修身、足球与创新、足球与审美。围绕这些主题，具体去设计某一门课程。如"足球与艺术"，先确定这门课程的总目标：发现足球与艺术之间的关系，提高学生的艺术认知和艺术素养。在此目标下，再去设计一个一个的课例：足球的来历、足球的造型、足球的设计、最精彩的足球瞬间等。课例的设计必须有关联，也就是要做到课例的目标与总目标一致，目标与目标之间有序衔接。以"足球与艺术"为主题，可以再继续分解为小主题——足球发展历史、足球人物艺术、足球动作艺术、足球设计艺术等，在这些小主题下再去进行课例设计，这样便环环相扣。

　　课程评估量化标准最大的作用是，不但可以依此开发与建设新的课程体系或某一门类课程，还可以在课程实施过程中，依此标准对课程进行评估，根据评估结果，再对课程进行修改与完善。沿着这样的路径，学校的课程建设便会上升为课程文化，提升学校的教育教学品质。因此，一所真正有生命力的学校，不但要加强课程文化建设，更要经常评估学校课程文化建设的效果，不断促进学校朝高品质发展。

第八章　中小学校长课程创新发展

　　课程创新发展可以理解为，以培养创新人才为目标，采用多种手段、多种途径，综合多学科知识与技能的形式，充分调动学习者探究能力、创造欲望，以培养和提高学习者创造潜能和人文素养为主的综合性课程实施。课程创新涵盖课程文化建构创新、课程设计方法创新、课程互动合作创新、课程资源平台创新，从学习者的基本素质需要、创造精神培养和生活实际出发来安排教学内容，发挥科学、艺术、问题、活动等多方面的创新价值，在知识的综合中寻找创新的基点，并将创新能力的培养与学习者整体素质的发展相结合。

第一节　课程文化建构创新

　　学校的一切活动都是课程，课程的建构出发点就是要为学生的能力发展提供可能。学校课程，根据课程任务可分为基础型课程、拓展型课程、探究型课程。基础型课程，为学生全面发展打好坚实基础；拓展型课程，为学生个性化发展提供课程平台；探究型课程，为学生创新精神培养提供课程导向。研究表明，基础型课程、拓展型课程、研究型课程并不是孤立的课程类型，学校在操作中，要以基础型课程为原点，将学科的核心价值贯穿在三类课型的实施中，从理念到架构，从目标到内容，从实施到评价，使学校课程有机连接成一个整体，以彰显内在逻辑，有效克服课程碎片化、大杂烩问题。学校文化建构，是一个从上至下、由点及面、整体打造的软工程，一旦确定，可能要三五年甚至更多年的努力才能真正形成学校的文化，因此，学校课程文化的建构不能人云亦云、千篇一律，也不可为追求个性和新奇而随意创设。那么，怎样建构有内涵又有创新的课程呢？

一、巧妙挖掘，提炼课程主题的新意

课程主题的确定，是进行课程整体构建的核心。这个主题往往是与学校办学理念、育人目标、办学方向融合为一体的。学校在推进素质教育进程中，要始终抓住"课程"这一命脉，围绕"激发学生兴趣""彰显教师个性""突出学校特色"三个基本点，创新校内外课程资源的开发，优化课程结构，增加学生的体验和实践，丰富学生学习经历，促进学生的全面发展。

（一）以学校历史文化为依据

学校历史文化是最好的课程资源，学校数十年甚至上百年积淀下来的优秀传统、文化传承都可以进行深度开发，整合成有深度的课程体系，让传统延续下去，让优秀继续发扬。如上海市南桥小学是一所百年老校，学校传承"文道统一，德才见长"的文化传统，丰富了"敬、慎、勤"的校训内涵，确立了"醇美教育"的文化理念，洞察教育本质，认识到教育要遵循自然规律，把儿童视为一棵棵小树苗，让每一棵小树苗都能健康蓬勃生长，成为一棵棵参天大树。在此基础上，构建了"树课程"。整个课程分为树根课程、树干课程、树枝课程、树叶课程，并扩展开去，把学校传统有机渗透进每一项课程。

（二）取学校某特色物体为名

学校的特色物体，如独特景点、有特色的植物、有特殊意义的文物古迹等，可以从其身上挖掘衍生出符合课程设计需要的独特意义，再进行整体课程设计。如桃花源芬芳课程、四叶草课程、紫荆花课程等，这些有独特含义的课程，名字容易记住，也易于拉近课程和孩子们的距离。同时课程的开设都是基于学校特殊的地理环境和明确的办学追求，是学校特色发展的价值取向和素质教育的个性化探索。

（三）从学校特色教育入手

学校教育特色是学校在办学过程中表现出的独特之处，是学校办学个性的具体体现。学校教育特色不是一种外在的形象包装，而是学校内在教育力量的综合体现。学校任何教育特色，既包含有校长的办学思想，又凝聚着教师的智慧和力量；既体现了学校教育的某种优势，又表现出学校特有的文化气息。如上海市嘉定区华亭学校的农耕文化课程、中草药特色课程，上海市嘉定区马陆育才中学的竹刻课程等。这些特色教育课程，不仅

仅来自于理论学习，更来自于教育实践，是办学者在理论思考与实践探索的相互融合过程中逐步形成的课程体系。

（四）基于一种办学理念

办学理念是学校发展中的一系列教育观念、教育思想及其教育价值追求的集合体，是学校自主建构起来的学校教育哲学。基于这种教育哲学，可以整体把握课程文化的教育方向，进行课程文化的整体建构和实施。如青岛市城阳区实验小学构建的"多元至美"课程体系、重庆市江北区实验小学的"新美教育"、上海市古猗小学的"和馨课程"等，都是在学校办学理念的基础上提炼出新的课程体系。

二、精心设计，追求课程模式新样式

学校课程文化建构，首先要从学校办学理念出发，建立一种课程模式。何为课程模式？课程模式是以学校发展背景分析为基础，基于一定的课程哲学，以个性化课程结构和特定的课程功能为主要内容指导课程实践的运行模型。在学校课程模式建构过程中，要充分认识学校文化背景、办学条件等具体情境，明确课程建设的目标，并根据不断变化的课程情境丰富课程门类，调整课程实施与评价方式。上海教育科学研究院致力于研究品质课程的杨四耕教授指出，一所学校的课程模式可以从"点""线""面"三个维度进行创新。

（一）"点"的维度

要善于抓住落实课程目标的点，满足学生成长的多方位需求。如上海市中光高级中学根据学生需求的不同，建构了"V-I-P"课程模式。他们将学校课程分为三个基本点：一是"V"课程，即丰富多彩的社团与兴趣小组课程；二是"I"课程，即把每一个学生当作学习主人的课程；三是"P"课程，即基础课程。抓住这三个基本点，整体把握课程的内容开发、课程实施方案、课程评价体系，形成了比较完善的学校课程文化。上海卢湾中学开发的"众教育"，抓住的点是"大众""全员"，他们以中国古代的和合思想，建立了"整个世界都是教室"的课程观，打造了"全员·全程""全息·全景""全心·全力"的"众教育"课程文化。

（二）"线"的维度

学校的课程模式处于不断改进和完善的动态过程中，是一个不断积淀的过程。在课程发展过程中，课程模式往往会随着学校外在环境和内在情境的变化，引起构成要素的变化，在新旧需求的碰撞中，逐渐催生新的课程类型。如上海市黄浦区徽三小，以"37 件事"课程为主线，将学生感兴趣的事融入课程设计，围绕育人目标将各类活动优化整合，37 件事中的每一件事就是一门微型课程，线条式建构，脉络十分清晰。

（三）"面"的维度

学校课程在点和线的把控下，还要关注到课程的全面性，即实施的宽度和广度，参与受益的课程受众面等，要有整体性。例如，广州市真光中学自主建构"宽荧幕"课程模式，促进了学校课程文化的深度变革。首先，学校从学生发展的全面性出发，确定了育人目标——广见识、宽基础、厚人格、雅气质。其次，梳理出"一轴三线"课程结构。"一轴"即基础必修课程，"三线"即综合选修课程、研究性学习课程和社团活动课程，保证主体性同时兼顾全面性。

三、不断创新整体融合，打造课程实施新活力

学校课程文化建设一定要紧跟时代发展要求和学生个体实际，整合学校基础课程、校本课程、主题教育活动内容，创新形式，灵活安排，给予学生课程学习更广阔的空间。

（一）"相对集中"和"分散渗透"相结合

校本课程的实施一定不能割裂平日学校教育课程，一定得结合学校原有课程体系、学生培养目标及学生实际而整体设计。我们可以采用"相对集中"和"分散渗透"相结合的策略安排相关活动。"相对集中"就是基于学校的课程方案把校本课程集中到周一至周五的某一个下午，用一下午的时间进行课程学习，如很多学校的社团活动课就是这种模式；"分散渗透"就是延续学校惯常的学生特色活动在平时进行，如长沙市天心区文庙坪小学每周一的周会、周四的大扫除、周五的主题队会，每天的经典诵读微时光，节日活动等就是一种分散渗透。"相对集中"和"分散渗透"可以充分考虑到教师的课时安排所需，尊重学生多元发展所需，时时处处把学生的能力锻炼、快乐成长渗透每一个教育教学活动。

（二）"板块化架构"和"系统化推进"相结合

由于学生的年龄结构特点，在课程整体内容设置时也要凸显各年级层面的系列性，体现年龄板块的系列性。如文庙坪小学的"仪式教育""生

理健康教育系列""面塑""跆拳道"等课程在内容、时间安排、人员安排等方面都有所区别,体现了不同年级学生的年龄需求。同时,学校把所有的学生活动分为相对独立的五大板块,即"特色课程活动、阅读活动、阳光体育活动、社会实践活动、主题班队活动",这些板块时间相对独立,但又渗透融合于学校的整体课程活动。

(三)"课程活动"与"学校文化活动"相结合

学校文化环境是润泽学生课程学习的重要环境,校园里的一草一木皆课程。可以让全校师生都参与到校园环境的设计与布置中来,如教室的布置、黑板报设计、教室走廊张贴学生的优秀习作和学习印迹等。学校培养的人最终都是要走上社会的,因此课程成为联结学校培养目标和教育教学实践的中心环节。要善于创造性地构筑有利于学生个性解放与自我实现的课程,即课程的生活化和综合化。课程文化建设应在国家课程的基础上,充分挖掘学校及周边的有效资源,开展以"课程校本化"为重点内容的学校课程文化建设,并使课程文化建设成为学校发展中迈向新目标的文化基础。课程建设是学校文化拓展延伸的最好方式,基于发展需要的课程文化的构建,更需要我们从学生发展的角度出发,不断创新实施过程,完善课程方案,让课程最终为学生互动参与学校课程的规划、开发、实施和评价提供平台,促进学生的个体成长和生命发展。

第二节 课程设计方法创新

课程设计有两个核心,一是关于学习内容的选择,二是关于学生学习方式与进度的安排,前者关系到学生思维广度的培养,后者重在思维深度的发展。两者相互制约,相互影响,促成学科知识、学生经验和社会需求的有机统一。基于泰勒课程原理和自己的观察实践,在"以学生为中心"的教育理念的指导下,我们可以从关联视角和问题导向两个维度审视并指导课程设计行为,实现课程设计方法上的创新,以适应当下科技飞速发展,知识扩张性、连续性和快速性的变化需求。

一、关联视角下的课程设计方法

加拿大学者乔治·西门思提出的关联主义认为,学习是一种将不同专业节点连接起来，建立知识网络的过程。节点作为存储和连接知识的基本单位，可以是任何形式的信息源，比如人、书、网站、数据库、组织等，也可以是个人的感觉、思想、与他人的互动等。节点之间的联系关系越强，信息流动得越快越顺畅。一个有价值的节点，不仅要承载有价值的知识内容，更要拥有尽可能复杂的网络，才能使学生通过某一个节点快速地连接到其他的节点，更加全面地掌握节点所承载的知识内容，并且获得更广泛的信息通道。

（一）创建不同学科间的关联

未来的学习，知识将越来越打破现有的课程界限，知识内容将越来越强调大学科概念。某个知识点可能涉及多个学科领域，也可能用来解释不同情境的多种问题。所以，课程设计要遵循未来学习的发展趋势，跳出本学科的视野，从节点自身出发向周围去发散，全面地考虑本课程与其他学科之间的联系，从尽可能多的视角和领域寻找更多更复杂的连接，构建有价值的网络，体现集成化。例如上海市黄浦区瑞金二路小学校本课程"漫步思南路"的设计，下图 8-1 为该课程统整与设计图示。

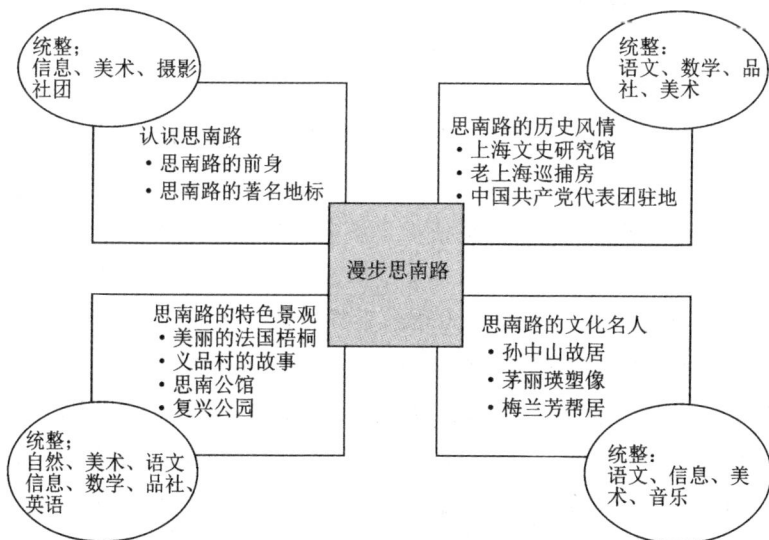

图 8-1 "漫步思南路"课程统整与设计

（二）创建不同时空下资源间的关联

面对智能时代，我们要重视对学生的多元引导，那么在一门课程设计当中，贯通课内与课外、校内与校外的时空资源非常必要，这能为学生的全面成长提供更广阔的舞台。例如北京丰台二中设立的"游学支教"课程。基于对课程内涵的理解，课程组织者围绕"文化融合""课堂勾连""拓展式学习""体验性实践"四个点设计实施课程活动。以 2015 年的内容设计为例，从参观湖北省博物馆、黄冈市博物馆，课程落点到了解荆楚文化；从参观辛亥革命纪念馆、东坡赤壁、人文大讲堂之黄鹤楼诗词，课程落点到历史、地理、语文学科的相关内容；从参观李四光纪念馆、人文大讲堂之林彪的功与过，课程落点到了解一些地质学知识、政治学科的相关内容；从与黄冈中学学生同上一节课，协助小学四、五、六年级学生组织班会，课程落点到体验异地同龄人的学习、体验教育教学生活。我们可以看出对不同时空下资源的整合利用，给学生提供一个全新的融合了多种教育价值的学习环境，让学生获得十分丰富、独特的课程体验。

（三）创建与网络技术的关联

学习的最终目的就是要使学生能个性化处理输入经验，并在此基础上进行有意义的建构。关联主义认为知识内容的处理可以卸载到网络节点当中。网络时代下的技术正在改变人们存储和加工信息的方式，人与知识信息资源之间的连接更为紧密和便捷。因此，在课程设计的各个环节，要注重技术的运用，一是尽可能多地让网络来分担更多的认知负荷，从而降低学生的内在认知负荷，让学生能够留出专门的精力来进行有意义的建构；二是通过恰当而准确地使用媒体、构造适宜的情境、采用先进学习支持平台等，建立丰富多彩的交互来促使学生不断完善个人知识网络，形成比较稳定的兴趣和关注点，逻辑思维向着正确的方向发展。

（四）创建师生处于网络节点中的平等关联

以关联主义为指导的课程是去中心化的，既不以学生为中心，也不以教师为中心，而是强调学习是教师和学生共同创造的过程，以相关知识为关联，都是学习网络中的节点。因此，教师与学生应分别从各自的立场出发向周围发散，一方面教师要从专业的角度将知识表达清楚，分享给学生；另一方面学生则从他的视角思考问题，将参与学习表现出来的特征、需求、效果等反过来促成教师对选择、组织经验的重新调整，以形成新的节点。

例如重庆市巴蜀小学设计的研学旅行课程，其中六年级的是"理想帆"之毕业研学。在项目确定阶段，六年级大队委组织进行了全年级调研，以调查问卷和学生代表座谈的形式，就"你最向往的毕业研学目的地""你最感兴趣的学习主题"等问题进行了解。在与教师、家长及研学基地的课程团队一起进行了三轮备课以后，确立了研学主题"丽江生态文明"。在项目设计环节，师生一起制订详细的课程方案，教师查阅六年级各学科课程标准进行整合、提炼，拟定学习的评价标准——量规，并研制项目学习手册，供每一个小组自主使用。在项目探究过程中，由学生组成4~6人学习小组细化学习方案，320名学生研究"滇渝生态环境比较""生物多样性下的动物栖息地""东巴扎染"等20多个课题，在自然的课堂里，在营地资源和专家力量协助中，通过实践寻找自己的答案。最后回到重庆，学校为学生搭建了一个真实的"项目发布"平台——在重庆市标志性的解放碑步行街，举行了"童言观生态·共筑绿色梦"项目成果发布，学生带着自己的研学手册、生态文明宣传或调查海报，更带着真实、鲜活的研学经历与感受，与伙伴、父母和市民交流分享，呼吁携手共筑美丽的绿色家园梦，养成生态文明好习惯。这个课程设计，教育意图和教育设计自然地蕴藏在学生的学习经历之中，教师、学生、家长及基地平等地成为网络中的一个节点，各自发挥自身的资源优势，使学生在研学活动中有了更大的自主学习探究空间，学生深层次的学习需求得到满足。真实情境下的项目成果发布让学生感受到研学活动的现实意义，有利于促成新的节点的形成。

二、问题导向式的课程设计方法

节点之间的连接就是课程组织的形式，有效的组织形式即引导学生怎样学才是深度学习的保证。以前设计课程，我们的聚焦点往往落在其目标、内容、结果上，虽然这符合泰勒原理，但往往忽视了孩子在展开一门课程的学习过程中，"怎样学"是他最为关键的经历，这种经历对学生的学习动机、情绪和成效乃至心智模式的优化构建会产生重大的影响。学生主动求知、乐于且勇于探究、富于创造无疑是一种理想的心智模式。这种心智模式的构建一定是建立在"学习真实发生"的基础之上。什么情境下学习才会真实的发生呢？那就是学生在经历和解决真实世界的问题中最容易发生。因此我们在课程设计与课程学习双向有效融合的过程中，既要关注知识技能本身的整体性，又要关注学生的能力，不断凝练设计"问题"；在知识设计、传递、学习与反馈过程中，以"问题"为中心进行创新，使学生在问题驱动下有机会展开延续性学习、批判性思考及不断验证，并最终呈现自己的学习成果，充分保证学习的自主性、持久性。这就需要我们为之提供更多真实的、解决实际问题的课程。

基于问题导向的课程设计步骤如下：

一是展现问题情境：课程设计者展现问题情境，将有问题存在的情境展现在学生面前。二是重新定义问题：学生经过思考或讨论，确定情境中的根本问题。三是提出具体要求：学生根据问题，进行解决方案的制订。这一步是循环的关键，要求每一次循环得到的要求更加的具体。四是确定可选择的解决方案：学生进行头脑风暴并确定符合要求的解决方案。学生需要发挥真正的创造力，根据现有的实际问题设计实际可行的解决方案。五是分析解决方案：这一步可以以小组为单位进行不同研究任务的分配，每个学生负责不同的解决点，然后再一起进行小组的整合，进而分析方案的可实施性。六是重新定义问题：为了寻找最佳的问题解决方案，每组学生在结束一次循环的时候要对自己提出这样的质疑："我们真的解决问题了吗？"或者是"我们是否又产生了新的问题？"这样学生可以根据产生的新问题进行新的循环。经过新问题的产生解决，我们会得到更全面有效的解决方案。七是形成最终方案：经过一次次循环，将得到更全面具体的解决方案，对解决方案进行整合，就可以形成最终的解决方案。

下面以采用基于问题导向模式的小学 STEM 课程设计"衣服怎么干不了"为例。课程内容是学生对于在日常生活中，连绵的阴雨天气会导致晾洗的衣服一直干不了这个问题进行合作探究，以期最终在实践中去解决这个问题。

一是教师创设问题情境：最近又到了梅雨季节，一个月来一直阴雨连绵，衣服洗过后挂在阳台上一直都干不了，这究竟是为什么呢？我们该怎么解决这个问题呢？

二是学生重新定义问题。对于情境中衣服干不了这个大问题，学生经过分析讨论可能造成这个问题的小原因有哪些。

三是根据确定的根本问题，学生设计方案。设计方案时学生可以根据实际生活经验，也可通过资料查找获得的方案的认知，然后对于问题应大胆提出解决方案，从不同角度尽量多的提出方案以备候选。根据可能存在的问题，一步步设计方案，反复循环以得出最终方案。

四是分析解决方案。根据上述存在的问题，对经过讨论得到的方案进行分析，看是否能够解决已有的问题。此时应进行小组合作调查，分别对解决方案进行验证，对于不理想的方案进行改进和优化，最终得出能够解决已有问题的合理方案。

五是重新定义问题。教师引导提出问题："当衣服脱水后放在室内时，怎样使衣服尽快晾干呢？"或者提出在问题解决时学生是否又产生了新的问题。应鼓励学生大胆提出自己的疑问，重新定义和补充我们的问题。

六是进入问题循环模式。提出如何尽快晾干问题之后，设计解决尽快晾干衣服的问题方案。过程中教师可引入烘干机的介绍。学生通过学习了解烘干机的结构设计，根据已有知识，结合烘干机的设计，理解烘干机的工作原理。

七是根据上述学习到的科学原理，采用学生身边可得的简易材料设计一个简单的烘干机，并设计验证实验对成果进行测试。教师在设计中应指导学生明确定量和变量的不同，教授学生控制变量的方法，并确定以什么标准来评价效果的好坏。

八是总结几次循环，得出最终完善的解决方案。通过几次问题的重新定义，得到最终的解决方案，并以不同的形式进行分享和展示。可以采用电子文稿、数据记录表、实物模型、方案等多种方式进行成果展示。

从上述案例可以看出，"问题导向式"课程设计方法，最核心的在于驱动性问题的设计，它直接影响学生的学习路径以致影响学习质量。由问题而引起的学习行动不是简单进行各种活动形式的叠加，关键是引导学生观察生活，对现象或事件产生惊奇与兴趣，指向学生的认知困境和创造性思考，发现真正的问题，驱使学生重构以往所学内容，深入实践到学习中。如此，课程学习内容才会充满弹性，促使学生创造出丰富的学习"产品"。

其次，驱动性问题的设计始终贯穿在真实情境当中。情境的选择和设计遵循了真实性（真实或者接近真实）、诱发性（能够激起学生的积极思考）、情知相互渗透性（尽量创造轻松愉快的氛围）等原则，着眼于学生学习能力的提升。这种干预学生学习决策的积极手段，能对学生个体的动机、情绪、模式化、逻辑、体验等诸多主观因素施加良好的影响，有助于获得更好的学习效果。

在课程生活中，学生是起点、是中心、是目的。充分运用关联和问题导向的方法来创新课程设计，能更好地顺应面向未来的教育，培养学生思维的整体性、系统性和开放性，努力让学生成为思维宽广而深邃的人。课程设计是实践的，要让课程设计成为具有课程研究自觉意识的设计活动。在课程设计实践中，基于课程设计行为本身所呈现的思维方式的思考恰恰是其创新的起点，让我们牢记课程设计的宗旨——培养会学习的人，既关注孩子的未来，也关注孩子的当下，不停留在教育者的主观愿望、主观立场上，在课程设计上做到"两情相悦"，才能不断走出创新之路。

第三节　课程互动合作创新

新的时代，拥有优质课程的学校才算是好学校。好的课程是什么？原来社会评价学校的课程优劣，总是认为有好的师资便是有了好的课程。但是随着时代的发展，中小学课程构建的主体不仅仅有中小学老师，越来越多的相关人士，比如家长、媒体人士、社会机构专业人士、大专院校的高校教师和大学生等参与进来，这时，有很多家长义工愿意和校方合作，走进课堂和教师一起编织新的课程；有很多校长愿意和社会相关机构合作，带领孩子走出校门，走进社会的大课程；也有更多的社会资源愿意和学校合作，在校长的"搭桥牵线"下走进校园，共建学校的新型课程。多方人士互动合作，走向接地气的、学生需求的"学校课程＋社会课程"的新课程时代。在这样的课程中，人与人之间、学校课程与学校周边资源之间、学校与学校之间、学校课程实践与专业机构之间、显性课程与隐形课程之间的互动合作创新，在实施路径、方法、策略等操作层面给了学校更大的挑战或者说是机遇。所以，只有把握好机遇，去寻找、开发学校课程实施的多方互动合作创新的人的资源，才能实现学校课程的创新发展。

当学校课程已经具备了合作赖以生存和发展的一定物质基础，我们也就能寻找到课程互动合作创新的路径与方法。

一、课程实施过程中人与人之间的互动合作创新

课程实施过程中人与人之间的互动合作，不单指传统课程中教师和学生在课堂上的互动合作，而是指能促进课程落地、创新的一切人的元素的集合，包括校长、学生、教师、家长、社会专业人士、大学生义工、社区人士、媒体人士等。

（一）校长与学校教师之间的互动合作创新

校长主动对学校教师专业技能状态，特别是兴趣爱好进行摸底，了解教师除了课表安排课程之外的活动课程、社团课程等的承担意愿。教师成为课程的主动策划者、实施者而非课程的被安排者。

（二）校长与媒体人士之间的互动合作创新

校长主动邀请媒体人士进入校园，参与学校课程的设计和实施，相当于在学校和社会之间搭建一个互相展示、了解的平台，借助媒体人的敏锐，用"第三只眼"看课程，促进学校课程符合时代的要求。在诸多的"开放周"活动课程中可以增设"媒体开放周"，媒体可以通过采访学生、教师，深入课程来找找学校课程的那些有趣的事，再通过媒介展示给家长、社会。

（三）教师与社区人士之间的互动合作创新

教师根据学科或课程设置需求对接社区文化，了解学校文化、社区文化对接后衍生出来的可以促进学生发展的元素，对学校社区资源进行合理化利用，和社区相关人士进行讨论交流，适当的时候也可以把课堂交给社区人员，促进学科和活动的优化。同样，教师和学生可以走进社区，服务社区。如小古道巷所古道巷社区倡导"孝文化"，教师把社区孝文化纳入学校"礼孝"课程，与社区人员携手制作"新24孝"课程文化墙，设置"古道孝日"，共同评选"古道孝星"。

（四）教师和学生的互动合作创新

传统的社团课程一般是教师编撰教材给学生学，但新颖的教师与学生互动合作创新的课程设置可以反方向而行之，让每一位学生成为课程的开发者，尝试探讨学生上什么课、学习什么可以由学生说了算。在课程实施过程中教师注重倾听学生的心声，学生担纲大梁，积极互动合作，寻找资源进行训练和展示。

校长将"学生+师资+文化+资源"进行对整，逐步形成学校的校本课程（活动课程、社团课程）的大纲（实施方案、评价方案等），还应该具有"我就是课程"的胸怀和气魄，从一次次小的改进开始，在教学互动合作中完善、创新现有课程，开发学生喜欢的新课程。人与人的互动合作中"教师"的角色定位更广，教师队伍已经扩展成为一切可以为学生发展服务的课程人力资源集合。

二、学校课程与学校周边资源的互动合作创新策略

越来越多的学校在运用学校周边的资源来拓展学校课程的广度。但要做到互动合作创新，还要向深度挖掘，先根据周边资源进行简要分类，如历史文化资源类、自然山水资源类、现代科技文博类等，再根据学校课程的需求开展互动合作。

（一）学校和周边资源方合作成为常态

学校和周边资源方签署长期合作协议，聘请资源方的主管等成为学校的校外辅导员。

（二）邀请资源方认证学校课程项目

学校邀请周边资源方的相关人士对学校引进周边资源课程项目的可行性进行认证，并对学校该项课程的后续发展规划提出合理建议，这个规划当然也包含资源方的规划发展在内，这样学校相关的课程发展才有后期持续、强大的动力支撑。

（三）在课程实施方面实现双向共享共赢

学校利用周边资源形成的课程，在课程实施方面不能单方面依靠资源方的资源，在"请进来"的时候要安排相应的教师对该课程的实施进行管理和学习，从学校、学生、教师的角度对该课程进行完善、拓展、创新。在课程实施到一定进程的时候，也可以把学生"拉出去"，到资源方进行课程展示，课程也成为资源方的成果，实现双方资源共享下的共赢。

长沙天心区小古道巷学校地处南门口，西接繁华黄兴路步行街、幽静的沿江风光带，东邻历史古迹天心阁、白沙古井，北靠热闹的解放西路、书香定王台，南邻城南书院。长沙简牍博物馆、天心阁、贾谊故居、李富春故居等历史文化资源都能为学校课程所用。学校逐步与相关资源单位建立友好往来关系，让其成为学校课程实践活动基地。每周二放学，"古道

四点课程"团队的教师和家长带领孩子们到这些场馆开展"寻找历史故事
　探索湖湘文化"实践活动。学校和基地达成共建合作协议,基地敞开大
门悦纳孩子们放学后去参观,开展和场馆相关的互动合作创新课程。如利
用简牍博物馆的临时展览组织学生参观了"三千湘女上天山"系列活动
(邀请湘女奶奶现场讲述故事,专业解说员进行图片解说),学生习得湘女
的勤勉与坚韧;全体学生定点定年级在馆内学习简牍文化后,教师和博物
馆工作人员共同指导学生模仿简牍制作的创意在学校设计简牍文化长廊,
在简牍长廊上书写经典,打造学校"会说经典的墙壁";学校精心培训了
一批文明小导游到简牍博物馆进行义工讲解,小导游们的讲解生动可爱,
甚至比专业讲解员更受游客喜欢。在这些课程中,学生与资源方融为了一
体,在课程中付出了爱心,得到了文化的滋养,感受了课程幸福的互动合
作,成为了合格的、优秀的公民。而资源方也因为有了学生们活动课程的
参与,丰富了其资源内容,提升了其文化品位。

三、具有同类化特色课程的学校与学校的互动合作创新方法

经过多年的课程沉淀,有的中小学校的课程设置和实施已经初具规
模。根据学校的文化、教师学科属性等特色,学校的课程设置会出现部分
类别相似的现象,比如有历史文化底蕴的学校会选择了国学类别的课程不
断推进,有科技底子的学校会选择科技创新方面的课程不断研发,有民族
文化资源的学校会选择文化遗产之类的课程不断深化,等等。这些学校在
特色课程设置方面会出现同类化的现象。在互联网+时代,基于课程实施
的空间、时间、人力、物力、方法、策略等,校长可以思考在有类似课程
的学校与学校之间搭建一个互动合作的平台,在人力、物力方面实现资源
共享,在方法策略方面尝试互通有无,促进学校课程良性、创新的发展,
在同类中避免雷同,获得"抱团发展"的课程实践新收获。

(一)定期开展同类化课程的网络交流

网络联通世界。通过网络平台,我们可以寻找到同类课程的相关学
校,在课程实施方面进行课程方案、教学、成果展示等方面的网络交流,
足不出学校,便可以互相学习,激发学生互动合作学习的兴趣。比如,长
沙市天心区铜铺街小学在实施环保教育课程的课堂上,实时通过网络连线
美国的小学环保教育课堂,看他们如何在学校的菜地种环保土豆,然后和

自己栽种的环保菜地中的菜品进行方法对比，交流经验。不仅课堂生动有趣，还提高了学生的英语沟通能力。

（二）逐步建立同类化课程的"大课程"资源体系

学校建立资源库，定期进行分享，逐步形成同类化课程的"大课程"资源体系，减少课程实施在相同操作环节的人力资源的浪费。学校的课程管理者、课程实施者和课程实施对象都成为了课程互动合作的受益者。譬如，通过湖南省首届中华优秀传统文化基地校校长培训的机会，近50名省内致力研究中华优秀传统文化课程的中小学校长结成了一个资源体系，在"园丁公益"机构的助力下，通过案例分享、实地考察等互动合作的方式，分享课程实施过程中的点滴，逐步明晰了中华优秀文化传统课程如何落地，也明晰了各自学校避免课程雷同、走向课程卓越的思路。之前课程实施中好的方法、好的内容包括今后课程研究走向、思路都成为了每一个学校的资源，形成了中华优秀文化传统课程这一"大课程"的资源体系。

（三）小学与中学同类化特色课程有序衔接

具有同类化特色课程的小学和中学，在课程的衔接上通过互动合作方面的创新，让该课程更能深入学生内心，而在课程方面具有特别爱好的学生便能找到走入更高一级学校的乐趣。天心区第一中学是全国闻名的创造教育基地，在系列创造课程的引领下，附近的沙湖桥小学创建"快乐智多星"创造发明课程、碧湘街小学创建科技特色课程，很多学生因为喜欢创造教育课程而一路从小学走向高中，实现对创造教育课程的高度兴趣和专注，这样的人才培养方式也成为创新性人才从课程起步的重要方式。

四、学校课程实践与专业机构的互动合作创新思路

中小学校在课程创新中可以寻找到相关的科研机构、大学、公益机构等专业机构开展课程的互动合作创新，获得专业人士的理论指导和专业机构的物质支持，让学校的课程站位更高，生命力更强。以小古道巷学校与公益机构互动合作创新的方法为例进行思路说明如下。

（一）引进专业团队指导课程，让课程更专业

学校和湖南"李丽心灵教育中心"合作，由专业的社工成立了"呵护成长"团队，共同开展"呵护成长"志愿帮扶社团课程，在放学后对有需求的学生进行社会公益、文明礼仪、心理健康、兴趣培养、学习辅导等多

方面服务。"呵护成长"心育课程每年在学校开展的心育活动达 20 场左右，专业记录、反馈每一位专业社工"呵护"学生"成长"的历程。如"开绘啦"绘本阅读公益项目，把绘本故事带进了每一个班级，引领孩子在"小绘本"里寻找"大世界"；"青柚课堂"儿童性教育，让孩子们从小认识自己，学会保护自己；"大脚小脚齐步走国际家庭日亲子游艺"活动，指导家长和孩子如何互相表达爱。

（二）小学生和大学生互动合作，让课程更生动

学校联合湖南师范大学"暖阳筑梦"团队，扩充学校社团课程师资队伍和活动项目。"暖阳筑梦"团队立足于湖南省"211"重点高校平台，充分发挥师范类院校的专业优势，搭建在校大学生与小学生的公共交流平台，实践丰富多彩的社团课程。活动开展之前，学校都会对大学生开展的活动项目进行精心的指导，一起策划。如"萤火微光 逐梦翱翔——助力新市民 共创和谐家园"的系列活动（大学生小学生共读一本书），还有"快乐职业体验 儿童梦想飞扬"系列职业体验互动，大学生和孩子们在动手、动脑、动嘴的互动、游戏、职业体验等活动中产生"双赢"效应，大学生赢得实践指导机会，小学生获得相关职业最初的体验与梦想。

（三）协调公益资金和公益师资，让课程惠及需要的学生

暑假，在长沙市教育局、天心区少年宫的指导下争取了由长沙银行赞助的为期 15 天的第一季"快乐益家 追逐梦想"的公益课程资金，开设了优秀的社团课程、游学课程，吸引天心区在假期有课程需求但家庭经济困难的学生免费参加。还引进了湖南教育电视台《完美假日》栏目的国学少年课程，邀请电视台主持人，为学校"最美朗读者——我是小主播口语测试"活动做免费指导。

五、显性课程与隐性课程的互动合作创新操作

在课程的互动合作创新过程中，学校要尝试把显性课程做到和阅读进行融合，也要让隐形课程进入"随风潜入夜，润物细无声"的境界，二者皆成为学校文化支撑。

（一）以阅读为底色，显性课程做出校本特色

做好阅读课程是做好显性课程的基石，校长和教师要学着从学生的视角去阅读，尝试用更创新的办法进行阅读的表达，会用读人的感受去带孩

子感受书中的故事，会借用或者化用书中的主题精神去激励学生坚持清新自然的表达，并静下心由读到写，讲述自己和身边的人的故事。校长尊重与珍惜学生时代的阅读体验，活动的品质瞬间上升，文化的味道就出来了。校长要考虑如何把语文活动做成学校的文化元素，可以将每一次活动课程做成表达的主阵地，文化活动实施与语文学科紧密联系，学生学习更加自如和快乐。

（二）以情景为契机，把隐形课程做出文化的味道

一花一世界，一叶一菩提。学校每时每刻都孕育着故事，一个场景、一处花草、一次谈话、一幅宣传画，每个细节，都可以彰显这所学校课程文化。比如作为"礼"文化特色学校，校长要求教师"礼怀天下，筑梦未来"，从空间、时间的维度去传承中华优秀传统文化。可以引领教师、家长、学生共同在教学楼设计"礼"文化时空隧道，设计礼孝空间，展示学生在家为父母洗脚、做家务等温暖瞬间；设计礼食空间，展示学生和家长们在美食节中如何领悟吃的文化；设计礼义空间、礼仪空间，展示学生自身礼仪、礼义的小故事；设计礼承空间，展示学生在简牍文化学习中制作的中华经典诗词墙、作品集。

一个礼孝空间的活动课程序列可以这样做：礼遇小古（策划角色互换、孝心飞扬方案）、礼韵小古（文艺、吟诵活动方式表达孝）、礼书小古（对联、书画方式表达爱）、礼乐小古（故事对话、电台问候温暖父母）、礼成小古（进行古道孝星颁奖表彰）。这样又把隐形课程和显性课程紧密融合在一起了。其他的空间课程也可以做成这样序列的隐形课程＋显性课程的融合。

中小学校根据学生、家庭的需求开设众多的课程，满足不同学生的需要，参与其中的每一门课程的老师都注重保护孩子的自信。不管是心育类别，兴趣学习类别的，还是公益活动类别的，其实在孩子们眼中都是"玩"的课程，这样的玩的课程在互动合作创新过程中真会玩出大名堂。校长、教师用鼓励的另一只眼睛来看见每个孩子的进步，潜移默化地感染孩子们向上向善。会学习的孩子注重实践，不断地开阔眼界，他们就能走出小小的校园，走向更广阔的社会大学校。学校、教师、家长、学生、社会都会在课程互动合作创新中看见最美好的自己和未来。

第四节　课程资源平台创新

　　课程资源平台是指产生、应用、评价中小学学校课程资源和课程条件的课程环境。由于课程资源的结构包括校内课程资源、校外课程资源，因此学校课程资源平台包括校内课程资源平台和校外课程资源平台，其中校外课程资源平台包括网络课程资源平台。校内课程资源平台是指校内直接产生、应用和评价包括教材、师生、教室、学习方式、教学策略等方面的课程环境。校外课程资源平台，主要是指有利于课程实施的校外图书馆、科技馆、博物馆、网络资源、乡土资源、家庭资源及网络课程资源等课程环境。而网络课程资源平台是指利用信息技术实施课程教学的课程环境。课程资源平台的创新必将带来课程教学方式、学习方法的变革，关系到教学效率。课程资源平台创新的主体是学校，关键是校长。校长掌握了课程资源平台的创新方法，学校课程体系的实施就有了更强的动力保障。

一、校内课程资源平台创新

　　对中小学校来说，校内课程资源平台是学生学习的最主要的课程资源平台。中小学生年龄小，课程接受力强，但校内课程资源平台并不一定适合每一个学生的个性需求与发展。比如有的学生喜欢踢足球，但学校没有足球场和足球教练。作为校长，应当尽一切可能对学校所有课程资源平台进行建设与创新，按照标准化学校要求创建满足教育教学需要的课程资源。具体来说，校内课程资源平台可以从以下几方面创新。

（一）教师队伍建设资源平台创新

　　课程实施的关键是教师，教师实施课程的能力永远是学校教师队伍建设与管理的目标。学校教师队伍主要满足于国家课程、地方课程和校本课程的实施，但有特色的校本课程是需要专业教师来实施的。特别是对小规模学校，如 6 到 12 个班的中小学，有的学科专职教师都难配齐。如果学校教师不能满足特色课程实施，怎样创新教师资源呢？这就要求校长要组织学校教导部门，根据课程需求，认真分析其所处的周边资源环境及校长人脉，最终找到这样的老师到学校来实施课程教学。一是学校可通过关工委

（关心下一代工作委员会）途径，聘请热心教育事业、学有专长的退休老同志来校任教特色课程，如申请获取教育局关工委师资团队的支持。二是学校可与各类行业协会或俱乐部联系，争取师资的支持。如各类运动协会、棋类协会，聘请他们的教练来校上课。三是学校可充分利用社区、村委会或家长资源，聘请学有专长的社会人士来校任教。当然，校际间的师资交流配备也可以更好地实现课程与教师资源的有机整合。

（二）课程教材资源开发平台创新

教什么是基础，教材质量是课程实施的前提条件。中小学校课程教材资源的开发主要是指校本特色课程的开发。怎样构建有利于课程教材开发的新环境呢？学校教研部门要在校长的领导下，联系学校周边实际，采取联合开发、专家指导的形式，如校际开发、校企开发、校社（区）开发、校协（会）开发等，确保校本课程的专业性、适用性，同时使学生喜欢学。

（三）课程教学场地资源平台创新

学校教室、功能室、操场是学校课程实施的主场地。校长可根据学校课程体系的实施要求扩建功能室。一般而言，义务教育标准学校建设对中小学校各功能室指标有明确的要求。但很多时候学校因场地限制而不能很好地实施课程。这时，学校可通过建设校外社区教室或社区活动场、行业教室、辅导基地及研学旅行基地建设等来实施课程场地资源平台的创新。

（四）课程实施经费资源平台创新

课程的实施需要经费来推动，一般从学校生均公用经费中支出。但如果学校经费不足，在不违背教育收费政策的情况下，学校可以通过各种途径募集课程实施经费。区、县教育局也可按学校规模拨付校长课程实施经费，用于支付校本特色课程教师工资、设备购置等。如长沙市天心区教育局按每年 5 万 ~30 万的标准给学校配备特色办学经费，用于学校特色课程资源的购买服务和校外教师的课时补贴。

二、校外课程资源平台创新

校外课程资源平台，主要是指有利于课程实施的校外图书馆、科技馆、博物馆、网络资源、乡土资源、家庭资源等课程环境。其中的各类场馆、乡土资源、家庭资源是校外课程资源的重要内容，但受学校所处地理位置限制，资源分布不均衡，如农村学校图书馆、博物馆资源欠缺，而城市学校乡土资源欠缺。一定程度上来说，从这方面创新校外课程资源难度较大。本节校外课程资源平台创新主要是指网络课程资源平台的创新。可通过网络课程资源平台，充分运用媒体与网络技术和教育信息化优势，开发适合学生课外学习的网络虚拟课程环境。网络课程资源平台不受时间、空间限制，学生只要有一台电脑甚至一台智能手机，就可以自主地选择他们真正感兴趣的课程。而对于课程资源贫乏的偏远地区的学校，只要解决了网络的班班通、人人通问题，学生的学习渠道将不再是单一的主要从学校、从老师处获得，而是通过网络向世界获取己之所需的课程资源。同时，网络课程资源平台有利于教师根据学生学情、课情对课程资源进行加工和再生，创造更多的优质资源上传到网络平台，让网络课程资源平台实现共享、互补、优质、均衡、公平的目标。

怎样创新网络课程资源平台？作为校长，可以从网络课程资源的应用环境创新、课程资源创新及使用评价创新几方面入手。

（一）网络课程资源平台的应用环境创新

所有网络课程资源平台的建设应坚持以应用为导向，采用混合学习教学方式实施边建边用、建用结合，所以构建一个网络互通、带宽充足、使用终端多样的应用环境至为关键。一是加快智慧学区和智慧学校建设。智慧学区是指一定行政区域内教育教学及管理数字化、信息化、智能化的总称，一个区域通常包含多所中小学校。智慧学区建设一般由区（县）教育局组织实施，其优势在于可以集中制定区域教育信息化建设标准，避免因平台不同、设备不同而产生的信息内耗，同时因为建设经费的集中投入，也可解决学校教育信息化经费不足问题。其缺点是难以适用智慧学校建设的个性化需求。《国家中长期教育改革和发展规划纲要（2010—2020年)》提出了智慧学校建设的基本要求，即到2020年，绿色、安全、文明的智慧校园基本建成，主要维度是：校园网覆盖范围、带宽、安全及泛在信息平台的普及使用情况，智慧教室等信息设备的配置和使用情况，及对教育改革和创新的支撑情况，信息化教育教学资源库及优秀信息化资源的建设、共享与使用情况，教学、科研、教师、学生、财务等管理信息系统的建设、数据共享与使用情况。这些都属于网络课程资源应用的必要条件和环境。学校应根据本校实际，按照智慧学区、智慧学校的要求创新网络课程资源平台的应用环境，鼎力推进教育信息化工作。

（二）网课程资源平台的课程资源设计创新

师生在网络平台学习，课程资源是最主要的。何克抗教授在《现代教育技术和优质网络课程的设计与开发》中指出，课程资源承载的内容不仅包括其外在形式，更包含了深刻的内在含义。其外在形式指用来传播课程资源内容的资源媒体信息渠道，而其内在含义是学生学习之本质。课程资源是否能贴切符合学习的需要，是否能够以最恰当的方式传达给学生是课程资源设计的重点。如何培养教师网络课程资源设计创新能力是校长课程领导力的重要组成部分，特别是在教育信息化飞速发展的今天，我们的课堂、我们的学生、我们的学习都面向了网络，面向了世界。每一位师生既是网络课程资源的受益者，也是网络课程资源的设计者与创造者。怎样设计出符合课程要求又深受学生喜欢、易学的课程资源是网络课程资源平台市场生命力所在。课程资源设计体现了教师的教育教学理念，能引导、培养出学生的正确学习方法。课程资源设计创新可以从以下几方面着手。

1. 创新网络课程资源平台的目录设计

首先要创新目录中各级标题的组织形式。网络课程资源目录体现了课程框架的构建。其中的各级标题就是课程的各知识点。各知识点之间的逻辑关系相互依存，同时又具有相对的独立性，便于该知识点让学习者查询、搜索，有选择性地学习。而中小学校网络课程资源目录中的各知识点设计要遵循由易到难、游戏闯关的原则来编排组织。其次要创新资源目录的界面设计。目录是网络课程资源平台重要的部分，学校对自创的校本课程网络资源一定要充分运用美工、动画、H5 等技术将目录界面设计得漂亮、美观，对中小学生具有吸引力。

2. 创新网络课程资源平台的资源形式

网络课程资源的形式多样，包括文字资源、图像资源、音频资源、案例库、试题库及网络课件等。各知识点采用何种资源形式表达是网络课程资源研究与创新的重要内容。比如用影像资料呈现实验过程就便于学生观察细节，印象深刻。当今社会科技迅猛发展，虚拟现实技术、人工智能技术已经应用到教育领域。因在，我们在创新课程资源平台的表现形式上大有可为。首先创新课程资源的接受形式，如把课程资源变成学生易于接受的游戏、模拟操作等形式，让孩子在玩中学。其次充分运用虚拟现实技术和人工智能技术，运用 VR 设备，让学生在一种全新的虚拟平台下学习。这样的学习一定能吸引学生主动参与、积极探究。

3. 创新网络课程资源平台的使用评价

网络课程资源平台用得怎么样？是否有效果？这些都是教育教学管理者必须关注的。首先要创新对学校教育信息化硬件设备使用的评价。学校电脑、一体机及"班班通"等设施设备是谁在用、是否每天在用、用的时长是多少，我们可以通过开发相关的课程资源平台终端云平台管理系统进行大数据统计与分析。其次课程资源系统设计要统计每一位使用者对课程资源的使用率和贡献率。最后，构建互联智能的课程资源使用跟踪评价系统，即开发课程资源平台的同时，自动记录、统计、分析学生的资源学习轨迹，并形成个性化的学习结果综合报告。

参考文献

政策类:

[1] 教育部《综合实践活动指导纲要·总则》，2013 年 3 月。

[2] 教育部《义务教育学校校长专业标准》，2013 年 2 月。

[3] 教育部《中小学综合实践活动课程指导纲要》，2017 年 9 月。

图书类:

[4] 迈克尔·W. 阿普尔. 意识形态与课程 [M]. 黄忠敬，译. 上海：华东师范大学出版社，2001.

[5] 朱慕菊. 走进新课程——与课程实施者对话 [M]. 北京：北京师范大学出版社，2002.

[6] 廖哲勋，田慧生. 课程新论 [M]. 北京：北京教育科学出版社，2003.

[7] Glatthorn. 校长的课程领导 [M]. 单文经，等，译. 上海：华东师范大学出版社，2003.

[8] 徐世贵，孟繁胜. 校长思想与课程领导力 [M]. 北京：世界图书出版公司，2004.

[9] 李秉德. 李秉德文集 [M]. 北京：教育科学出版社，2005.

[10] 李秉德. 教学论 [M]. 北京：人民教育出版社，2005.

[11] 郭元祥，姜平. 综合实践活动课程教师指南 [M]. 西安：陕西师范大学出版社，2006.

[12] 加德纳. 论领导力 [M]. 北京：中信出版社，2007.

[13] 陶行知. 陶行知文集 [M]. 杭州：江苏教育出版社，2008.

[14] 刘国华. 校长领导力：引领特色学校建设 [M]. 上海：上海教育出版社，2009.

［15］陈桂生．课程实话［M］．上海：华东师范大学出版社，2009.

［16］潘洪建，李庶泉．综合实践活动课程理论与实践［M］．镇江：江苏大学出版社，2010.

［17］王平．磁性课程．当文化与儿童相遇［M］．上海：华东师范大学出版社，2013.

［18］多尔，等．混沌、复杂性课程与文化：一场对话［M］．余洁，译．北京：教育科学出版社，2014.

［19］李希贵．面向个体的教育［M］．北京：教育科学出版社，2014.

［20］杜建群．综合实践活动课程理论与实践［M］．北京：北京师范大学出版社，2014.

［21］姜平．直击新课程学科教学疑难　中小学综合实践活动［M］．北京：教育科学出版社，2014.

［22］许新海．澳洲课程故事［M］．福州：海峡出版发行集团福建教育出版社，2014.

［23］黄甫全．现代课程与教学论［M］．北京：人民教育出版社，2014.

［24］肖川，等．教师的幸福人生与专业成长［M］．长沙：岳麓书院出版社，2014.

［25］田立君．小学国学校本课程设计与开发的行动研究［M］．长春：东北师范大学出版社，2015.

［26］陈瑾．更儿童的课程——阶梯式课程的深度实施［M］．上海：华东师范大学出版社，2015.

［27］朱永新．致教师［M］．武昌：长江文艺出版社，2015.

［28］蒋自立．如何构建和谐师生关系［M］．长春：吉林音像出版社，2015.

［29］王本陆，钱江．好课程如何设计［M］．北京：教育科学出版社，2015.

［30］金哲民．追梦品质教育［M］．长春：东北师范大学出版社，2016.

［31］种竞梅．小学综合实践活动［M］．北京：北京师范大学出版，2016.

［32］朱永新．好课程是这样炼成的——新教育实验"研发卓越课程"操作手册［M］．武昌：长江出版传媒，湖北教育出版社，2016.

［33］徐梅芳．春风化雨润物无声——让优质教育惠及每一个学生［M］．
上海：三联书店，2016.

［34］杨静娟．综合实践活动课程中的资源统整［M］．北京：光明日报出
版社，2016.

［35］万伟．课程的力量——学校课程规划、设计与实施［M］．上海：华
东师范大学出版社，2017.

［36］李希贵．重新定义学校［M］．北京：人民教育出版社，2017.

［37］朱英．进入学科深处的六个秘密［M］．上海：华东师范大学出版
社，2017.

［38］赵桂霞．从入学到毕业：一所学校的课程建设［M］．教育科学出版
社，2017.

［39］李希贵．重新定义学校［M］．北京：人民教育出版社，2017.

［40］杨四耕．课程群［M］．上海：华东师范大学出版社，2017.

［41］Norman E. Gronlund, Susan M. Brookhart. 设计与编写教学目标［M］.
8版．北京：中国轻工业出版社，2017.

［42］路光远，杨四耕．活跃的课程图景［M］．上海：华东师范大学出版
社，2017.

期刊类：

［43］季诚钧．课程管理与课程领导辨析——兼与靳玉乐先生商榷［J］.
教育研究，2009（3）.

［44］杨静娟．综合实践活动课程规划"校本化"建构研究［J］．当代教
育科学，2011（16）.

［45］刘颖，岳亮萍．基于课程标准设定教学目标［J］．教育理论与研究，
2012（2）.

［46］聂劲松．学校课程制度审思：利益制衡、行为激励与文化建构［J］.
基础教育参考，2013（18）.

［47］黄建辉．高校校友资源开发的可持续性发展［J］．南昌师范学院学
报，2013（4）.

［48］沈伟．创建课程共同体 促进特色校本课程的研发［J］．现代教学，
2014（7）.

［49］王云生．推进课程改革需要提升教师课程意识和课程领导力［J］．基础教育课程，2014（4）．

［50］宋钰．教师课程资源意识的树立策略［J］．学周刊，2014（16）．

［51］李松林，贺慧．中小学课程建设的顶层设计．［J］．课程・教材・教法，2015（6）．

［52］傅敏，邱芳婷．美国批判教育学的课程思想：解读与启示［J］．西北师范大学学报（社会科学版），2015（5）．

［53］刘斌，等．美国大学校友会运作与校友管理经验之考察报告［J］．福建江夏学院学报，2015（3）．

［54］洪明灯．挖掘资源　促家校共育［J］．中小学德育，2016（4）．

［55］张华．论核心素养的内涵［J］．全球教育展望，2016（4）．

［56］张利利，王军．浅议北京十一学校的教育改革［J］．新西部（理论版），2016（8）．

［57］林长山，汤卫红．清华附小学生核心素养课程深度整合［J］．课程・教材・教法，2016（11）．

［58］王欢，陈凤伟，范汝梅．"校本"资源走向　"学区"共享的路径探析——以北京市东城区史家小学为例［J］．中国教育学刊，2016（1）．

［59］王霞．我国知名高校校友工作特色调研报告——以清华大学、浙江大学、四川大学校友会为例［J］．成都大学学报，2017（1）．

［60］刘希娅．"小梅花"课程的建构与实施［J］．教育家，2017（3）．

［61］王立勇．更新教育观念　积极践行高效课堂［J］．当代教育理论与实践，2017（1）．

［62］张帝．最好的学习方式是去经历：研学旅行课程的校本设计与实施［J］．人民教育，2017（23）．

［63］何石明，等．"游学支教"让研学旅行之路更幽深［J］．人民教育，2017（23）．

［64］陈巧，杨光明．阅读点亮心灯［J］．人民教育，2017（10）．

［65］袁利平，刘晓艳．我国民族地区高校校本课程开发的时代意义与路径探索［J］．民族教育研究，2018（1）．

报刊类：

［66］杨四耕．学校课程模式的三个观察维度［N］．中国教师报，2015 –
12 – 23．

［67］张志勇．未来社会已至，走向未来学校将迎来十大变革［N］．中国
教师报，2017 – 12 – 11．

学位论文：

［68］李从娟．基于关联主义的微课程研究［D］．河南师范大学，2014．

［69］李春霞．贝尔·胡克斯的批判课程理论及其启示［D］．西南大学，
2015．

［70］王雪梅．小学 STEM 课程的设计与案例开发实践研究［D］．重庆师
范大学，2017．

［71］张威．基于顶层设计理念的学校课程建设研究［D］．安徽师范大
学，2015．

［72］刘雪梅．课程的哲学基础研究之反思与改进［D］．天津师范大学，
2015．

后 记

　　经过近两年的努力，凝聚着三十多位一线中小学校长和老师心血的《中小学校长课程领导力探索与践行》终于付梓了。字里行间，无不表现出校长们对教育的真情挚爱、对生命的尊重呵护，对课程的积极探索；写作风格上，没有夸夸其谈，只有实实在在，它是校长们在多年教育研究中"孕育"的"花朵"。这些"有实战""接地气"的"田间地头"的"精耕细作"，能够为一线校长和教师提供借鉴和参考，提升学校办学品位和校长课程领导力。

　　湖南省教育管理干部培训办公室的领导和长沙市刘菲菲名校长工作室的专家，经过缜密讨论，确定了本书的编写内容和体系结构，由长沙市天心区仰天湖教育集团刘菲菲担任主编，长沙市教育科学研究院章勇担任副主编。各章节作者：第一章第一节胡映（长沙市天心区幼幼小学），第二节张爱平（长沙高新区真人桥小学），第三节杨宗军（长沙市天心区暮云小学），第四节胡云华（长沙市天心区许桥小学）；第二章第一节雷明（长沙市天心区仰天湖赤岭小学），第三节刘圭（岳阳市岳阳楼区岳城小学），第四节张慧（长沙市天心区青园小学）；第三章第一节宋梦珩（长沙市天心区沙湖桥小学）、杨亲云（长沙市天心区沙湖桥小学），第二节胡小丽（长沙市天心区实验小学），第三节唐敏（长沙市天心区实验小学），第四节谭哲（长沙市天心区仰天湖小学）；第四章第一节林志仁（长沙市天心区新路小学），第二节宋毅萍（长沙市天心区仰天湖中建小学），第三节朱小武（湖南武冈市思源实验学校），第四节赵腾达（湖南株洲八达小学）；第五章第一节王效（长沙市天心区丰城小学），第二节张墨雨（长沙市天心区青园小学），第三节胡健（长沙市天心区向家坡小学），第四节曾亚杰（长沙市天心区新港小学）；第六章第一节胡雪滢（长沙市天心区铜铺街小学），第二节朱芳（长沙市天心区铜铺街小学），第三节张蕾（长沙市天心区铜铺街小学），第四节欧阳艳华（长沙市天心区铜铺街小学）；第七章陈艳萍（长沙市岳麓区博才咸嘉小学）；第八章第一节李敏（长沙市天心区文庙坪小学）、杨剑兵（长沙市天心区文庙坪小学），第二节李丹（长沙市开福区望麓园小学），第三节贾佳婷（长沙市天心区仰天湖金峰小学），第四节陈凯兵（长沙市天心区书院小学）。湖南师范大学教育科学学院陈牛则对本书的编写给予了精心指导，长沙大学张兴洲、《新课程评论》余孟孟、长沙市教育科学研究院朱春兰对书稿进行了审定。

编写过程中，参考或引用了专家学者的著作及观点，吸收了全国各地优秀学校和校长课程实践的经典案例，在此表示衷心感谢！校长课程领导力是一个仁者见仁、智者见智的话题，本书所表述的观点及其做法均来自作者的思考和探索，欠缺之处在所难免，欢迎读者批评指正。

编　者

2018 年 6 月 1 日

图书在版编目（CIP）数据

中小学校长课程领导力探索与践行 / 刘菲菲，章勇主编. —长沙：湖南师范大学出版社，2018.11

ISBN 978 – 7 – 5648 – 3418 – 0

Ⅰ.①中⋯　Ⅱ.①刘⋯　②章⋯　Ⅲ.①课程—教学研究—中小学　Ⅳ.①G632.3

中国版本图书馆 CIP 数据核字（2018）第 245663 号

中小学校长课程领导力探索与践行

Zhongxiaoxue Xiaozhang Kecheng Lingdaoli Tansuo yu Jianxing

刘菲菲　章　勇　主编

◇策划组稿：宋　瑛
◇责任编辑：宋　瑛
◇责任校对：张晓芳
◇出版发行：湖南师范大学出版社
　　　　　　地址：长沙岳麓山　邮编：410081
　　　　　　电话：0731 – 88873070　88873071　传真：0731 – 88872636
　　　　　　网址：http：//press. hunnu. edu. cn
◇经销：湖南省新华书店
◇印刷：湖南雅嘉彩色印刷有限公司
◇开本：710 mm × 1000 mm　1/16
◇印张：14
◇字数：236 千字
◇版次：2018 年 11 月第 1 版
◇印次：2018 年 11 月第 1 次印刷
◇书号：ISBN 978 – 7 – 5648 – 3418 – 0
◇定价：48.00 元